Waggerl

Das große Karl Heinrich Waggerl Hausbuch

Das große Karl Heinrich Waggerl Hausbuch

Tosa Verlag

Dieses Buch wurde der Umwelt zuliebe
auf chlorfrei gebleichtem Papier gedruckt.

Im Auftrag hergestellte Sonderausgabe mit freundlicher
Genehmigung des Otto Müller Verlages, Salzburg

Umschlag unter Verwendung eines Fotos von TBA, Linz

Printed in Austria

INHALT

Autobiographische Notizen 7

Liebe Dinge 11

Der Rossheilige 57

Die Pfingstreise 73

Heiteres Herbarium 134

Das Wiesenbuch 144

Fröhliche Armut 177

Die stillste Zeit im Jahr 288

Das Weihnachtsbrot 306

Und es begab sich 308

AUTOBIOGRAPHISCHE NOTIZEN
1930

Meine Vorfahren stammen, wie ich ziemlich sicher weiß, aus Schwaben, sie sind zur Zeit der Emigration in der Mitte des 18. Jahrhunderts in das Salzburgische eingewandert. Die meisten waren Bergleute und Bauern, auch mein Vater, der aber nach dem Militärdienst noch das Zimmermannshandwerk erlernte. Ich kam im Dezember 1897 in Badgastein zur Welt, als eine neue Sorgenlast für meine Eltern, die in den dürftigsten Verhältnissen lebten. Von der Wiege an hatte ich alle erdenklichen Krankheiten zu überstehen, ich war klein und schmächtig und ständig von geheimnisvollen Übeln geplagt. Mit dem achten Lebensjahr mußte ich, als Liftboy in einem Gasteiner Hotel, zum Unterhalt der Familie beitragen, darum kam ich erst spät in die Stadtschulen, mangelhaft vorbereitet, und überhaupt nur, weil sich mein Lehrer so sehr dafür einsetzte. Sonst wäre ich Uhrmacher geworden, und das hätte wenigstens damals meinem ererbten Hang zum Handwerk besser entsprochen. Die folgenden vier Jahre verlebte ich nun schon in der Stadt, als ein recht mittelmäßiger Zögling in den Schulen, als Bettelgast an den Tischen einiger Salzburger Kaufleute. Irgendwelche auszeichnende oder sonst meine Laufbahn rechtfertigende Fähigkeiten besessen zu haben, erinnere ich mich nicht, es sei denn ein gewisses Geschick im Zeichnen und im deutschen Aufsatz, und endlich ein leider allzu reichliches Selbstbewußtsein, das erst spät durch die bitteren Prüfungen des Krieges und der Gefangenschaft auf das rechte Maß beschnitten wurde.

Ich kam mit siebzehn Jahren zu den Truppen, von Ansehen noch ein Kind, aber begeistert für das neue Leben, das mich plötzlich zum Manne machte und von der verhaßten Schule befreite. Allein mein Äußeres versprach so wenig, daß man mir die Ausbildung zum Offizier versagte, ich mußte nach wenigen Wochen als gemeiner Mann an die Front abgehen. Dort blieb ich ununterbrochen achtzehn Monate, und diese Zeit, diese lückenlose Kette grausamer Leiden, Entbehrungen und Gefahren brach meinen Hochmut, rottete den übel angelegten Menschen, der ich war, spurlos aus und brachte mich an die unterste Grenze des Daseins. Weil ich fast immer zu spät begriff, daß es gewöhnlich klüger war, nicht standzuhalten, sondern davonzulaufen, hielt man mich für einen brauchbaren Burschen und beförderte mich doch noch zum Offizier. In den mörderischen Kämpfen am Col del Rosso geriet ich in Gefangenschaft, schon damals mit dem Keim einer schlimmen Krankheit behaftet. Das stille Leben im Lager, unter leidlichen Lebensverhältnissen, brachte mich wieder ins Gleichgewicht; ich fing damals an, ernsthafter nachzudenken, zu lernen und zu lesen, vor allem Claudius, den ich zufällig entdeckte und der mir einen unauslöschlichen Begriff von der Macht des Einfach-Wahren vermittelte. Ich begann zu verstehen, worauf es ankam, und ich sah auch zugleich die Grenzen meines eigenen künstlerischen Vermögens.

Zurückgekehrt, 1920, wollte ich Lehrer werden, aber ich war zu krank, viele Jahre lang mußte ich alle Kräfte und allen Mut daran wenden, mich überhaupt am Leben zu erhalten. Seit jener Zeit lebe ich in Wagrein.

Ich schrieb, aber ich hatte lange nicht den geringsten

Erfolg. Man wies meine Arbeiten überall zurück, ich hörte, sie seien zu grob, zu simpel, »mit der Hacke gemacht«, wie jemand nicht übel sagte. Nun saß ich aber doch durchaus nicht zu meinem Vergnügen am Schreibtisch, im Gegenteil, das Schreiben war mir manchmal eine kaum zu ertragende Marter, und ich habe mehr als einmal beschlossen, dieses Handwerk endgültig aufzugeben. Ich versuchte mich als Plakatzeichner, erlernte die Buchbinderei, aber am Ende konnte mich das alles nicht vor der dunklen Gewalt retten, deren Werkzeug ich unbegreiflicherweise bin. Ich sage und meine das ehrlich, daß ich nicht den Ehrgeiz habe, Literatur zu machen, einen Namen zu gewinnen, – wollte ich nur das, so fände ich wohl einen bequemeren Weg. Ich schreibe nur, um mir selbst zu helfen, weil ich keine andere Möglichkeit habe, meine Unruhe loszuwerden. Originell zu sein, ist nicht mein Wunsch, ich bin ein recht gewöhnlicher Mensch, das läßt sich ohnehin nicht verbergen. Ich möchte einfach von dem berichten, was ich wirklich zu wissen meine, und ich möchte das eindeutig tun, mit den einfachsten Mitteln, ohne sprachliche oder stilistische Experimente. Ich bin zufrieden, wenn ein Satz gut klingt und wenn er nicht mehr kürzer oder verständlicher gesagt werden kann. Mehr habe ich nicht zu tun. Das Kunstwerk lebt von selbst.
In der freien Zeit treibe ich allerlei. Ich bilde mir ein, gut zeichnen zu können, ich treibe Geschirr aus Metall, entwerfe Möbel, mache Scherenschnitte, schneide in Holz, befasse mich mit Lichtbildnerei, binde Bücher, kurz, ich tue alles, was möglichst wenig an den Schreibtisch erinnert.
Der Stoff des Romanes »Brot« beschäftigte mich seit

Jahren, ich versuchte mich in vielen kleinen Studien daran, fand aber lange nicht die rechte Form, oder vielmehr, ich hatte nicht den Mut, die allein mögliche zu wählen, weil sie zu sehr an Hamsun erinnern konnte, an meinen geliebten und gefürchteten Meister, an den mich wohl etwas Innerliches, nicht nur die Unzulänglichkeit meines Könnens bindet. Dann sah ich endlich jenen Irrtum ein und schrieb das Buch ohne Unterbrechung in genau vierzig Tagen.

Später habe ich nur noch ein Kapitel wesentlich geändert. Wenn man dem Buch überhaupt eine Bedeutung unterlegen will, so wäre es die, daß wir alle, wie Simon, zu irgendeiner Zeit wieder unten anfangen müssen. Die meisten Menschen sterben allerdings schon früher. Ich wollte auch sagen, es sei der tiefste Trieb im Menschen auf das Eigentum gerichtet, auf das »Wurzelfassen«. Und schließlich soll gezeigt sein, daß das Glück nur in dem liegt, was man selbst macht, in irgendeinem Sinne, aber jedenfalls mit Einsatz der ganzen Kraft, mit Liebe und Hingabe. Ich habe versucht, die schlichte klare Linie, die simple Komposition in dem Ganzen durchzuführen, es sollte ein heiteres, ruhiges, ein positives Buch werden, eine Dichtung aber nur durch den Rhythmus und den Klang der Sprache. Besonders viel lag mir daran, das Land zu schildern, in dem ich lebe. Und um es schließlich ganz einfach zu sagen: Ich habe mein Bestes getan, mehr kann ich nicht.

LIEBE DINGE

Mein Tisch

Mein Tisch war das erste Stück Hausrat, das ich erwarb, als ich mich in jungen Jahren entschlossen hatte, seßhaft und ein gesitteter Mensch zu werden. Von nun an, dachte ich, muß dein Dasein eine feste Mitte haben, eben diesen Tisch. Du wirst mit Anstand daran sitzen, um dein Brot zu essen, und wenn du nichts zu kauen hast, kannst du wenigstens die Ellbogen darauf stützen und deine Sorgen überdenken. Haus und Hof wirst du ja doch nie gewinnen, aber dieses kleine Geviert ist so gut wie ein Stück Land. Du wirst deine Gedanken hineinsäen, und der Himmel wird sie verderben oder reifen lassen, wie sonst die Saat auf einem Acker. Es werden nur geringe Gedanken sein, das soll dich wenig kümmern. Großen Geistern ziemt es zwar, sich in große Ideen zu kleiden, aber schließlich leben auch sie wie unsereins vom täglichen Brot der kleinen Einfälle. Und was immer du tust, das Rechte wie das Schlechte, es geht seine eigenen Wege.

So war es dann auch, und so ist es geblieben. Freilich, wenn ich mich an meinen Tisch setzte, muß ich ihn zuerst mit einem passend gefalteten Brief ins Gleichgewicht bringen, weil jeden Tag ein anderes von seinen vier Beinen ein wenig kürzer ist. Unten, in der Fußleiste, hat er einen Wurm sitzen, der streut seit Jahr und Tag kleine Häufchen von gelbem Holzmehl auf den Boden, unermüdlich, es muß ein Geschäft für die Ewigkeit sein, einen Tisch aufzuzehren. Auch die Platte ist nicht mehr ganz eben, unzählige Mägde haben runde Astknoten aus dem beinharten Holz gescheuert, und das ärgert mich manchmal bei der Arbeit, ich kann nicht wie der liebe Gott über Berg und Tal schreiben. Irgendwann einmal muß wohl ein verliebter Mensch an meinem Tisch gesessen haben, der schnitzte ein A und ein M hinein, und ein Herz dazu, aber nur ein halbes. Vielleicht war das Messer zuwenig scharf oder die Liebe nicht groß genug.

Wunderlich, daß ich mich von jeher nur unter altem Gerümpel wohl gefühlt habe. Woran mag das liegen? Grob gesagt, ich lebe überhaupt weit lieber mit Dingen als mit Menschen. Jedes ist ein Wunder für mich, denn jedes ist nur reine Gestalt, weiter nichts. Der Sinn seines Daseins ist, ganz einfach dazusein. Freilich kann auch ein Ding sozusagen in Sünden fallen, aber daran ist immer nur der Zweck schuld, den wir ihm aufbürden. Das ist es ja auch, was unser eigenes Tun verdirbt, denn schuldlos kann nur das Zwecklose sein. Der Mensch allein ist fähig, sein wahres Wesen zu verbergen, und er ist ja auch das einzige Geschöpf, das es nötig hat. Es wäre unmöglich, zu leben, wenn es möglich wäre, daß einen jemand wirklich kennt. Ich gebe zu, das alles mag nur gleichnisweise richtig sein, ohne tieferen Zusammenhang. Aber wenn eines gar nichts mit dem anderen zu tun hat, dann ist mir das immer doppelt verdächtig.

Verdächtig auch, daß mein Herz so sehr an alten Dingen hängt. Liegt es daran, daß jedes von diesen Dingen nur einmal in der Welt vorhanden ist? Meinem Tisch zu begegnen war ein Glücksfall, unwahrscheinlich wie der, daß man unter tausend Leuten einen Menschen findet.

Ich meine auch zu wissen, wie der Mann beschaffen war, der vor langen Jahren zu einem Meister ging und sagte: »Du sollst mir einen Tisch machen. Mach ihn so breit, daß ich eben noch hinüberlangen und meine Hand auf eine andere legen kann. Das Maß für die Höhe nimm von mir; wenn ich schon nicht immer aufrecht stehen darf, an meinem Tisch will ich aufrecht sitzen. Die Beine kannst du ein wenig abdrehen, des Ansehens halber, aber mach eine Trittleiste unten herum, damit es kein Gescharre auf dem Boden gibt, das haben die Weiber nicht gern. Ja, und unter die Platte zimmerst du mir eine Lade für das Brot und das Messer.«
Der Meister machte es dann so, er tat noch ein übriges und strich das Gestell und den Kranz mit guter Farbe, und auf das Stirnbrett der Lade malte er ein heiliges Zeichen, den Namen dessen, der das Brot gibt. Inzwischen sind freilich seine Malerkünste unter dem Putzlappen der Frauenzimmer dahingegangen. Die werden ja sogar Gottes Thron bis auf das Holz blank reiben, wenn sie dereinst alle im Himmel sind.
Einmal hatte ich einen Freund zu Gast, dem gefiel mein Tisch so sehr, daß er beschloß, ihn nachmachen zu lassen. Er habe zwanzig Häuser in einer Reihe gebaut, sagte er, das erste haargenau wie das letzte, so daß die Inwohner das ihre nur wieder finden konnten, solang sie ganz nüchtern waren. Also müßte es doch seltsam zugehen, wenn es nicht gelänge, dieses grobschlächtige Möbelstück ein zweites Mal in die Welt zu setzen. Einen Abend lang krochen wir unter dem Tisch herum und maßen und zirkelten und zeichneten alles getreu auf das Reißbrett. Aber nach Wochen, als der neue

Tisch aus der Werkstatt kam, stand der Freund davor und schüttelte den Kopf. Was denn, wir krochen abermals unter den Tisch, um zu messen und zu zirkeln. Kein Zweifel, alles haargenau und richtig. Auch das Herz hatte der Meister hineingeschnitten, sogar ein ganzes, der Ordnung halber. Es war wirklich der gleiche Tisch, nur eben bei weitem nicht derselbe. Nun, wir setzten uns dann doch wieder an den alten. Ich holte zum Trost eine Flasche aus dem Keller, weißen Wein, köstlich im Glas, und schwarzes Brot und Nüsse. Wir schwiegen gesprächig, und alles war gut.

Mein Stein

Mein Stein gehört mir gar nicht, er ist Eigentum des lieben Gottes oder der Regierung, ich weiß nicht, wessen. Sicher ist nur, daß sich außer Ihm, der ihn erschuf, und mir, der ihn entdeckte, noch nie jemand um diesen Stein gekümmert hat. Nur die Fuhrleute verfluchen ihn manchmal, weil sie mit der Radkappe hängenbleiben, wenn sie einen Wagen voll Langholz um die Ecke fahren wollen. Gäbe es dort keinen Stein, dann müßten sie gar nicht um die Ecke fahren, aber was soll man machen, da liegt er eben seit hunderttausend Jahren, nach meiner Schätzung.

Er ist kein Hiesiger. In grauer Vorzeit ließ er sich von den Gletschern aus dem Urgebirge hierhertragen und setzte sich am Kreuzwechsel der Bären und Wölfe fest, mit dem lästigen Eigensinn aller Zugereisten. Von Zeit zu Zeit besuche ich ihn, wie einen Freund, der mit dem Alter ein bißchen wunderlich geworden ist. Er duldet meine Gesellschaft arglos, ich aber trage mich mit hinterhältigen Plänen, er darf nicht merken, was ich eigentlich mit ihm vorhabe. Seit Jahren träume ich nämlich davon, den alten Burschen auszugraben und in meinen Garten zu wälzen. Die Schwierigkeit liegt zunächst darin, daß ich nicht dahinterkommen kann, wie groß er eigentlich ist. Er zeigt mir nur seinen grauhäutigen Schädel und eines von seinen listigen Augen aus weißem Quarz, – leicht möglich, daß er unterhalb die Maße eines Elefanten hat. Natürlich könnte ich mit Krampen und Schaufel ausrücken, in der Morgenfrühe, wenn noch niemand um die Wege wäre. Aber es ist ja immer jemand unterwegs, ein neugieriger Nachbar. Der fände die Sache verdächtig, als wollte ich da heimlich eine Kindsleiche begraben, und deshalb müßte ich ihm mein Vorhaben erklären. Daraufhin liefe der Nachbar zum Pfarrer, wohin denn sonst? Der alte Herr überdächte das Ganze sorgsam und spräche bei Gelegenheit mit dem Vorstand, ob es etwa geraten sei, den Wachtmeister zu verständigen. Erst dieser Mann der Ordnung fände dann die richtige Lösung. Er würde den Doktor zu mir schicken, damit er mir an das Knie klopfte und ein wenig herumfragte, was das Trinken betrifft oder gewisse Vorkommnisse in meiner Verwandtschaft. Denn meinesgleichen muß dem Gemeinwesen unheimlich sein, ein Mensch, der Steine in seinen Garten schleppen will, während sich doch vernünftige Leute Jahr und Tag damit abmühen, sie hinauszuschaffen.

Lange habe ich überlegt, ob ich etwa eine Eingabe an die Obrigkeit richten könnte, ein Gesuch um Verleihung dieses Feldsteines. Hohe Regierung, würde ich schreiben und dann mein Anliegen in vorsichtigen Worten auseinandersetzen. Wie ich die Jahre hindurch schlecht und recht gelebt und den Zins für mein Dasein entrichtet hätte, ohne lauter als heimlich zu murren. Gewiß sei das nur meine Pflicht gewesen, besondere Verdienste könne ich durchaus nicht vorweisen. Meine Bitte ginge also rundweg dahin, mir ohne jeden Grund, sozusagen gnadenhalber, aus öffentlichen Mitteln einen Stein zu schenken. Dies in völliger Ergebenheit.

Die Obrigkeit müßte dann einen Ausschuß ernennen und in das Dorf schicken, sachverständige Leute, die mancherlei zu bestimmen und zu klären hätten, Maß und Gewicht des Steines und seinen Wert für Wissenschaft und Handel. Es wäre auch die Möglichkeit zu erwägen, daß seine Entfernung etwa das Bild der Landschaft nachteilig verändern könnte. Und wenn sich das alles zu meinen Gunsten entschiede, bliebe noch immer die schwierigste Frage offen, die nämlich, wozu ich den Stein überhaupt brauchte.

Das aber wüßte ich nicht. Um ihn zu haben. Um ihn unter meiner Birke liegen zu haben, zwischen den Haselbüschen, gewärmt von der Sonne, gebadet vom Regen, mit Moos und Efeu schön begrünt, einen uralten, mächtigen, ehrwürdigen Stein. Um Erde in seine Spalten zu streuen und Gräser darin wachsen zu lassen. Um abends und morgens hinzugehen und mit der Hand über sein rauhes Gesicht zu streichen. Die Vögel würden auf ihm sitzen und singen, ich selber nicht mehr. Denn die Jahre sind hingegangen; ihm hat es nichts ausgemacht, aber ich bin alt geworden. Ich gehe krumm, wenn ich zu lang auf einem Stein sitze.

Ach, was für Sorgen, liebe Leute! Es ist recht schwierig, ein Narr zu sein, wenn es niemand merken soll!

Mein Hund

Mein Hund war ein winzig kleines Ding, als ich ihn nach Hause brachte; es sollte ein Pudel daraus werden, sagte man mir. Dem Stammbaum nach konnten seine Ahnen schon die Türken vor Wien verbellt haben, und auch in seinem Äußeren erinnerte mich einiges an die Tracht der Kavaliere in jener Zeit. Aber sonst sah er nicht nach altem Adel aus, eher wie eines von diesen schwarzen Kutscherhündchen, wie sie die Fuhrleute früher auf dem Blochwagen hatten, etwas ungemein Geschwindes und Lautes, ein Geschöpf aus durchdringendem Lärm und undurchdringlicher Wolle. Nach meiner Erfahrung bedienen sich die Mächte des Schicksals gern harmloser Geschenke, wenn sie dem Menschen ein unabsehbares Verhängnis ins Leben schmuggeln wollen, und deshalb hätte mir auch dieses Angebinde verdächtig sein müssen. Aber es war ja ein Hund, ein beseeltes Wesen also. Ich dachte, daß er mir zu einem Freund heranwachsen konnte, wenn ich mir ein wenig Mühe gäbe, zu einem fröhlichen Gefährten, und dann würde ich nicht wieder einsam sein, nur noch allein mit ihm auf meinen Wegen. Warum sollten wir nicht voneinander lernen? Die riechbare Welt scheint mir weit verläßlicher zu sein als die bloß sichtbare, und anderseits gibt es auch wieder Rätsel, die man nicht lösen kann, indem man die Nase hineinsteckt. Nun, der Hund wuchs heran, soweit ein Pudel zu wachsen hat. Manches in seiner Natur gab mir zu denken, eine gewisse Kargheit im Umgang, aber das schrieb ich seiner vornehmen und meiner geringen Herkunft zu. Schließlich wollte ich ja kein unterwürfiges

Schweifwedeln um mich haben, einen Hund, der gleichsam immerfort lächelt wie gewisse Leute, nur eben am anderen Ende. Als er mir zum erstenmal die Zähne zeigte, nahm ich das nicht ernst. Ich kraulte seinen Kopf und lachte ihn aus, und plötzlich biß er mich scharf ins Handgelenk. Ich saß da unter einem Baum, das Blut tropfte ins Moos, und ich wartete auf meinen Zorn. Jedoch, der Zorn kam nicht, nur Traurigkeit und hilflose Bestürzung. Natürlich hätte ich sofort etwas Entscheidendes tun müssen, mit der Peitsche oder mit einem Schuß Pulver. Damit wäre die Sache zwar erledigt, aber nicht geklärt worden. Ich wußte ja und sah es täglich, wie gutartig der Hund eigentlich war; er tat wirklich niemandem etwas zuleide, außer seinem Herrn. Nie schnappte er nach einer Fliege, er zerbiß keinen Schmetterling, und wenn ein Maulwurf über die Straße flüchtete, schob er ihn nur mit der Nase vor sich her und setzte sich zurecht, um zuzuschauen, wie dieses quietschende Ding eilig wieder in der Erde verschwand.

Nein, ich ließ es gut sein, und seitdem leben wir nebeneinander und vertragen uns leidlich. Ich habe mir hilfsweise die Erklärung zurechtgelegt, daß dieses Wesen zu mir geschickt wurde, um einen Auftrag zu erfüllen. Vielleicht ist es so, daß ich in einem früheren Leben jemand wie einen Hund behandelt habe, und nun behandelt er mich seinerseits, wie es solch ein Mensch verdient. Ich finde diese Auslegung durchaus glaubwürdig, denn wäre mein Hund wirklich ein Hund, dann müßte die Wissenschaft irren in allem, was sie über die Seele des Hundes zu sagen hat. Ein schaudervoller Gedanke nebenbei, daß ein kleiner Hund ein Dutzend großer Gelehrter widerlegen könne!

Aus gewissen Umständen ist zu schließen, daß mein Pudel ehedem ein recht wunderlicher Mensch gewesen sein muß, von einer aufreizenden Betulichkeit, wie sie manchmal Leuten eigen ist, die bessere Tage gesehen haben. Anfangs fraß er so gut wie nichts, bis sich zufällig ergab, daß er aus vier weißen Schüsseln zu speisen wünscht und daß dieses Gedeck auf einem Tafeltuch aus Sackleinen stehen muß. Was er in den Schüsseln findet, ist ihm gleichgültig, aber wenn nur eine fehlte, fräße er nicht einmal gebackenes Huhn oder sonst eine Leckerei, die mein eigenes Benehmen sofort ins Wanken brächte.

Das Deutsche scheint mein Hund nicht zu verstehen oder doch nur ein besseres als meines. Vermutlich spreche ich für ihn eine lautlose und genaue Sprache der Mienen und Gebärden, mir selber fremd. Er weiß jedenfalls immer, was ich tun will, um dann tun zu können, was er will.

Der Himmel wird bestimmen, wie lange ich für meine dunklen Untaten zu büßen habe. Es ist wahrhaftig eine Prüfung, wenn mein schlechtes Gewissen sozusagen auf eigenen vier Beinen neben mir herläuft. Jetzt wird mein Hund bald sechs Jahre alt, ebensolang kann er leicht noch leben, aber welche Spanne mag mir zugemessen sein? Möglich, daß er mich auch darin übertrifft. Dann bin ich sicher, daß wenigstens ein schwarzer Pudel in meinem letzten Geleit nicht fehlen wird, ein nobler Gegner, vielleicht endlich versöhnt und aus dem Bann gelöst. Auch er.

Mein Bett

Mein Bett ist ein riesiges Gehäuse, ein Viermaster mit hohen Aufbauten an Bug und Heck, ein gutes Schiff auf dem dunklen Wasser des Schlafes, den bauchigen Karavellen vergleichbar, mit denen einst die spanischen Waghälse die Weltmeere befuhren.
Ich habe dieses Bett von meiner Tante geerbt, sie war Bräuwirtin im oberen Pinzgau. Gott hat sie längst selig, hoffe ich, obwohl es ihm schwerfallen mag, denn die Tante wird kein sehr fügsamer Gast im Himmel sein. In jungen Jahren verbrachte ich manchmal etliche Ferienwochen in ihrem Haus, damit ich bei Rauchfleisch und braunem Bier ein wenig Speck ansetzte. »Der Verstand sitzt auch beim Menschen nicht im Kopf«, sagte die Tante, »sondern im Speck, denn Speck macht schlau.« Sie war selber ein stattliches Weibsbild, damals freilich schon alt und von der Gicht geplagt. Sie konnte sich nicht mehr legen, lieber saß sie des Nachts in einem Lehnstuhl dem Bett gegenüber, das immer schon frisch aufgeschüttelt für mich bereitstand, wenn sie mich abends in ihre getäfelte Stube rief. Ich mußte dann noch eine Weile bei ihr sitzen, und während sie behaglich ihr Schlafbier aus dem Steinkrug trank, wollte sie von mir hören, wie die Dinge dieser Welt lateinisch hießen, die Geldtruhe, auf der ich hockte, der Spucknapf oder die Bettbank mit dem Wachslicht darauf. Ich wagte nie zu gestehen, daß ich kein Latein verstand, aber die Tante war ja ohnehin mit dem zufrieden, was ich aus dem Meßgesang des Pfarrers entlieh. Wenn sie endlich müde war, hatte ich den Rest des Bieres aus dem Fenster zu

schütten und das Licht zu löschen. Sonst mußte das eine Magd besorgen, die in der Oberstube schlief, ein schwerfälliger Trampel, mit dem die Tante nie ein gelehrtes Gespräch führen konnte. Im Dunkeln schlüpfte ich aus den Hosen, und dann verschwand ich in einem riesigen Berg von Kissen und Deckbetten.
Es war köstlich, in diesem Bett zu schlafen. Ich hörte den lauten Atem der Tante, bisweilen schnarchte sie gewaltig, erwachte davon und schalt sich selber aus. Alle Fenster standen weit offen, man sah den Kirchturm schwarz im schwarzen Himmel stehen und die Sterne um ihn her. Jedes Geräusch war gleichsam von Stille umgeben und überaus deutlich, ein Gaul schnaubte drüben in den Ställen, eine Kuh rasselte mit der Kette, wenn sie sich niedertat. Einmal belauschte ich lang einen Dieb, der unten an den Fenstern herumtappte, ob er eines offen fände. Aber die Tante verbot mir, Lärm zu schlagen. Wenn da einer stehlen wolle, sagte sie, sei es seine Sache, Gott werde ihn wohl dafür zu strafen wissen. Es war ja auch gar kein Dieb gewesen, sondern der Jungknecht, aber die Tante wollte mir nicht erklären, warum der durch ein Fenster statt durch die Tür nach Hause kam.
Mitunter zog des Nachts ein Unwetter auf. Der Regen rauschte mächtig in den Bäumen, das Licht der Blitze fuhr herein und der Donner hinterher, als bräche das Haus zusammen. Die Tante rief dann der Reihe nach alle Heiligen an, und ich antwortete ihr mit einem Ora pro nobis, aber mir war gar nicht bang, ich fühlte mich unsäglich wohlgeborgen. Konnte ein Blitz durch zwei Ellen Federn schlagen? Nichts von Ungewitter unter meiner Decke. Ich ließ meine Hand auf zwei Fingern

umherwandern, in einer weitläufigen Landschaft, mein Bauch war ein sanfter Hügel, die Beine zwei steile Berge, auf denen der Leintuchhimmel ruhte, und dann flog die Hand auf wie ein großer Vogel und schwebte über Schluchten und Tälern, sie hatte es gut in dieser warmen Gegend.

Oft weckte mich die Tante, indem sie ihren Stock auf den Boden stieß. Dann mußte ich eilig aufstehen, um ihren kranken Fuß auf dem Schemel zurechtzurücken. Dafür erhielt ich jedesmal sofort einen blanken Sechser in die Hand gedrückt; ein schöner Nebenverdienst, besonders wenn das Wetter umschlug. Es geschah aber auch, daß die Tante sich vergaß und gegen die Decke statt auf den Boden klopfte. Daraufhin erschien nach einer Weile die Magd im Hemd, mit einem Talglicht in den Händen. Die Tante warf den Stock nach ihr und scheuchte sie wieder hinaus.

Man hat mir erzählt, daß es vor undenklichen Zeiten einmal zwei Betten von gleichen Maßen gegeben habe. Als es mit dem alten Bräuwirt zu Ende ging, trug er seiner längst mannbaren Tochter auf, sich endlich zu verheiraten. Bierbrauen sei kein Weibergeschäft, sagte er, verdammt noch einmal. An Bewerbern war kein Mangel. Die Tante wählte schließlich einen Kerl aus der Nachbarschaft, jung und tüchtig, aber auch wieder nicht zu tüchtig, das Regiment wollte sie selber behalten. Es wurde eine fürstliche Hochzeit zugerichtet. In der Nacht vorher betrank sich der Bräutigam, was zu begreifen ist. Er war ja einem ausziehenden Krieger vergleichbar, den die Gefährten einem ganz ungewissen Schicksal überlassen mußten. Am Morgen in der Kirche war er nur noch so weit bei Trost, daß er mit Mühe ja und amen sagen

konnte, und nachher setzte er sich gleich wieder zu den Seinen in die Bierstube. Vier Zechgenossen trugen ihn abends zur passenden Zeit in die Brautkammer und legten ihn in das Bett, nicht ohne der Braut im anderen Glück und Segen zu wünschen.
Das wenigstens hätten sie unterlassen sollen. Die Tante erhob sich und ließ sogleich einen Brückenwagen anspannen. Dann mußten die Knechte das Bett mit dem scheintoten Bräutigam hinunterschaffen und auf den Wagen heben. Sie selber schwang sich auf den Bock, um ihn über Land bis vor sein Vaterhaus zu fahren. Dort stellten ihn die Leute auf die Straße hin, die Tante schellte einmal am Tor und ließ die Gäule gelassen wieder heimwärts traben. Ihr Angetrauter kam nie wieder in das Bräuhaus zurück. Nicht einmal die Hunde hätten ihn noch kennen mögen.
Gott habe sie selig, sagte ich. Die Tante dachte an mich, als sie hinüberging, viel mehr als ihre Liegestatt hatte sie am Ende nicht zu vererben. Ich mußte mich inzwischen niedriger betten, aber meine Gäste genießen es immer noch, wenn ich sie, schwer vom Wein, über die kurze Treppe hinauf in das Traumschiff klettern lasse. Ganz zuletzt möchte ich wohl selber wieder darin liegen. Immer habe ich es schön und bedeutsam gefunden, daß gewisse alte Völker ihre Toten wie Schlafende zur Ruhe legten. Ich wünschte sehr, ich hätte jemand, der mich auf die gute Seite legt, wenn es soweit ist, der mir die gefalteten Hände unter die Wange schiebt und die Decke sorgsam heraufzieht, damit ich nicht frieren muß in der endlosen Nacht.

Mein Gespenst

Mein Gespenst ist ein überaus empfindsames Wesen, ein sehr scheuer Geist, keiner von denen, die durch die Kamine heulen oder ihren Kopf vor sich her rollen lassen, mit derlei abgeschmackten Roheiten hat es mich nie belästigt. Jahrelang lebte ich in meinem Haus, ohne zu ahnen, daß ich ein Gespenst besaß, ein weniger scharfer Beobachter wäre ihm wohl überhaupt nie auf die Spur gekommen. Anfangs fragte ich vorsichtig im Dorfe herum, ob etwa irgendwo ein Spuk abgängig sei, aber nein, niemand vermißte etwas dergleichen. Nur der Schuster erzählte mir, eimnal habe er ein Gespenst auf dem Brückengeländer sitzend angetroffen, nachts und bei Vollmond. Als er ein Kreuz schlug, rührte es sich nicht. Dann versuchte er, es mit dem Stecken herunterzuangeln, worauf es in die Luft fuhr und ihm den Hut vom Kopf wischte – eine alberne Geschichte. »Du warst betrunken«, sagte ich. »Das auch«, sagte der Schuster. Gut, aber wie kommt es, daß ich als einziger in der Gegend einen Geist beherbergen muß? Hatte er etwa schon immer da gehaust, als noch Gras und Sauerdorn auf meinem Hügel wuchsen? Und später, als das Haus gebaut wurde, zog er eben mit hinein und blieb ein unaufdringlicher Gast bis auf meine Tage.

Nein, eher wollte ich einen Zauberer verdächtigen, den ich einmal vor geraumer Zeit über Nacht ins Quartier nahm. Er gab damals eine Vorstellung im Dorf, aber der Besuch war schlecht, und die wenigen Zuschauer fanden auch keinen Gefallen an seiner Kunst, weil er die Goldstücke und Uhren ja nur aus ihren Taschen herausholte,

statt sie hineinzuzaubern. Hinterher kam ich ins Gespräch mit dem Mann; ich fand es ein wenig kümmerlich bei einem Schwarzkünstler, daß er so sorgenvoll seine Groschen überzählte und ständig etwas von einer Wurst vor sich hin murmelte, einer warmen Wurst, die doch wenigstens hätte herausspringen können. Aber er saß dann doch zufrieden bei mir in der Stube, wir löffelten unsere Brotsuppe, und er mühte sich noch die halbe Nacht damit ab, mir das Zaubern beizubringen. Es half leider nichts, weder Geduld noch Eifer, meine Finger waren zu langsam. Ich habe ja auch das Klavierspiel nicht erlernen können. Vier Jahre lang übte ich Tonleitern, und immer noch kam der Daumen zu spät.
Am Morgen war der Zauberer verschwunden. Etliches hat er mitgenommen, auch eines von meinen beiden Hemden, das zum Trocknen auf dem Dachboden hing. Anderes ließ er zurück, ein zerfranstes Spiel Karten, in sein eigenes Hemd gewickelt, und vermutlich dieses Gespenst. Es war lästig geworden, oder er wollte sich ein jüngeres zulegen. Für mein Geschäft, dachte er wohl, sei auch ein minder wendiger Geist noch zu brauchen.
Ich habe ihm seine Hinterlist längst verziehen. Es beschäftigt mich aber die Frage, ob ich etwa verpflichtet bin, einen sorgfältigen Bericht über mein Gespenst zu liefern. In unzähligen Büchern habe ich fleißig nachgeforscht und konnte doch nirgends ein Beispiel für einen Geist finden, der sich niemals antreffen ließ. An sich wäre das keine Schwierigkeit für mich, ich habe mancherlei genau geschildert, was ich nie gesehen habe, aber hier drehte es sich um den schlüssigen Beweis dafür,

daß etwas vorhanden sein kann, was allem Anschein nach nicht vorhanden ist.
Mit Sicherheit weiß ich nur zu sagen, daß mein Gespenst weiblicher Natur sein muß. Es liest zum Beispiel gern meine Briefe, solche, die ich verstecken möchte, und andere, die ich als Köder hinlege. Sogar ein zerrissenes Blatt hat es eimnal aus dem Papierkorb gefischt und, sorgfältig zusammengeklebt, wieder auf den Schreibtisch gelegt, ein mißratenes Gedicht. Natürlich habe ich sofort scharfe Verhöre im Haus angestellt. Von mißratenen Versen wußte jedermann, aber niemand von zerrissenen.
Es ist ein lautloses Walten, was meinen Eigensinn allmählich zermürbt, ein nachdrückliches Streben nach Sauberkeit und nach einer Ordnung, die nicht die meine ist. Seit langem sammle ich Schnecken, nicht nur, weil sie eine Art von Wild sind, das auch ich noch zu erjagen vermag, sondern weil manche ihre Gehäuse so hübsch verzieren, mit einer unglaublichen Fülle von Einfällen; die Kenner werden mich verstehen. Ich lasse dann die Schnecken über das Fließpapier auf meinem Schreibtisch kriechen, um ihre Geschwindigkeit ein wenig zu bremsen, während ich sie male. Aber manchmal geschieht irgend etwas Aufregendes vor dem Fenster, so daß ich eilig hinauslaufen muß, und wenn ich zurückkomme, hat das Gespenst die Schnecken weggeräumt. Ich suche überall nach ihnen, unter Schrank und Bank, zuletzt tobe ich durch das ganze Haus, vergeblich. Erst später, wenn sich mein Zorn längst erschöpft hat, sind die Schnecken plötzlich wieder da, freilich nur die gewöhnlichen, die wir zu Tausenden im Garten haben.
Auf vielerlei Wegen versuche ich, das Gespenst endlich

in eine Falle zu locken. Mein Schreibtisch hat eine Reihe von kleinen, offenen Fächern, in denen ich mein Spielzeug verwahre. Jeden Morgen muß ich diese Dinge von neuem ordnen, weil sie das Gespenst über Nacht nach seinem Geschmack durcheinandergebracht hat. Ein Forscher, überlegte ich, darf auch vor dem Unsinn nicht zurückschrecken, oft genug erwies sich in der Wissenschaft das Verkehrte als das Richtige. Also stellte ich eine gespannte Mausefalle in eines der Fächer und davor mein silbernes Pferdchen als Köder. Das Ergebnis war furchtbar, ein Unglück, das mich tagelang bedrückte. Ich hatte nicht das Gespenst, sondern tatsächlich eine Maus gefangen. Da lag die Ermordete, winzig klein und seidig-braun, mit einem Tröpfchen Blut auf der Nase.
Begreiflich, daß ich seither vorsichtiger zu Werke gehe. Ich kann deshalb auch noch immer nichts Durchschlagendes an Beweismitteln vorzeigen und muß es hinnehmen, wenn wohlmeinende Freunde sagen, mein Hausgespenst sei in Wahrheit ein Hirngespinst – sonderbar, daß mein sonst eher nüchterner Kopf solchen Einbildungen erliegen könne!
Es ist richtig, früher glaubte ich, sehr genau zu wissen, was Einbildung sei und was Wirklichkeit. Aber jetzt springe ich nicht mehr so sorglos über Gottes Zäune. Auch wer nichts glaubt, muß durchaus nicht alles leugnen.

Mein Fisch

Mein Fisch war der Herr eines tiefen, grünen Wassers, als ich ihm zum erstenmal begegnete, die Herrin eigentlich, eine Forelle. Damals ging ich oft mit der Angelrute den Mühlbach hinauf, es ist das ein schnelles Wasser in einer kühlen Schlucht, nicht weit von meinem Haus. Seitlich in den Erlen, eingesunken in Moos und Farn, stehen die Mühlen der Bauern, jede mit einem eigenen dünnen Wasserfaden im tropfenden Gerinne, auch heute noch, obwohl die Mahlgänge längst verrottet sind. Es klapperte emsig in der grünen Einschicht, ich mochte das gern, dieses gemütliche Klopfen und die blanken Wasserschnüre, das Gesprühe und Geplätscher auf den Radschaufeln. Der Bach mühte sich dazwischen unverdrossen, an sein Ziel zu kommen, es ging ihm wie unsereinem auch, er grub und grub an seinem Weg und vergrößerte doch nur die Hindernisse. Ganz unten sammelte er noch einmal seine Kraft in einem baumstarken Strahl, schoß über die letzte Felsenstufe hinaus und tauchte blasig-schäumend in die grundlose Tiefe eines Tümpels.

Dort saß ich gewöhnlich am Ufer auf den angetauten Blöcken und übte meine Kunst. Ich ging auch noch den beruhigten Bach entlang bis zur Mündung und suchte das Widerwasser hinter den Steinen mit der Angel ab, jede Höhlung des Ufers, immer vergeblich. Nicht zu begreifen, warum sich hier kein Fisch entschließen wollte, mir auch nur den Köder von der Angel zu fressen.

Aber dann, an einem schwülen Mittag im Sommer, sah

ich sie plötzlich, und ich erschrak so sehr, daß ich die Angel aus dem Wasser riß. Sie fuhr aus der Tiefe herauf, ihr nasser Rücken wölbte sich einen Augenblick über den Spiegel, moosgrün mit roten Tupfen, und dann verschwand sie wieder mit einem schnalzenden Schlag ihrer Schwanzflosse. Gott helfe mir zur Wahrheit, ein ungeheurer Fisch, gut eine Elle lang und so dick wie mein Arm. Nach einer Weile steckte ich die Rute zusammen und ging weg. Es war ja unwürdig, dieser Forelle einen gewöhnlichen Wurmhaken anzubieten, und mit meinem schwachen Zeug hätte ich sie auch gar nicht landen können.

Aber es ließ mir keine Ruhe mehr, ich träumte von diesem Fisch. Einen Tag um den anderen schlich ich zum Wasser, widerstrebend zwar und doch zugleich voll drängender Begierde, meiner heimlichen Freundin die Gefahr anzubieten. Sie kam auch fast immer wieder, zog ungescheut einen Kreis um den Rand des Tümpels, schoß weg, wenn ich mich rührte, und einmal sprang sie sogar, sie spreizte die Kiemen in der Luft, und ich sah ihr rotes Blut dahinter leuchten. Natürlich war sie ein gefährlicher Schadfisch, ein erbarmungsloser Räuber, ich hätte sie dem Pächter melden müssen. Das tat ich nicht, sondern ich fuhr in die Stadt und kaufte für sündhaftes Geld einen Blinker, kunstvoll aus Messing und Perlmutter gemacht, ein köstliches Geschmeide, das am passenden Ort für mich selber eine Verlockung hätte sein können. Und nun hatten wir ein aufregendes Spiel miteinander. Ich warf den Blinker und ließ ihn handtief durch das Wasser spinnen, die Schnur leicht zwischen den Fingern. Alsbald erschien die Freundin; sie stieg und tauchte, stand reglos und wendete und zeigte mir

das Weiße ihres Leibes. Manchmal erschreckte sie mich, indem sie unversehens von weit her auf den Blinker zuschoß; das Herz pochte mir bei dem Gedanken, sie könnte die Angel wirklich annehmen – was dann? Möglich, daß es mir glückte, sie rechtzeitig anzuschlagen, es wäre wunderbar gewesen, sie kämpfen zu sehen, sie zu bändigen, ihr geschmeidiges Leben in den Händen zu halten. Ein wenig Angst hätte sie wohl spüren dürfen, ehe ich ihr die Freiheit wiedergab. Aber solch ein Fisch biß ja nicht zu, der schluckte einfach, was ihm vor das Maul kam, und so, mit dem Blinker im Leib, hätte ich ihn töten müssen.
Einmal, völlig verwirrt, streifte ich Hemd und Hosen ab und stieg selber in den Tümpel. Ich weiß nicht, was ich da eigentlich wollte, Wasser ist sonst nicht mein Element. Mir wird schon in der Badewanne bang, geschweige denn in solch einer eiskalten, trügerischen Tiefe. Ich kroch auch gleich wieder heraus, saß da und fror erbärmlich und wunderte mich. Schämig wie ich bin, zog ich das Hemd wieder über den Kopf, aber ich hatte meine Gespielin schon zu sehr erschreckt. An diesem Tag wollte sie mich nicht mehr sehen.
Das ging so mit uns beiden den Sommer hindurch. Ich hütete mein Geheimnis und ertrug das Gespött im Hause, wenn ich mit der Angel auszog. Petri Heil? Nein, Petri Dank, ich hatte keinen Fisch im Netz.
Inzwischen war Krieg ausgebrochen, er griff nach mir, und ich mußte alles verlassen, was mir lieb war. Aber das Glück behütete mich und das Meine, ich fand nachher das meiste wieder. Auch an dem Tümpel stand ich lange. Es regte sich nichts mehr darin. Jemand hatte eine Handgranate hineingeworfen, ein fremder Soldat.

Mein Werkzeug

Mein Werkzeug verwahre ich wohlgeordnet in einem lärchenen Schrank. Es ist meine stille und schon ein bißchen wehmütige Freude, ab und zu die Türen zu öffnen und zu betrachten, was da an Kräften aufgespeichert ruht, an roher Gewalt und auch an geschmeidiger Glätte für ein sanftes Bemühen. Ich denke weit zurück an ein schwarzes Kistchen, das ich einmal besaß. Es enthielt allerdings nur rostige Nägel und einen Hammer, den mir der Vater geschenkt hatte. Dieses Ding lag ungeheuer schwer in meiner Faust, ich ging damit umher, zertrümmerte Felsen und klopfte den Verputz von den Hauswänden, tatenträchtig wie einer von den alten Göttern, nur daß mir mein Wirken lauter Maulschellen eintrug. Als ich entdeckte, daß man mit dem gespaltenen Schwanz des Hammers Nägel herausziehen konnte, wurde ich zu einem guten Klopfgeist, der überall Gerechtigkeit übte, indem er die Nägel aus den neuen Zäunen der Reichen riß, um die morschen und verrotteten der Armen zu flicken. Mit der Zeit gewann ich dann noch einiges dazu, eine richtige Zange, einen Zollstab und ein Stemmeisen. Der Vater hatte Gefallen an meinem Eifer, wohl auch ein wenig Sorge, wenn er mich so unbekümmert mit scharfen Schneiden hantieren sah. Er versuchte, mich in die Lehre zu nehmen, aber ich hielt nicht viel von seinen eigenen Fähigkeiten, er verfuhr mir zu langsam und zu umständlich. Es gab keine Arbeit, die ihn jemals verdroß. Stundenlang konnte er auf dem Zimmerplatz vor einem riesigen Lärchenbloch stehen, er betrachtete und beklopfte es, dann drehte er das Ungetüm und beklopfte es von neuem auf der anderen Seite, ehe er sich endlich daraufsetzte, um die Höhlung für einen Brunnentrog herauszuhauen. Wenn er tausendmal zuschlug, traf er tausendmal genau, auch das wurde mir bald langweilig. Mit ihm arbeiteten zwei Gehilfen, die ich nicht sah, nicht einmal dem Namen nach kannte: Sorgfalt und Geduld. Das Werkzeug der Geduld aber ist wiederum die Zeit, die wie eine brave Henne alles ausbrütet, was man ihr unterschiebt.

Später, als meine Schuljahre zu Ende gingen, sollte ich selber bei einem Meister in die Lehre kommen. Für das väterliche Handwerk eines Zimmermanns war ich zu schmächtig, die Mutter dachte an ein feineres, ein seßhafteres Gewerbe, das meinen unruhigen Sinn ein wenig dämpfen konnte. Deshalb führte sie mich, sauber herausgeputzt, zum Uhrmacher und fragte ihn, ob ihm ihr Sohn wohl als Lehrling zu Gesicht stünde. Der Alte musterte mich eine Weile, dann nahm er ein winziges Zänglein vom Werktisch und zog mir damit ein einzelnes Haar aus dem Schopf. »Nimm es«, sagte er, »und mach mir einen Knoten hinein.« Das wäre weiter kein Kunststück gewesen, aber ich brachte die Schlinge doch nicht zustande. Meine Finger zitterten zu sehr, weil ich vor langem einmal den Schaukasten des Meisters mit meinem Hammer ausgebessert hatte. Es fehlte damals wirklich ein Nagel am Scharnier, nur eben kein so dikker, daß die Scheibe davon zerspringen mußte. Ein dreibeiniger Schemel, meinte der Meister bedeutsam, ein Schusterhammer werde wohl besser für mich passen.

Ich bin also kein Uhrmacher geworden, auch kein Schuster, eigentlich überhaupt nichts, wenn ich es streng

nehme. Das ist mein heimlicher Kummer geblieben, denn alles Werkzeug war mir zeitlebens auf eine rätselhafte Weise gefügig. Immer habe ich, neben einem Dutzend anderer Dinge, eine kleine Zange in der Hosentasche. Unterwegs auf Reisen, wenn ich stundenlang in den Zügen sitze, kann ich Wunder damit wirken, denn alles, was die Leute heutzutage mit sich herumschleppen, ist ja von einer erbarmungswürdigen Hinfälligkeit. Ich vermag Puppen zu heilen, die an Schlaflosigkeit dahinsiechen. Regenschirme flicke ich, Bügel und Schlösser an den Handtaschen der Damen, und dafür würde ich unzählige Küsse ernten, wenn ich noch so kußfreudig wäre wie früher einmal.
Inzwischen habe ich mich natürlich auch mit einigen Maschinen anfreunden müssen, aber meine Liebe gehört noch immer dem einfachen Werkzeug, das ich dem Wort nach handhaben kann. Solch ein Ding ist ein Teil meiner selbst, es tut nichts ohne meinen Willen und das Richtige nur, wenn ich es behutsam und verständig führe. Einer von diesen neuen Bohrern hingegen, was man ihm auch zu beißen gibt, Eisen oder Holz, er frißt sich durch mit einer knirschenden Wut, und das Bohrmehl speit er um sich. Seine Arbeit tut er schnell und genau, versteht sich, aber, wie soll ich es sagen, das Loch, das er macht, ist nur entstanden, nicht geworden. Wenn der Vater eine Brunnenröhre bohrte, dann kam das Loch selber zutage, ein glatter Zapfen, aus dem sich leicht ein Schiffchen machen ließ oder eine Kuh mit Horn und Schwanz.
Gleichviel, das Geld sitzt mir locker in der Tasche, sooft ich vor einen Werkzeugladen gerate. Erst unlängst erstand ich einen Bolzenschneider. Er gefiel mir auf den

ersten Blick, weil er wie ein großer magerer Papagei aussah, jetzt hat er sich im Schrank an einer Leiste festgebissen. Der Verkäufer erklärte mir, dieses Wesen könne mit seinem Schnabel fingerdicke Eisenstäbe wie Strohhalme durchschneiden, aber auch er wußte nicht zu sagen, wozu. Möglich, daß ich einmal Nutzen davon hätte, wenn ich im Gefängnis säße. Nur dürfte ich wahrscheinlich dorthin meinen Papagei nicht mitnehmen.
Ernsthafte Leute werdern sagen, daß ich da wieder lauter müßiges Zeug geschwätzt habe. Ich gebe es zu und weiß nichts einzuwenden, außer daß unter allen denkbaren Irrtümern die Wahrheit am leichtesten zu widerlegen ist.

Mein Bad

Mein Bad ist ein Traum, den ich schon immer träumte, ein fernes, freundliches Wunschbild in guten und schlechten Zeiten. Aber im letzten Frühjahr geschah es, daß ich nachts plötzlich aus dem Schlaf fuhr, ein Geräusch hatte mich geweckt, ein Gepolter. Ich saß benommen im Bett und überlegte, ob es draußen auf der Tenne etwas gab, was von selber poltern konnte und mich damit der Pflicht enthob, ihm gegenüberzutreten. Ein Held bin ich nur, wenn mir durchaus nichts anderes übrigbleibt, und bisher blieb mir noch immer etwas anderes übrig. Ein Gedanke zum Beispiel wie der, daß alles Unheil eine verkehrte Perspektive hat, es erscheint groß von weitem und schrumpft zusammen in der Nähe. So kann ein Räuber zu einer mausenden Katze werden, und diese Möglichkeit genügt dann auch für einen entschlossenen Menschen, beruhigt wieder einzuschlafen.

Leider zeigte sich diesmal am Morgen, daß das Unheil inzwischen von neuem gewachsen war. Mein Haus steht an der Kante eines tiefen Grabens. Nun waren an der Rückwand etliche Bretter herausgebrochen, und durch dieses Maul hatte die Tenne einen Stapel Brennholz über den Abgang gespien. Ich ging also in das Dorf zu den Zimmerleuten, um mir einen auszusuchen, der den Schaden flicken konnte, ohne dabei den Hals zu brechen. Dieser Mensch kletterte überall im Dachstuhl herum, das Loch beschäftigte ihn weniger, dafür untersuchte er das ganze Bundwerk und die Sparren bis zum First hinauf. Ich weiß nicht genau, wie es zuging, jedenfalls zog er irgendwo an einem Brett, und sogleich prasselte eine Lawine von Schindeln und Schwersteinen auf mich herunter. Ich wühlte mich aus dem Schutt, mit Staub und Moder auf dem Haupt, wie es sich gehört, wenn man plötzlich dem blanken Himmel gegenübersteht. Fürs erste genügte mir der Schrecken, wir gingen in die Schenke, um die Sache zu beraten. Nach der zweiten Flasche tat der Zimmermann den Mund auf – wenn dir etwas von oben auf den Kopf fällt, sagte er, mußt du unten nachschauen. Kurzum, es lag an den Grundmauern. Sie wankten oder was immer, ich war daran, mit meiner ganzen Habe in die Tiefe zu fahren. Also mußte ich mir einen Haufen von Taglöhnern im Armenhaus zusammensuchen, lauter alte Knochen, bärtig und glatzig wie die zwölf Apostel, und auch so schwer von Begriff. Eine Woche lang schaufelten sie und zogen einen tiefen Graben rings um meine Heimstatt. Aber die Grundmauer fanden sie nicht, das ganze Haus stand auf der bloßen Erde. Der es einst baute, dachte wohl, was man nicht sehen könne, sei so gut wie vorhanden. Der Gedanke, daß mein ganzes Besitztum grundlos war, ein Spiel der Winde gewissermaßen, diese Vorstellung erschütterte mich, ich war sogleich bereit, mich auf ein unabsehbares Abenteuer einzulassen. Die Zimmerleute legten Hand an, sie setzten das Dach auf vier Säulen und rissen zu Boden, was darunter war. Ich flüchtete in meine vordere Stube, diese vier Wände wenigstens wollte ich halten oder auf den Trümmern fallen. Draußen war Lärm und Gewölk, das Krachen und Splittern des Untergangs. Durch Mauerrisse strömten aufgescheuchte Ameisenvölker herein, ängstliche Mäuse huschten umher und suchten, wo sie das berstende Haus verlassen könnten, und mit ihnen kam eine

Unmenge von Flöhen, die ihrerseits wieder die Mäuse verließen.

Dann regnete es, mit einemmal war unheimliche Stille um mich her, tagelang. Aber ich hatte ja nur Ungeziefer in meiner Arche, keine Taube, die ich ausschicken konnte, um Trost zu suchen. Und als die Sonne wieder schien, brachte auch sie nur eine neue Plage, eine Schar von Maurern mit ihren Handlangern. Nichts an unserer neuen Zeit scheint mir so neu zu sein wie der Lärm, den sie macht. Die Maurer richteten sich offenbar für eine langwierige Belagerung ein, ihre Knechte schleppten einen Berg von Ziegeln und Steinen heran. Dann fuhren sie eine Maschine vor meinem Fenster auf, ein weitmäuliges Geschütz dem Ansehen nach, das luden sie mit Sand und grauem Pulver. Aber sie schossen nicht, sie kochten nur einen Brei in ihrer Kanone. Maurer sind ja im Grund friedliche Leute, voll eines unwandelbaren Gottvertrauens. Sie scheinen zu glauben, daß jede Mauer ganz von selber emporwachsen würde, wenn man ihr nur genug Zeit dazu ließe. Ein paar Tage später, als ich, taub vom Lärm und blind vom Staub, in meiner Stube saß, trat der Polier herein. Er nahm sogar die Mütze ab und erklärte feierlich, daß seine Leute die Grundmauer mit Fleiß und Gottes Hilfe, hauptsächlich aber im Hinblick auf ein Faß Bier vollendet hätten. Nunmehr sei es an mir, zu bestimmen, was ich daraufstellen wolle.

Gut, zunächst einmal das, was vom Haus noch übriggeblieben war. Allein, ich mußte auch an die Rückseite denken, wo ich nichts mehr besaß außer Sturm und Wetter. Meine Phantasie entzündete sich an diesem Nichts. Obendrein spielte mir das Glück, immer zu

Späßen aufgelegt, plötzlich eine Menge Geld in die Hand. Mit wenig Geld bin ich mein Lebtag gut ausgekommen, viel Geld hingegen bringt mich um den Verstand. Du kommst in die Jahre, überlegte ich. Jetzt bist du noch munter und unverzagt, aber deine guten Seiten sind bei weitem nicht so unverwüstlich wie deine schlechten. Deshalb solltest du für die Tage der Hinfälligkeit vorsorgen und dich zu ebener Erde einrichten, denn was über dir ist, wirst du bald nicht mehr erreichen. Baue dir eine Kammer, in der du schlafen kannst, und laß ein Fenster in die Wand brechen. Das Sinnieren brauchst du nicht aufzugeben, aber nebenbei wirst du in das geliebte Tal hinausschauen und leidlich deinen Frieden haben. Vielleicht bist du auch lahm und gichtbrüchig im Alter, sei nicht sorglos. Es wird dir guttun, ein warmes Bad zu haben und allerlei Gerät, das dich nicht zu einem Abscheu werden läßt. So dachte ich und saß in den Nächten, zeichnete und rechnete, aber das Wichtigste vergaß ich, die Einsicht, daß unerfüllte Wünsche in der Regel ersparte Torheiten sind.

Jetzt ist längst alles getan und wieder Ruhe im Haus. Mein Bad, höre ich, ist ein Wunder an blanker Pracht, blitzend von Nickel und mit künstlichem Elfenbein ausgelegt, selber war ich noch nicht dort. Ich bleibe vorläufig doch lieber bei meinem Holzzuber in der Waschküche. Nur erlesene Besucher dürfen gelegentlich einen Blick auf die neue Herrlichkeit werfen, wenn sie sich aller Gelüste entschlagen, sie auch zu benützen. Denn das ginge zu weit, wohin käme man, wenn man der Zugänglichkeit keine Grenzen setzte. Hier wie überhaupt: ich will ja gern meinen Nächsten lieben, aber nicht den Nächstbesten.

Mein Engel

Mein Engel wanderte geraume Zeit durch alle Stuben des Hauses, er nistete in der Werkstatt für eine Weile, sogar in der Dachkammer, bis er sich endlich für einen Haken über meinem Büchergestell entschied. Dort hängt er seither, hängt nicht, sondern schwebt als ein heiterer Geist über der papiernen Flut, und wenn ich schlechte Laune habe, brauche ich nur seitlich an den Tisch zu treten, dann schaue ich in sein vergnügtes Bubengesicht und bin gleich selber wieder vergnügt. Der Größe nach hielte man ihn für dreijährig, aber kundige Leute meinen, zweihundert Jahre seien das mindeste für sein Alter. Das ist natürlich nur eine gelehrte Ketzerei; recht betrachtet, läßt sich ein Engelsleben überhaupt nicht abschätzen. Wie er jetzt aussieht, könnte er zur Gilde der Schutzengel gehört haben. Vielleicht war er sogar mein eigener, ehe wir uns leiblich zusammenfanden, und dann hätte ich es ihm zu danken, daß ich in zwei Kriegen mitlaufen durfte, ohne jemanden umzubringen. Er selber ist freilich weniger gut davongekommen, einarmig und flügellahm und nur noch mit einem Fetzen für das Nötigste bekleidet.

Dieser mein heruntergekommener Engel hat aber doch eine Freundin hier im Dorf, ein zierliches, kleines Mädchen, Therese mit Namen. Sie ist die Tochter des Wachtmeisters. Manchmal klopft sie an mein Fenster und bringt Blumen für den Engel. Sie setzt sich mit Anstand hin und schaut argwöhnisch zu, wie ich nach einem passenden Topf suche und ihr ganzes wirres Grünzeug ins Wasser stecke. Zufrieden ist sie erst, wenn

ich auch noch die Kritik der reinen Vernunft in zwei Bänden vom Bücherbrett räume und den Strauß in die Lücke stelle, ihrem Freund zu Füßen.
Mich mag Therese nicht besonders gut leiden, ich fürchte, sie verdächtigt mich heimlich, daß ich den Engel selber eingefangen und dabei so jämmerlich zugerichtet habe. Es ist mir durchaus nicht einerlei, was Therese über mich denkt. Bei Erwachsenen ist es anders, was einer von mir hält, daran erkenne ich ihn. Aber vor Kindern werde ich leicht ängstlich und unsicher, sie kennen die Regeln unseres Lügenspiels noch nicht, und ihre Einfalt lüftet unbesorgt jeden Schleier und jede Maske. Was aber bin ich ohne Maske? Für die menschenfreundliche Kunst des Täuschens braucht man Erfahrung, weiter nichts, nicht einmal ein gutes Gedächtnis, denn eine Lüge, die man sich merken müßte, wäre eine schlechte Lüge. Bei Therese liegt die Schwierigkeit darin, daß sie nichts von dem glaubt, was ich meinen übrigen Besuchern ohne Umstände zumuten darf. Ein Gespräch mit ihr ist immer ein Verhör; das hat sie wohl von ihrem Vater. Deshalb muß ich jedesmal meine ganze Findigkeit zusammennehmen, um so zu lügen, daß alles wahr ist, was ich sage und was mir aus diesem Grund wiederum sonst niemand glauben würde. Eine verwickelte Sache, weiß Gott, besonders, wenn ich antworten muß, während mir etwas ganz anderes durch den Kopf geht. Therese will wissen, ob jeder Mensch einen Schutzengel hat. »Gewiß, mein Kind«, sage ich zerstreut, »jeder hat einen.«
»Immer?«
»Ja, immer.«
»Auch der Scherenschleifer?«

Das muß nun überlegt werden, nicht, weil ich dem Schleifer etwa keinen Schutzgeist gönne, sondern weil ich nicht weiß, wo mein Gast hinauswill. »Höre, Therese, es steht geschrieben, daß der Himmel gähnt, wenn neunundneunzig Gerechte kommen, und daß er jubelt, wenn sich einmal ein Sünder einfindet. Wir verstehen das nicht, obwohl es uns freut, und es gehört auch nicht hierher, also laß den Schleifer!«
»War sein Engel auch dabei«, fragt Therese kühläugig, »als er den Opferstock in der Kirche ausraubte?«
»Ich glaube nicht, nein. Vielleicht war der Engel müde, das versteht man doch. Den ganzen Tag unterwegs, und oft mußte er auch noch an dem schweren Karren mitschieben, damit der Schleifer nicht in einem fort fluchte. Und da steht doch ein Weidenbaum vor der Kirche, alle Engel sitzen so gern in einem Weidenbaum, am liebsten ganz weit draußen auf den dünnsten Ästen. Da wollte der Engel eben auch einmal ein wenig schaukeln, er war ja noch klein, viel zu klein für so einen groben Kerl, und er dachte auch, wenn der Schleifer ohnehin in die Kirche ging, dann brauchte er ihn solange nicht.«
Therese nickt ergriffen. »Aber . . .«
»Was, aber?«
»Dann sitzt er ja jetzt!«
»Wer sitzt?«
»Der Schutzengel. Weil sie doch den Schleifer eingesperrt haben.«
»Wieso denn«, sage ich und kann eben noch den Teufel mit dem Kuckuck vertauschen, »wieso denn, zum Kukkuck?« Ich muß jetzt ein Geheimnis verraten, Therese gelobt mir in die Hand, es niemandem zu sagen, und sie tut es auch nicht, sie ist keine solche Plaudertasche wie

ich. Nach dieser argen Geschichte mit dem Opferstock durfte der Engel natürlich nicht mehr Schutzengel bleiben, er hätte in den Himmel zurückkommen müssen. Vielleicht würde ihm der liebe Gott auch alles verziehen haben, er weiß doch, wie hinterlistig die Leute sind. Aber da waren ja auch die anderen Engel alle, die hätten sogleich die Köpfe zusammengesteckt. Er hat nicht achtgegeben, hätten sie geflüstert, im Weidenbaum hat er gesessen, nein, so etwas! Und da ist der Schleiferengel aus lauter Scham und Angst einfach davongelaufen.
»Geflogen«, sagt Therese.
»Meinetwegen, geflogen«, sage ich, »jedenfalls, er verschwand.« Therese schweigt. Sie kaut an ihrer Oberlippe, wie der Wachtmeister an seinem Schnurrbart kaut, wenn er etwas verdächtig findet. »Und wo ist er jetzt?«
Da spiele ich meinen besten Trumpf aus. »Hier ist er«, sage ich an ihrem Ohr, »hier an der Wand!«
Therese kaut nicht mehr, ihr Mäulchen steht weit offen. »Ach«, sagt sie, »ist er beim Fenster hereingekommen?«
»Nein«, erkläre ich. »Das war ganz anders, laß mich nachdenken. Einmal ging ich in die Stadt in ein Geschäft, ich kaufe gern alte Sachen, Therese, weil sie mir so leid tun, wenn sie niemand mehr haben will. Der Laden war ganz dunkel, es roch nach staubigen Schuhen und nach Ratten, und ganz hinten, im finstersten Winkel, da fand ich ihn, da lag er in einem zerbrochenen Schaff, glaubst du es? Ja, aber nun mußte ich sehr schlau sein.
›Hören Sie‹, sagte ich zu dem Mann, ›ich möchte ganz gern einen Engel haben, einen kleineren.‹
›Engel?‹ sagte er, ›Engel führe ich nicht.‹

›Aber da liegt doch einer!‹ sagte ich.
›Wahrhaftig – wie ist der hier hereingekommen?‹
Da kaufte ich schnell noch eine Hose dazu, damit ich den Engel einwickeln konnte. – ›Was soll er denn kosten?‹ fragte ich.
›Der kostet nichts‹, sagte der Händler, ›wenn Sie die Hose nehmen.‹
So war es, und seither wohnt der Engel bei mir.«
»Aber dann mußt du ihn doch verstecken«, meint Therese. »Schaut denn der liebe Gott nie bei dir herein?«
»Doch«, sage ich, »manchmal. Vielleicht. Aber er ist gut, Kind, er macht oft die Augen zu, wenn er etwas sieht, was er nicht sehen soll.«
»Was denn zum Beispiel?«
»Zum Beispiel die Kirschen, die du gestern von meinem Baum genommen hast – ach, gehst du schon, Therese?«

Mein Talisman

Mein Talisman ist ein Stück Bernstein, anfangs hatte es die Größe und Gestalt eines Taubeneies, aber in meiner Hosentasche ist es nach und nach ein wenig kleiner geworden. Auch diesen Stein bekam ich von einem Trödler geschenkt. Das habe ich in mehr als vierzig Jahren nicht vergessen, denn es war Winter, der erste, den ich allein in der Stadt überleben mußte.
Sosehr ich mit meinen mitgebrachten Kreuzern haushielt, sie schwanden doch dahin, zuletzt auch die drei eingenähten Silberkronen im Hosenboden. Ich saß auf dem Strohsack in meiner fensterlosen Kammer, unmenschlich hungrig, und wagte nicht einmal zu weinen, aus Angst vor der alten Frau, die in der Küche rumorte und keifte, und vor ihrem buckligen Sohn, der mit den Stiefeln nach mir stieß, sooft er mich gewahrte. Und da, in der trostlosesten Verlassenheit, überkam mich eine Erleuchtung. Ich besaß ja noch einen Mantel, den ich verkaufen konnte. Die Mutter hatte ihn kunstvoll aus einer Bettdecke genäht, ein stattliches und warmes Stück. Um ihn zu schonen, trug ich ihn nur selten, obwohl mich grausam fror, aber wenn ich nun einfach meine beiden Hemden übereinanderzog, brauchte ich ihn vielleicht überhaupt nicht mehr.
Der Trödler hieß Lewi, er hatte seinen Laden in einem dämmrigen Winkel der Altstadt, jetzt verkauft dort jemand Kühlschränke und dergleichen Zeug. Der bärtige Mann besah meinen Mantel und prüfte alle Nähte, er besah auch mich über die Brille weg. – »Nein«, sagte er, »das ist nichts, Gott behüte, das nimmt mir niemand

ab.« Aber er wollte den Mantel als Pfand behalten und drei Gulden darauf leihen, keinen Kreuzer darüber.
Das war nun ein betäubendes Glück, drei Gulden, und für nichts als ein Pfand! O Gott, ich konnte ja jeden Tag in den Laden gehen und meinen Mantel befühlen, und wenn ich je die Mutter wiedersehen durfte, dann brauchte ich nicht zu beichten, daß ich ihr Bestes vergeudet hatte. Sie würde auch nicht erfahren, daß ich um alles betrogen wurde, was sie im voraus für mich bezahlen mußte, das Bett und das Essen, daß ich wie ein Landstreicher lebte, obwohl ich ihr beim Abschied geschworen hatte, ein braver Mensch zu bleiben.
Als ich benommen mit dem Geld in der Faust weglaufen wollte, streifte ich eine Schachtel mit Knöpfen vom Stuhl, ich suchte den Plunder wieder zusammen und fand jenen Stein darunter. »Den wirf weg!« sagte der Trödler, aber ich steckte ihn ein. Er sollte mich immer daran mahnen, daß ich nun bis zum Hals verschuldet war und drei Gulden sparen mußte.
Seltsam, dieses Ding in der Tasche machte mir Mut, als hätte das Glück ein Ei in meine Hosentasche gelegt. Nicht, daß ich so keck geworden wäre, beim Bäcker einen Wecken zu erbetteln, ich stand wie sonst stumm und unbeholfen am Ladentisch, nur drehte ich jetzt den Stein zwischen den Fingern, schwitzend vor Angst, daß ich doch einen Gulden würde anbrechen müssen. Und plötzlich reichte mir die Bäckerin einen ganzen Brotlaib herüber. – »Ist schon gut«, sagte sie.
Allmählich verwandelte sich der Stein und zeigte seine Wunderkraft auch von außen. Er lag mir glatt und kühl in der Hand, und wenn man ihn gegen die Sonne hielt, zitterte ein goldenes Licht in seinem Innern. Am wun-

derbarsten aber war, daß man mitten im Stein zwei Mücken schweben sah. In meiner Einfalt schienen sie mir verzauberte Wesen zu sein, unerlöste Seelen vielleicht, die mir die Macht gaben, selber Wunder zu wirken. Ganz bin ich auch heute noch nicht von diesem Wahn geheilt, und weit öfter, als es der Zufall erlaubte, behalte ich recht.

Abergläubisch war ich schon immer, auch das ist ein Erbteil von der Mutter her, und kein schlechtes. Sie kannte eine Menge verläßlicher Vorkehrungen gegen allerlei kleines Ungemach. Hatte sie etwa wieder einmal ihre Brille verlegt, so klemmte sie einen Strumpf unter das Tischbein. Dieser Strumpf war in Wirklichkeit der Schwanz des Teufels, sein empfindlichster Teil, und er war auch jedesmal gleich bereit, sich loszukaufen, indem er das Gesuchte zustande brachte. Manchmal fand die Mutter ihre Brille sogar auf der eigenen Nase wieder.

Derlei handgreifliche Beschwörungen übe ich natürlich nicht mehr aus, ich helfe mir mit weniger auffälligen Kunstgriffen. Niemals würde ich am Freitag eine Reise antreten, und wenn es obendrein der Dreizehnte ist, steige ich überhaupt nicht aus dem Bett. Es mag sein, wie es will, jedenfalls bin ich an einem solchen Tag dagegen gefeit, über eine falsch gestellte Weiche fahren zu müssen oder von morschem Mauerwerk erschlagen zu werden, es fiele denn zu Hause die Stubendecke auf mich herunter, was mir allerdings auch schon widerfahren ist.

Niemand braucht mir zu erklären, das alles sei Unsinn, ich weiß es selber, in meinem gewitzten Kopf. Aber weiter unten in der Herzgegend höre ich eine andere Stimme, die kommt aus unzugänglichen Bereichen, in denen sich unser Dasein vielleicht wirklich abspielen mag. Gewiß, aus der Wahrheit kommt der erlösende Glaube, aus dem Irrtum kommt nur der Wahn. Allein, eben die großen Wahrheiten wirken auf unsere schwachen Augen wie Blendlichter, dahinter verbergen sich uralte Irrtümer. Und wenn ich die Zeitläufe betrachte, weiß ich nicht zu sagen, ob die Regeln der Vernunft sinnvoller sind als die der Unvernunft.

Meine Bank

Meine Bank steht auf einem felsigen Hügel, sie war die erste von den vielen, die ich nach und nach weit herum in der Gegend aufgeschlagen habe. Immer, wenn ich ein paar Pfosten und Bretter zusammensuchte, geschah es, weil ich traurig war. Ein Fehlschlag bedrückte mich, eine Enttäuschung, ich mußte etwas haben, worauf ich mit meinem Kummer sitzen konnte. Jedes fühlende Herz wird erraten, daß eigentlich nur betrogene Liebe einen Menschen so sehr kränken kann, zumal wenn er jung ist und noch nicht weiß, wie leicht Liebe lästig wird, mitunter schon, wenn sie beginnt und immer, wenn sie endet. Es machte mir auch gar nichts aus, wie der Platz für das Grab meiner Schmerzen jeweils beschaffen war. Leute, die sich später auf solch einer Bank niederließen, mögen sich gewundert haben, wie es jemandem einfallen konnte, sie in eine Sandgrube zu stellen oder an die Rückwand eines Heuschobers, wo es nichts zu sehen gab als ein Gestrüpp von Brennesseln am Zaun. Aber sie saßen dennoch dort, gescheite und dumme Leute, und nie hat sich jemand beklagt. Zum Glück läßt ja ein Verrückter den anderen gelten. Wäre es nicht so, dann könnte kein Weiser den anderen gelten lassen.
Jetzt baue ich keine neuen Bänke mehr, ich bin nur noch unterwegs, um die alten auszubessern. Nicht daß ich weniger anfällig für das gewisse holde Übel wäre, das Glück des Gleichmutes bleibt mir noch immer versagt, obwohl ich es gern gegen alle meine Vorzüge und sogar gegen meine Fehler eintauschen würde. Möglich, daß ich zu sorglos in der Jugend war, ich hätte damals die

Äpfel aus dem Wipfel holen sollen, damit mir die unteren für das Alter blieben.
Gleichviel, auf jener Bank unter den drei Birken sitze ich noch heute am liebsten. Ich habe auch einen Tisch davorgestellt und ein Dach darübergebaut, einen Schirm gegen Wetter und bösen Blick. Mondscheinnächte kann ich dort kaum einmal genießen, die lauen Abendstunden im Frühling oder im Herbst sind den Verliebten vorbehalten. Ich muß jedesmal einen Bogen schlagen und von weit her auf den Hügel spähen, ehe ich es wagen darf, den gewohnten Steig entlangzugehen. Aber ich pfeife und huste ja auch sonst auf meinen Wegen, wo immer ich nach meiner Erfahrung damit rechnen muß, die Liebe aus dem Traum zu scheuchen.
Träume waren auch mein Teil, wenn ich das Glück hatte, auf meiner Bank allein zu bleiben. Dieser Platz hat nie ein lautes Wort gehört, nur Seufzer und Geflüster und verhaltenes Lachen, darum sind wohl auch die Tiere so zutraulich geworden.
Ich bin eine unerschöpfliche Quelle der Belustigung für das gefiederte und geschwänzte Volk in den Büschen, vor allem für die Eichkatzen. Ein wenig abseits steht eine Fichte, von dorther plumpsen sie auf das Dach, und dann schauen sie nacheinander vorsichtig über den Rand zu mir herunter, die Büschelohren steil aufgestellt und die Augen so groß wie Blaubeeren. Welch ein Wunder, denken sie wahrscheinlich, da sitzt ein Mensch, der nicht schießt!
Als ich eines Abends daranging, diese Bank zu zimmern, war ich noch weniger friedfertig, es ist ja auch lange her. Ich hatte selber noch kein volles Jahr im Dorf gelebt, und schon geriet ich in Verwirrung wegen eines Frauen-

zimmers, das in zwei kurzen Sommerwochen weit herum alles verhexte, was Hosen trug. Dabei war diese Fremde nicht einmal hübsch nach meinem Geschmack, viel zu mager, knabenhaft, wie ich heute sagen würde. Alles an ihr schien mir ungehörig, das wilde Feuer ihres Haares auf den Schultern, der nachlässige Gang und ihr glitzernder Blick. Den besang ich dann in einem Vers, ein klirrendes Licht, schrieb ich, strahle aus ihren Augen.

Mit dem Fischer begann es, der lief umher und erzählte überall, er habe die Fremde am Mühlbach getroffen, splitternackt, und sie sei keineswegs davongelaufen. Er auch nicht, versteht sich, bis sie ihm einen Stein an den Kopf warf. Wie es im Dorf Brauch ist, ging die Fischerin zum Pfarrer und klagte, ihr Mann sei von Sinnen, er rede unziemlich aus dem Schlaf. Nun wurde der Kaplan in das Wirtshaus geschichkt, damit er das Unheil an der Wurzel vertilge. Aber das Unheil kam dem zornroten Mann schon auf der Treppe entgegen, es geleitete ihn durch das Dorf bis zum Pfarrhof, und da war es schon nicht mehr Zorn, was den jungen Herrn unter der Tür noch einmal erröten ließ. Nicht genug, am Abend tanzten die Burschen in der Schenke, und die Fremde tanzte auch. Sie hätte der Reihe nach jeden genommen, wären nicht schon die ersten drei aneinandergeraten, zuerst unter sich und dann mit den übrigen, die noch auf ihre Gelegenheit warteten. Am Morgen nach der Schlacht gürtete sich der Wachtmeister mit dem Säbel, und die Leute liefen zusammen, um zuzuschauen, wie nun der fremde Vogel in den Käfig gesperrt wurde. Es geschah aber nichts. Der Wachtmeister hatte etwas Ver-

klärtes um den Schnurrbart, als er herunterkam und fragte, was es da zu gaffen gäbe.
Ich für meinen Teil gewahrte das alles nur von weitem, auch mir fraß eine gefährliche Glut am Herzen. In meiner Not schrieb ich jenes Gedicht, der Briefträger ließ sich leicht bestechen. Zwei Tage wartete ich zwischen Hoffen und Verzagen, und jeden Abend sah ich die Fremde allein auf dem Hügel. Da faßte ich einen verzweifelten Mut, ich baute die Bank, und dann setzte ich mich darauf.
Die Rätselvolle kam auch wirklich wieder, sie rückte ohne Umstände an meine Seite. Lange schwiegen wir, die Verlegenheit erwürgte mich beinahe. Auch Achill hat Augenblicke erlebt, in denen er nur aus einer Ferse bestand. »Ein schöner Ort«, bemerkte ich rauh, »die Birken und die Aussicht! Ja, und nun hätte ich vorhin diese Bank gemacht . . .«
»Schade«, sagte das Mädchen.
Aber es sei doch bequemer, meinte ich.
»Eben!« sagte sie.
Und mein Gedicht? Durfte ich fragen, ob es ihr gefallen habe? Doch, sagte sie, sie finde es eigenartig. Bisher habe sie gar nicht gewußt, daß sie mit den Augen klirren konnte. Aber eigentlich machte sie sich nicht viel aus Versen, Geschichten hörte sie lieber. Ob ich wohl eine für sie aufschreiben würde?
»Ja«, sagte ich hingerissen, »tausend Geschichten!«
Die Nacht hindurch saß ich daheim und schrieb, lief umher und schrieb wieder. Von einer Wiese wollte ich erzählen, von Kräutern und Getier und von einem Mädchen natürlich. Bilder standen vor mir auf, nichts war zu kostbar, Mond und Sterne, ich konnte den Reichtum

kaum bewältigen. Ein guter Einfall ist ja wie ein Hahn am Morgen, gleich krähen andere Hähne mit.
Immer zur gleichen Stunde in der ersten Dämmerung fand ich die Fremde auf unserer Bank, ich las ihr vor, und sie hörte geduldig zu. Ach, wie selig war ich, wenn sie lachte, seliger noch, wenn Rührung ihren Mund verschloß, dann war sie schön. So trieb ich es eine Weile, und nun wollte ich meine Geschichte zu Ende bringen. Diesen Schluß, dachte ich, mußt du mit aller Sorgfalt und Schläue zu einer versteckten Schlinge knoten. Das gelang mir auch vortrefflich, viel zu gut. An diesem letzten Abend kam die Fremde nicht mehr, es lag nur ein Strauß von Feldblumen auf der Bank.
Das tat bitter weh, ich nahm mir vor, so rasch wie möglich zu sterben. Aber nach einer kleinen Weile war ich schon wieder froh, daß ich noch nicht sterben mußte. Wir hängen alle an der Schnur eines Pendels. Wenn es abwärts schwingt, muß man nicht gleich denken, der Faden sei gerissen.
Nur jene Schlinge habe ich aus meiner Geschichte gelöst, und den Strauß nahm ich dafür hinein, mit ein bißchen Herzweh beträufelt.
Übrigens, Sabine hieß das fremde Mädchen.

Mein Stock

Mein Stock hängt an einer Lederschlaufe neben der Tür. Viele Stöcke hängen da, denn ich komme selten einmal von einer Reise zurück, ohne einen tüchtigen Stecken mitzubringen, den ich mir irgendwo unterwegs geschnitten habe. Es weht mich warm und würzig an, wenn ich einen wieder in die Hand nehme. – Tessin! denke ich. Eicheln regnet es um mich her wie in den alten Wäldern an der Aller, oder es faucht mir ein feuchter Wind entgegen, und das muß an westlichen Küsten gewesen sein; dieser Stock ist aus dem Sanddorn geschnitzt. Die meisten meiner Prügel büße ich ja bald wieder ein, sie sind zu handlich für allerlei Geschäfte im Haus, um damit in verstopften Rohren herumzustochern, und manchmal werfe ich auch selber einen hinter den Buben her, wenn sie im Garten den Vogelnestern nachtrachten.

Die Stocksucht ist erblich in meiner Familie. Der Stekken meiner Großmutter war lang wie ein Besenstiel, sie schwang sich damit beidhändig über Gräben und Zäune, aber ich will nicht übertreiben. Meine Leute sind ja alle Wandersleute gewesen, und auch das Bild des Vaters kann ich mir nicht gegenwärtig machen ohne den braunen Weichselstock in seiner Linken.

Obendrein war er ein Meister in der Kunst, dieses knotige Ding zu handhaben, es grenzte an Hexerei, was der sonst eher schwerfällige Mann mit seinem stummen Gefährten anstellte. Nicht nur, daß er im Schwung die kunstreichsten Figuren in die Luft zeichnete, er drehte ihn auch zwischen zwei Fingern wie ein wirbelndes Speichenrad, oder er stieß den Stock so auf ein hartes Pflaster, daß er ganz allein noch ein Stückchen vor ihm her hüpfte. An Sonntagen, wenn er seine Familie schön angetan auf die Promenade führen mußte, schalt ihn die Mutter oft aus. Er sollte doch den Stock über den Arm hängen, meinte sie, wie sonst ein ansehnlicher Mann. Das tat er denn auch willig, aber wenn sich die Mutter zufrieden an seine Seite gesellte, hatte er ihn doch plötzlich wieder auf der Fingerspitze stehen, er konnte es nicht lassen.

Der Stock, von dem ich eigentlich reden wollte, der mit der Lederschlaufe, kam auf seltsame Weise in meinen Besitz, es ist keine rühmliche Geschichte.

Einmal im Winter, an einem stürmischen Abend, klopfte es noch an der Tür. In solchen Zeiten lasse ich gern das Licht vor dem Haus brennen, damit mir die Nacht nicht zu nah an die Fenster kommt. Nun ging ich also verdrossen, um nach diesem späten Gast zu sehen. Der Wind riß mir gleich die Klinke aus der Hand, Treibschnee fegte in den Flur, ein verteufeltes Wetter. Draußen stand ein alter Mann auf den Stufen, ich kannte ihn. Er kam oft vorüber, klopfte und hielt mir die Hand entgegen. Nie sagte er ein Wort des Grußes oder des Dankes, er sah mich nur an mit seinen wässerigen Trinkeraugen, und ich gab ihm, was mir eben einfiel, ein Endchen Wurst oder etliche Groschen aus der Hosentasche. Über der Schulter trug er einen Stock, und daran hing ein Sack, aber was mich jetzt ärgerte, war sein kahler Kopf, es lag ihm wahrhaftig schon Schnee auf dem Schädel. Da nahm ich meine wollene Haube vom Haken, ein wenig schwankte der Alte, als ich ihm die Mütze über die Ohren zog, und dann ging er wortlos davon, wie die leibhaftigen guten Werke.

Das aber war der Augenblick, in dem ich mich hätte besinnen müssen. Ich hätte an die rückwärtige Kammer denken sollen, o ja, ich dachte auch daran. Dort stand ein leeres Bett bereit, Tisch und Stuhl für einen Gast, und es war warm und behaglich in dieser Stube. Es gab auch noch Suppe in der Küche, oder ein Butterbrot, und eine halbe Flasche Bier auf dem Fensterbrett. Aber zugleich dachte ich an mein sauberes Haus, und daß dieser Kerl hereintappen würde, naß und dreckig und weithin nach Branntwein stinkend. Wie er seine Fetzen auf den gewachsten Boden fallen ließe und unter das frische Leintuch kröche, mitsamt seinem Grind und seinen Läusen. Und da schlug ich die Tür zu und ließ das ganze Unbehagen draußen, Sturm und Kälte und alles.

Zwei Tage später kam der Totengräber und zeigte mir einen Stock, eine großartige Arbeit, aus Nußbaumholz geschnitzt. Den Knauf bildete ein bärtiger Kopf, und auch aus den Astknoten sahen lauter Gesichter, alle mit offenen Mündern, als schrien sie aus dem Holz.

Ob ich das Ding etwa kaufen wolle? fragte der Mann. Er habe nun doch diesen Alten eingraben müssen, diesen Josef, eine Schinderei in dem gefrorenen Boden. Gut, ich nahm den Stecken für ein anständiges Geld.

»Mach ihm auch ein Kreuz auf das Grab«, sagte ich. »Wann ist er denn gestorben?«

»Gestorben eigentlich nicht«, sagte der Totengräber, »erfroren.« Ich muß noch etwas hinzufügen, nur für mich, es soll niemanden beschweren: Das Böse, das wir tun, wird uns Gott vielleicht verzeihen. Aber unverziehen bleibt das Gute, das wir nicht getan haben.

DER ROSSHEILIGE

Die Legende erzählt, der heilige Leonhard sei zu seinen Lebzeiten ein vielvermögender Mann gewesen, hoch angesehen am Hof des Königs der Franken und selbst von fürstlichem Blut. Das kann so sein. Es wird auch überliefert, daß der junge Ritter mit den Jahren sein wüstes Herrenleben satt bekam, das Saufen und Raufen und Bauernschinden. Daß er also zuletzt in die Wälder floh, um alles Irdische von sich abzutun und ein gottseliger Einsiedler zu werden, was ihm freilich auch nicht vollkommen gelang. Denn ein wahrer und geborener Herr wird seine Sporen so schwer los wie ein armer Teufel die Holzschuhe. Leonhard mußte wider Willen ein Kloster gründen und Abt werden, und als er starb, war er ein mächtiger Mann Gottes und weit berühmt.
So ist uns die Geschichte Leonhards von den Alten überkommen. Aber ich selbst kenne den Heiligen noch anders. In meiner Knabenzeit war er jahrelang unser nächster Nachbar, er wohnte eigentlich ganz mitten unter uns, gleich neben dem Roßstall in einer gemauerten Nische. Der fromme Stifter hatte seinerzeit vielleicht vorgehabt, eine richtige Kapelle zu bauen, als er den Heiligen hier unter der Schirmfichte ansiedelte, ein geräumiges Häuschen mit einem Dachstuhl und farbigen Fenstern an der Seite. Aber wahrscheinlich wurde ihm die Sache dann doch zu weitläufig. Wer baute auch gleich eine Kathedrale zum Dank für einen kurierten Gaul? Richtig überlegt, genügte es, wenn nur der Heilige selbst unter Dach kam. Die Gläubigen mochten

ebenso gut unterm freien Himmel bleiben, sie waren ohnehin nicht ins Gelübde genommen worden.

Und so stand denn Leonhard im rötlichen Dämmerlicht seiner halben Kapelle, stand in sich versunken Jahr und Tag auf dem Sockel und ließ sich nichts anmerken, daß ihn etwas an diesem wunderlichen Gehäuse verdroß.

Er hatte freilich auch viel Kurzweil und einen freundlichen Ausblick über den besonnten Anger hin, auf dem wir Kinder unser Wesen trieben. Hinterwärts wölbte sich die Halde zu einem sanften Hügel auf, ein paar krumme Birken standen oben, etliche Büsche Sauerdorn und Wacholder. Gegen den Bach zu aber lag der große Zimmerplatz. Dort arbeitete der Vater mit den anderen Gesellen den langen Sommer hindurch und ging mit dem breiten Beil Schritt für Schritt die Kanthölzer auf und ab.

Der Vater litt es gern, wenn wir ihm bei seinem bedächtigen Tagwerk um die Beine krochen und da unser Spielzeug zusammensuchten, Späne und Klötzchen. Manchmal langte er auch selber zu und formte uns ein Wickelkind aus einem Bohrzapfen oder ein Schiffchen aus Rinde, er konnte die wunderbarsten Dinge mit ein paar geschickten Griffen seiner langsamen Hände machen.

Wir Kinder waren immer zu dritt, ein ganz winziger Knirps namens Anton, Sohn des Wegmachers, der nichts weiter zu bedeuten hatte, dann die Mesnertochter Marianne, schlau und mager und herrschsüchtig, und endlich ich selbst mit meinem ängstlichen Drang zum Abenteuer. Aber bei allem, was wir unternahmen, war auch der Heilige mit im Spiel. Nicht, daß er sich geradezu beteiligte und etwa plötzlich herausgelaufen kam oder dazwischenschrie, wenn wir drüben auf dem Hügel einander in den Haaren lagen, nein. Er sah nur aufmerksam zu, ein wenig vornübergebeugt, das Kinn in den Bart gedrückt, friedfertig und dennoch ein bißchen unheimlich. Ich erinnere mich heute noch gut des Gefühls von Beklommenheit und Scheu, das mich immer ankam, wenn ich im Vorbeistreifen unversehens seinem Blick begegnete.

Marianne freilich war weniger ängstlich, die ging ohne jedes Bedenken bei Leonhard ein und aus, und das aus Erfahrenheit, nicht aus bloßem Unverstand wie der kleine Anton. Sie hatte ja an der Hand der Mutter täglich mit Dingen zu tun, die noch um vieles heiliger waren als ein gewöhnlicher Nothelfer. Marianne putzte die Meßgeräte in der Sakristei blank und lief am Morgen vor der Messe mit dem Staubtuch rund um den Hochaltar, was andere Menschen nur mit vielem Kniebeugen hätten wagen dürfen. Und was vollends unsern Leonhard betraf, der wie jeder andere Straßenheilige in Wind und Wetter seinen Dienst tun mußte, – ihn kannte Marianne von der allermenschlichsten Seite. In jedem Frühjahr nämlich, zur Osterzeit, kam die Mesnerin mit einem Kübel Wasser vom Dorf herauf, um den Heiligen zu baden. Und so sehr er sich mit stummer Würde und erhobenen Armen dagegen verwahren mochte, sie hob ihn ohne Umstände vom Sockel, legte ihn auf den Rücken und rieb mit Bürste und Seife die Spinnweben aus den Falten seines Abtgewandes. Marianne aber stand dabei und hielt ihn am Kopfe fest, damit er nicht ins Rollen kam. Das geschah am hellen Tag und vor aller Augen, und wenn auch der Heilige nachher wieder würdevoll in der Nische stand, mir

schien es doch, als sei er ein wenig blässer von Farbe, ein bißchen vergrämt.
Nein, ich konnte nicht so ohne alle Ehrfurcht mit Leonhard umgehen wie das Mädchen, ich wußte ja auch mehr als sie von seiner geheimen Macht. Einmal war ich Zeuge eines unbegreiflichen Wunders, das der Nothelfer wirkte. Nur benahm ich mich leider sehr unwürdig dabei, und das mag auch der Grund sein, warum ich später nie wieder eines erlebte.
Damals geschah es nämlich, daß der Gaul des Nachbars plötzlich auf der Streu lag, mit einem gräßlich aufgetriebenen Bauch, von schaumigem Schweiß bedeckt und offensichtlich am Verenden. In der letzten Not nahm mich der alte Roßknecht beiseite und drückte mir ein Geldstück in die Hand. – Lauf zum Krämer! sagte er. Ich sollte eilends eine gute Kerze kaufen und sie vor dem heiligen Leonhard in der Nische anzünden.
So rannte ich denn davon. Aber der Teufel, der gern in Pferdeställen nistet, der Versucher lief mit mir und blies mir unterweges einen schändlichen Gedanken ein.
Mußte es eigentlich unbedingt eine Kerze sein? dachte ich. War nicht anzunehmen, daß dem Heiligen ein Stück Lebkuchen noch wohlgefälliger in die Nase duftete als ein Wachslicht? Und obendrein ging Lebkuchen nicht unnütz in Rauch und Gestank auf, sondern man konnte ihn später einmal, wenn sich Leonhard längst daran sattgeweidet hatte, vielleicht gegen einen Rosenkranz eintauschen oder gegen einen Arm voll Blumen.
Gut also, ich erstand wirklich ein großes Lebkuchenherz statt der Kerze und war guten Willens, es für das kranke Roß aufzuopfern. Aber der Weg zog sich immerhin lang genug, daß mich der Teufel noch einmal anfechten

konnte. Ich trug das Herz sauber eingewickelt unter dem Arm, und im Laufen drückte ich ein bißchen dagegen, denn der Heilige, dachte ich, würde es doch wohl als ein Mißgeschick gelten lassen, wenn etwa ein Endchen abbrach und mir zufiel. Indes ich auf halbem Wege einmal nachsah und das Weihgeschenk leider noch wohlgerundet fand, kam mir auch schon in den Sinn, es möchte dem Heiligen vielleicht überhaupt nichts ausmachen, ob er nun ein Herz oder ein Viereck bekam. Gleich fing ich an, rund herum zu nagen, zuerst ins Quadrat, das fiel uneben aus, dann auf ein Dreieck, das machte sich nicht gut, und endlich im Kreis. Der aber war wiederum so schwierig zu treffen, daß der Kuchen schließlich nicht mehr viel über einen Taler groß blieb, als ich vor der Kapelle ankam und ihn dem Heiligen zu Füßen legte.

Sankt Leonhard aber sah streng und wissend auf die kümmerlichte Scheibe nieder. Ach, ich merkte sogleich, daß er alles durchschaute! In Herzensangst und Reue gestand ich meine Untat und stammelte meinem ganzen Vorrat an Gebeten her. Ich bot dem Gottesmann alle meine Spargroschen zur Sühne an und beschwor ihn flehentlich, er möchte doch mich selbst mit dem gräßlichen Bauchgrimmen züchtigen, aber den armen Gaul nicht meine Sünde entgelten lassen, – nein, es war vergeblich. Nichts konnte den Zürnenden rühren, nicht das kleinste Lächeln der Verzeihung kräuselte sich um seinen stummen Mund. Er starrte nur und starrte auf den angekauten Lebkuchen herab. Völlig gebrochen und der schrecklichsten Strafen in Zeit und Ewigkeit gewärtig, wankte ich endlich davon.

Aber seht nur, so ist Leonhard, der gute, der große

Heilige, der Patron aller reumütigen Spitzbuben! Als ich wieder zu den Nachbarsleuten geschlichen kam, um mit ihnen den toten Rappen zu beweinen, da lag der gar nicht steif und verreckt im Stroh, sondern stand munter auf allen vieren und fraß schon Hafer aus den Trog. Alle hatten mit angesehen, wie der Teufel gleichsam mit Blitz und Schwefel aus ihm entwichen war, und das zweifellos in dem Augenblick, als ich die Kerze in der Kapelle anzündete. Nun, ich schwieg. Ich hatte nichts dagegen, daß der alte Roßknecht den heiligen Leonhard in alle Himmel pries, in Wirklichkeit war das Wunder ja noch viel größer gewesen, als er ahnen konnte. Denn der Heilige hatte ohne Lohn geholfen, aus reiner Gutmütigkeit.

Leonhard verzieh mir vollkommen, er sah gleichsam über mich weg, wenn ich in der nächsten Zeit bei ihm vorüberschlich. Eine Weile wartete ich noch auf das Bauchgrimmen, das ich ihm zur Sühne angeboten hatte; aber selbst darauf verzichtete er, und so ist mein Frevel bis zum heutigen Tag ungestraft geblieben.

Oh, ich hatte meine Gründe, anders über Sankt Leonhard zu denken als die naseweise Marianne. Für mich war seine reglose Gestalt wundersträchtig, von geheimnisvollem Leben erfüllt. Es verschlug gar nichts, wenn er wirklich nur aus totem Holz geschnitzt war, wie das Mädchen behauptete. Konnte totes Holz schmunzeln oder scharf in die Tiefe schauen wie er? Leonhard trug eine schwere, drei Ellen lange Eisenkette auf der vorgestreckten Hand. Wer konnte sagen, ob es ihm nicht insgeheim unsagbare Mühe machte, sie immerfort so ruhig zu halten? Ob er den Arm nicht doch zuzeiten sinken ließ, nachts, wenn niemand um die Wege war?

Vielleicht zog er manchmal auch den einen Schuh zurück und vertrat sich die Füße ein wenig, oder er stieg überhaupt herunter, um sich für eine Weile in sein rotverglastes Fensterchen zu lehnen. Ich wäre ums Leben nicht im Dunkeln an der Nische vorbeigegangen, aus Angst, ihn einmal so zu überraschen.

Marianne wiederum hatte ihre heimliche Lust daran, unziemliche Händel zwischen mir und dem Heiligen zu stiften. Grausam, wie auch ganz kleine Mädchen mitunter schon sind, befahl sie mir manchmal plötzlich beim Spiel, zur Kapelle zu gehen und die eisernen Kühe auszuleihen.

Leonhard hatte nämlich eine Menge Hausrat um sich her angesammelt, er war auf seine Art wohlhabend. Da hingen an der Wand unzählige Hufeisen in Reihen und Figuren geordnet, manche mit Namen und Jahrtag, gedrehte Halsringe dazwischen und lange Ketten, deren eine dreimal unter dem Dachstuhl hin und wider lief. Das letzte Glied war in Kreuzform auseinander getrieben, »Sankt Leonhard, gib Fried!« stand darauf eingegraben. Es ging die Sage, eine junge Bäuerin hätte sich in Kindsnöten verlobt, für jedes Jahr, das ihr noch geschenkt würde, ein Kettenglied zu stiften. Und der Heilige machte sich auch wirklich den Spaß und verhalf der Frau zu einem biblischen Alter. An die siebzig Glieder konnte man zählen, was Wunder, daß sie es schließlich satt bekam!

Um die Füße des Heiligen aber wimmelte es von vielerlei sonderbarem Getier, alles mit grober Hand aus Eisen geschmiedet. Pferdchen gab es da, ungeschlachte Rösser auf steifen Beinen, manche mit einem Reiter auf dem Rücken, der wie eine zwieschwänzige Rübe aussah.

Plattgehämmerte Kröten, von den Wöchnerinnen gestiftet, und vor allem Kühe. Diese hatte der Schmied besonders schön gemacht, mit eingesetztem Euter und langen, spitzen Hörnern. Diese Kühe taugten freilich viel besser für unsere Rindenställe auf dem Hügel als gewöhnliche Fichtenzapfen und Holzklötze.
Wollte ich mich nun nicht geradezu widersetzen, was schwer möglich war, weil Marianne dann sogleich mit verächtlich aufgeworfener Nase zu den Nachbarbuben lief, – mußte ich also den Raub wagen, so versah ich mich immer zunächst mit einer Handvoll Blumen. Die hielt ich dann dem Heiligen vor die Augen, damit er es nicht gleich merkte, wenn ich ihm unterhalb seine Kühe wegnahm. Konnte man wissen, ob es ihm nicht einfiel, einmal schnell den Fuß darauf zu setzen?
Aber das tat er nie. Er war überhaupt unendlich geduldig und ganz gewiß ein seelenguter Mann. Ich weiß nicht, warum ich damals nur mit einem Herzen voll Bangigkeit vor ihn treten konnte. Es mochte an der rätselvollen Gewalt seines Blickes liegen; er traf mich und ging zugleich ins Ferne, wenn ich barbeiniger Zwerg zu seinen Füßen stand, und er beugte das Haupt über mich, ein Riese an Fülle und Wucht des Leibes. Der Schnitzer hatte ihm ein seltsames Gesicht gegeben, nicht das eines Edelmannes, sondern ein Bauerngesicht, jedermanns Angesicht. Es sollte vielleicht sanftmütig ausfallen, wie sich das für einen Heiligen ziemte, aber unter der Hand geriet es dem Meister anders, und nun lebte alles Menschliche darin, im Zug des Mundes, den der Bart umkräuselte, in den Furchen der Stirn, die sich kugelig aus den Schläfen wölbte. So konnte Leonhard,

was nur ein Bauer kann: versagen und gewähren, lächeln und zürnen, ohne eine Miene dabei zu verziehen.
Die Leute aber vertrauten ihm und liefen von weither zu, weil sie ihn als ihresgleichen erkannten. Leonhard ist der Patron für die ganz großen Übel des Lebens, der Schuldentilger, der Kettenbrecher. Er hilft bei gefährlicher Krankheit, wenn sonst nirgends mehr Rat zu holen ist, und vor allem schützt er die dienenden Tiere, die schuldlos leidenden. Auch das Ungeborene im Mutterleib hat ihm Gott anvertraut. Andere Heilige sind für diese oder jene Bedrängnis nützlich – sie wenden Feuersnot ab, sie schlichten Streit, sie helfen Verlorenes wiederfinden; es ist ja gut, daß man sie hat. Aber an Leonhard wendet sich der Mensch, wenn ihn etwas Jenseitiges antritt, das dunkle Schicksal selber.
Der Roßknecht Martin hat mir dann und wann aus dem Leben des Heiligen erzählt. Gewöhnlich war der Alte verschlossen und hielt sich knapp mit der Rede, aber seit mich Leonhard so wunderbar erhörte, zog er mich manchmal ins Gespräch, während er im Stall seine gemächliche Arbeit tat.
»Hierzulande«, sagte er wohl, »in dieser Gegend kennt man den Leonhard wenig, kaum, daß ihm das Nötigste geschieht. Aber dort, wo ich daheim bin, im Vorland draußen, dort ist er der erste in der Litanei, die ganze Kirche gehört ihm zu! An seinem Jahrtag reiten ihm die Mannsleute von den Höfen die Gäule vor, damit er sieht, wie sein Segen angeschlagen hat, und damit er sie fürs andere Jahr in Obhut nimmt. Da legt sich ein Knecht ins Zeug, verstehst du, mit Striegeln und Putzen die ganze Woche vorher, er hat auch Hafer zur Seite geschafft, damit der Braune ein wenig Feuer ins Blut

bekommt und nicht an seinem Ehrentag den Kopf hängen läßt. Und zum Feierabend steht der Gaul blankgeputzt im Stand, mit einem Hintern, so glatt, daß sich die Dirn darin spiegeln kann, wenn sie jetzt das Bänderzeug in den Stall bringt. In der Frühe nach dem Tränken werden nämlich Seidenbänder in Schweif und Mähne geflochten, und zum Schluß tut der Knecht ein übriges und bindet ein paar Büsche Blumen auf den Halfter und die Kruppe. Denn er ist ja noch ein junger Kerl, er hat noch Anwartschaft auf allerlei Nelkenstöcke und Geranien in der Umgebung.«

Gut soweit, der Knecht führt also den Gaul heraus, und der Bauer sitzt auf. Man läßt den Braunen ein bißchen tanzen und steigen, hinten auf dem Anger, wo es niemand sieht, wenn der Reiter fürs erste noch einen argen Buckel macht. Dann krachen auch schon die Böller, man rückt auf den Dorfplatz und sucht sich einen Platz im Zug, wo es einem nach dem Herkommen zusteht.

»So etwas«, sagte der alte Knecht, »so etwas Prächtiges kannst du dir gar nicht ausmalen. Die Musik schlägt ein und bläst mit einer solchen Gewalt, daß der Braune immerfort den Kopf schütteln muß. Alle Vereine sind da mit ihren Fahnen, Fahnen haben auch die Häuser ausgesteckt, und dann die Blumen überall, und die Gäule selbst, natürlich, mit den glänzenden Beschlägen, und die Reiter in gestärkten Hemden, blütenweiß, und mit Bändern auf dem Hut. Und voran der Pfarrer mit dem Allerheiligsten unterm Himmel, mit zwei Leviten links und rechts, alle im Meßgewand, und hintendrein acht weiße Jungfrauen, die ihm antworten, wenn er nach dem Umgang den Leonhardisegen spricht. Ja, das war ein Fest«, sagte der Knecht, »das sind glorreiche Tage in der Jugend gewesen, die vergißt man sein Lebtag nicht mehr.«

Aber Sankt Leonhard verdient es auch, daß man ihm Ehre antut, schon wenn man sein Leben und Wirken betrachtet. »Du mußt nicht meinen«, erklärte mir der alte Martin, »daß ein Heiliger nun einfach seinen Schein um den Kopf hat und ohne Anfechtung leben kann. Leonhard zum Beispiel verkroch sich tief in den Wald hinein und war keinem Menschen zur Last. Aber denkst du, daß er dort seinen Frieden hatte?

Nein, da lebte nämlich sein Halbbruder in der Stadt, der war Koch beim König, oder Roßknecht. Ich weiß nicht, soff er oder stahl er, jedenfalls kamen sie ihm dahinter, und der König ließ ihn in der ersten Wut an eine Kette schmieden, die war so schwer und so lang, daß man sie oben an die Windfahne hängen mußte, wenn der Mann tief unten in dem Turm hockte.

Nun konnte Leonhard aber seinen Bruder nicht im Elend sitzen lassen, sondern, als er davon erfuhr, rückte er aus dem Wald heraus, haarig und lausig wie er war, und hinein in das Schloß zum König.

›Höre‹, sagte er, ›ich bin doch der heilige Leonhard, und du hängst mir meinem Bruder an die Kette, das geht nicht! Du bringst mich ja ins Gerede‹, sagte er.

Das sah der König dann auch ein, und weil er sich's mit einem Heiligen nicht verderben wollte, ließ er den Burschen wieder laufen.

Leonhard nahm ihn mit sich in den Wald, um ihm das Luderleben auszutreiben durch Arbeit und magere Kost. Aber siehst du, die Sache sprach sich doch herum. Jedermann konnte ja die leere Kette im Turm hängen sehen. Und sooft nun ein Galgenvogel irgendwo in der

Gegend gefangen wurde, gleich kam die ganze Verwandtschaft zu Leonhard in den Wald gerannt und lag ihm so lang in den Ohren, bis er sich doch wieder erbarmte. Mit der Zeit übte er sich natürlich, und seine Wunderkraft nahm derart zu, daß er schon gar nicht mehr aus dem Wald zu laufen brauchte, er wirkte auch in der Ferne durch die große Macht seines Gebetes.

Auf diese Weise fand sich allmählich ein Haufen Leute um den Heiligen zusammen. Manche darunter waren wirklich bußfertig und meinten es ehrlich mit ihrer Bekehrung, aber andere dachten: einer, der Spitzbuben in einem finsteren Wald sammelt, könnte leicht ganz andere Dinge im Sinn haben als ein gottseliges Leben.«

»Oho«, sagte der Roßknecht, »da kamen sie aber an den Unrechten, bilde dir nur nichts ein! In der Frühe heraus, mein Lieber, und Bäume umreißen und Steine schleppen den ganzen Tag, und abends wieder nur Wurzelsuppe und nachher Predigt und Litanei; dabei wurden die Tagediebe alle zahm und weich wie Wachs.

Holz und Steine brauchte der Heilige, weil er eine Kirche bauen wollte, ein Kloster für seine ganze Jüngerschaft. Es war ja auf die Dauer unwürdig und der Seele nicht heilsam, daß sie alle nachts noch immer wie das Wildbret unter die Sträucher kriechen mußten.

Tagaus, tagein lief Leonhard auf dem Bauplatz hin und her, mit seinen Fingern im Bart. Er dachte nach und rechnete und maß, und die Mauern schossen wunderbar in die Höhe, weit über den Wald hinaus. Es währte gar nicht lang, da war alles richtig unter Dach; die fromme Bruderschaft hatte selber ihre Freude daran. Jeder lag in seiner sauberen Zelle auf dem Strohsack, gar nicht zu reden von der Kirche. Die war auf das prächtigste ausgestattet, versteht sich, mit silbernen Leuchtern und gewirkten Teppichen und allem, was dazu gehört. Der Heilige in seiner Unschuld dachte sich nichts weiter dabei. Es fiel ihm nicht ein, daß unter den Brüdern eben mancher war, der sich noch immer gut auf sein altes Handwerk verstand, wenn auch nunmehr zur Ehre des Herrn. Nur eine Glocke fehlte noch, und auch die würde Gott bei Gelegenheit schicken, meinte der harmlose Leonhard. Aber sie fehlte wohl nur, weil so ein Ding mächtig schwer war und nicht so leicht im Kuttenärmel zu verstecken.

Ja, schon recht. Allein, der böse Feind ging um und wollte keinen Frieden, der Ohrenbläser. Er drang bis zum König und flüsterte ihm allerlei zu. Ob er denn gar nicht merkte, was drüben im Walde vorginge? Daß man ihm dort eine feste Burg vor die Nase setzte und Kriegsleute sammelte? Und daß es ihm wahrscheinlich an Thron und Leben gehen solle?

›Was Teufel!‹ sagte der König, stieg zuoberst auf sein Schloß und sah wirklich Dach und Turm über den Wald emporragen.

Das ging den König hart an. Kein Verlaß auf die Leute, dachte er, nicht einmal auf einen Heiligen! Und dann ließ er Sturm blasen.

Zur gleichen Zeit aber ritt die Frau Königin mit ihrem Schimmel aus. Sie war hochschwanger und wollte noch einmal Luft schöpfen, ehe ihre Stunde kam.

Nun weiß man nicht genau, wie es geschah, ging ihr der Schimmel durch oder hatte sie ihre Sinne nicht mehr ganz beisammen, jedenfalls verirrte sie sich im Walde und wußte nicht aus und ein. Als sie die Brüder endlich

fanden, lag sie auf dem Moos und schrie schon in den ersten Wehen.
Das war nun eine heillose Sache, wie sich denken läßt. Die Brüder standen herum und kratzten sich die Stoppelbärte; schließlich meinte einer, man müsse die hohe Frau zu Leonhard in die Zelle tragen. Aber das half auch nicht viel, sie klagte laut und jämmerlich, daß sie stürbe, wenn man ihr keine Hebamme brächte. Und dergleichen gab es weit herum nicht. Es war zufällig auch kein Bader zur Hand, obwohl sonst selten einer fehlt, wo sich ein paar Gaudiebe zusammenfinden.«
»Und der Heilige selbst wußte auch keinen Rat«, erzählte der alte Knecht. »Natürlich«, meinte er, »auf eine Roßkur verstand sich Leonhard, aber bei einer Königin, wie sage ich gleich – ach, du begreifst es doch nicht.
Zuletzt warf sich der Heilige wieder einmal in die Knie und bat den Herrn und die Jungfrau um eine glückliche Geburt für die Königin. Es war ja bisher nicht sein Amt gewesen, kreißenden Frauen zu helfen, aber Gott erhörte ihn doch sogleich und schenkte ihm auch noch diese Gabe dazu. Je lauter der Heilige schrie, um so stiller wurde es in der Kammer, und plötzlich ging die Tür auf, und die Frau Königin trat heraus, heil und gesund, mit ihrem neugeborenen Knaben an der Brust.
Inszwischen hörte man draußen Hörner blasen; da rückte der König mit seiner ganzen Kriegsmacht durch den Wald heran. Er hatte alle seine Reiter mitgenommen, und die Landsknechte, und seine Kanoniere dazu, die lösten auch gleich ein Geschütz, so daß die Kugel krachend in das Klosterdach schlug. Die Brüder bekamen es mit der Angst zu tun, sie meinten nichts anderes,

als daß sie nun doch alle an den Galgen müßten, und der und jener hatte etwas zu bekennen, was dem Heiligen neu war.

Aber er gebot ihnen fürs erste Schweigen. Leonhard öffnete das Tor und führte die Königin an der Hand hinaus, und nun war der König an der Reihe, ein albernes Gesicht zu machen, eine Miene, wie sie alle Väter aufsetzen, wenn man ihnen den Erstgeborenen in den Arm legt.

Er war vor lauter Freude zu jeder Dummheit aufgelegt, und als König brauchte er auch dabei nicht zu sparen. Stehenden Fußes wollte er dem heiligen Leonhard ein ganzes Bistum schenken, den Wald, soweit er reichte, und Höfe und Weiler und selbstverständlich auch Fischwasser genug; unsereinem läuft das Wasser dabei zusammen.

Aber siehst du, dem Heiligen machte es gar nichts aus, der lächelte nur. ›Soviel ich auf einem blinden und lahmen Gaul umreiten kann‹, sagte er, ›ohne Zügel und an einem Tag, so viel will ich nehmen.‹

Die Brüder schüttelten betrübt den Kopf, als sie den Vater auf die Schindmähre hoben, Gottvater selber schüttelte vielleicht das Haupt und beschloß, sich da ins Mittel zu legen. Es ist ja schön, dem Herrn in der Armut zu dienen, aber er braucht auch Leute, die ihm das Zeitliche verwalten. Und als Leonhard nun im Sattel saß, streckte sich der Gaul unter ihm, wieherte und griff aus wie ein Jährling. An dem Tag trabte er noch so weit, daß es für ein kleines Fürstentum gereicht hätte. Ja, es half nichts, Leonhard wurde doch noch Herr einer großen Abtei.

Aber die Armen vergaß er deswegen nie. Gefangene zu

lösen und Kranke zu retten, Gebärende zu stärken und Rösser zu kurieren, das blieb seine Freude bis ins hohe Alter hinein, bis auf den heutigen Tag, seit er im Heiligenhimmel sitzt.«

»Zähle nur einmal die Hufeisen drüben in der Kapelle«, sagte mir der Roßknecht, »dann kannst du ermessen, was für ein Segen Leonhard nur für meinen Stand ist, und nebenbei noch das Rindvieh und unsere eigene Anfälligkeit!«

Ja, es muß wahr sein. Leonhard, eiserner Heiliger, später im Leben kam ich noch ofts ins Gedränge und hätte Not genug gehabt, dich anzurufen, du schweigsamer und rätselvoller Freund meiner Kindheit! Aber da war ich deinem Blick entrückt, da hatte ich dich vergessen, da war ich längst sehr klug geworden und meinte, wissen sei besser als glauben.

Nun, so treibt man es eben eine Weile. Aber ich könnte mir denken: Wenn ich dereinst alt würde, und ich fände die Nische noch unter der Schirmfichte neben dem Roßstall, vielleicht stiftete ich dann auch ein Kreuz aus Eisen und grübe meine letzte Bitte hinein:

Sankt Leonhard, gib Frieden!

DIE PFINGSTREISE

Es ist nun so still geworden, zuweilen wird mir bang in dieser Stille. Dann schaue ich um mich, überblicke gleichsam mein Leben wie von einer Anhöhe herab, die ich langsam und in langer Zeit erstieg und auf der ich jetzt eine Weile verhalten darf, ehe ich mich gegen Abend wenden muß, um in den Schatten hinunterzuwandern. Ich verfolge die Trittspur meines Daseins hinter mir, und es rührt mich sehr, daß ich einen so wunderlichen und mühsamen Weg gegangen bin, während ich doch meinte, immer geradeaus zu eilen, immer aufwärts. Aber der Berg, den ich mir von fernher als Ziel versprach, war kein hoher, glänzender Gipfel, nur ein Hügel zuletzt, zwischen anderen.

Freilich, die Gefährten meiner Wanderschaft trieben es nicht besser, die klügeren überholten mich, die dümmeren blieben zurück, und so verlor ich die meisten ganz aus den Augen in der weglosen Wildnis. Vielleicht liegt ja der Unterschied zwischen den Leuten überhaupt nur darin, daß die Törichten immer wieder dieselben Dummheiten machen, die Gescheiten immer wieder neue.

Gleichviel, meine Tage gehen so hin, der Winter war lang und düster, aber nun wäre doch der Frühling gekommen, und ich laufe noch immer umher und weiß nichts Rechtes anzufangen. Ich schaue den Ameisen zu, den Sträuchern, wie sie sich eifrig begrünen, Gott verzeihe mir, daß ich selber die Ewigkeit so Stück für Stück vergeude. Was ist es mit den Ameisen, rennen sie etwa auch hinter der Wahrheit her wie meinesgleichen?

Nein, denn die Wahrheit ist kein Käfer, den man mit List und Glück erjagen muß, sondern sie liegt in der eigenen Brust verborgen, und nirgend sonst ist sie zu finden.

Zur Abendzeit, wenn es dämmert, gehe ich gern noch über das Feld zum Nachbarn hinüber. Bei gutem Wetter finde ich ihn im Garten, dort steht er verdrießlich vor den Beeten und bohrt mit dem Finger in der Erde, als wollte er die Pflänzchen unterwärts kitzeln, aber wahrscheinlich tut er das nur, weil es ihn ärgert, daß der Salat so langsam wächst. Große Gedanken bewegen ihn nicht dabei, denn er ist Maler.

Mit Leuten dieses Handwerks verstand ich mich immer schon gut. Sie leben alle so unverhohlen, so eindeutig und unbeschwert, weil ja bei ihnen, was sie ausdrücken möchten, nicht über die Zunge gehen muß, sondern durch die Hand, und das kann nicht eben viel sein. Um Bücher zu schreiben, muß man verschlagener sein. Kein Dichter könnte von dem leben, was wirklich zu sagen wert ist, das wäre mit einem Atemzug getan. Sondern es ist das Überflüssige, was ihn reichlich nährt, wenn er es nur so einrichten kann, daß die Leute glauben, es liege an ihnen, so oft sie nichts verstehen, weil nichts gesagt wurde.

Der Meister sieht es gern, daß ich ihn besuche. Er hat sonst wenig Zuspruch im Dorf, freilich immer noch mehr als ich. Denn für ihn gibt es doch dann und wann eine Schützenscheibe anzumalen oder ein Grabkreuz, während mir solche Gelegenheiten selten etwas einbringen. Das Reimen ist überhaupt nicht meine Stärke, und darum, weil der Meister weiß, daß ich keine Zettel mit Gedichten in der Tasche trage, kann er ungestraft zu

gelegener Zeit ins Haus gehen und ein Bild herbeiholen, um mir zu zeigen, was er untertags gemalt hat.
Er heftet das Blatt an den Zaun, als ob es eben noch ein wenig trocknen müßte, und wenn ich Lust habe, ihn zu ärgern, betrachte ich es lange und schweige bedeutsam. Aber das tue ich nur selten, weil der Meister gewöhnlich auch eine Flasche mitbringt, und nur, wenn ich ihn lobe, wird mir sofort der Lohn ins Glas geschenkt.
Eine gute Weile hocken wir dann wohl nebeneinander auf einem Karren, zu sagen ist nichts mehr, und es geschieht auch nichts, außer daß die Sonne untergeht. Schweigen ist ein köstlicher Genuß, aber um ihn ganz auszuschöpfen, muß man einen Gefährten haben. Ein Mensch allein ist nur stumm, mit sich selber kann er nicht schweigen und, was noch verdrießlicher ist, auch nicht schwätzen. Ein Glück für redselige Leute, daß wenigstens der liebe Gott allgegenwärtig ist und sich geduldig von jedermann ins Wort fallen läßt mit Beten oder Fluchen.
Nun ist aber der Frühling vorbei, die Tage werden lang, und der Meister fängt zu klagen an. Die Gegend ist ihm zu grün geworden, sagt er, so viel Grünes könne man nicht malen. Und immer nur Apfelbäume und Gras auf den Wiesen und Kühe, die das Gras wieder abweiden, nein, es sei an der Zeit, einmal etwas zu wagen. Jetzt müßte man sein Weniges zusammenschnüren, das Gatter hinter sich zuschlagen und auf die Wanderschaft gehen.
Das meine ich ja auch, aber dergleichen will überlegt sein. Ich bin kein Zigeuner, sondern ein gesetzer Mensch, die Jahre der verwegenen Abenteuer sind vorüber. Also müßte es eine geruhsame Reise werden, wie

es früher bei unserer Zunft Brauch war. Ein jeder hätte sein Handwerkszeug bei sich, und wo immer einen der Geist überkäme, könnte man sich niederlassen und die Werkstatt aufschlagen. Der Meister würde im Schatten sitzen und seinen Kram um sich herum ausbreiten, und ich fände inzwischen auch leicht, was ich brauche, meine Kunst ist ja viel weniger umständlich. Ein Zettel genügt mir, ein Endchen Bleistift, um etwas aufzuschreiben, ein paar eilige Worte, wenn mir ein guter Gedanke zufliegt, oder einen Vers, wenn es ein weniger guter Gedanke ist. So müßten wir es halten. Weil es aber langweilig wäre, immerfort Bilder zu malen oder Verse zu machen, wenn es niemand gäbe, der sie geduldig betrachtet und anhört, darum sollten wir jemand mitnehmen, ein gemütliches Wesen, das uns auch leiblich in Ordnung hielte, was die Sauberkeit betrifft und alles, worin Männer unter sich so leicht säumig werden.
Ein Mädchen, sagt der Meister verständnisvoll. Aber ein hellhaariges, fügt er hinzu.
Gut, auch das. Mir gefielen zwar früher einmal die schwarzhaarigen besser, aber so wählerisch bin ich nicht mehr, seit ich Mühe habe, selber zu gefallen.

In der Pfingstowoche ist es so weit, einmal am zeitigen Morgen rollt unser Wagen ins offene Land hinaus. Der Meister sitzt schweigsam neben mir, und ich bin selbst ein wenig verstimmt, wir sind schon bei der Abreise wegen des Mädchens aneinandergeraten. Es war mir schwergefallen, ein passendes zu finden.
Anfangs dachte ich ja, daß ich noch von früher her einen genügenden Vorrat besäße und nur zu wählen brauchte, aber ich weiß nicht, woran es liegen mag, es war nicht

so. Damals, als ich noch Feuer im Blute hatte und schon beim geringsten Anhauch in Brand geriet, damals zögerte selten eine, sich solchen Gefahren auszusetzen. Jetzt aber fand jede etwas zu bedenken, vielleicht überschlugen sie auch nur die Sache im Kopf und rechneten flink nach Weiberart: ein Mann ist mehr Mann als zwei Männer.

Jedenfalls hielt ich es für richtig, daß unser Fräulein neben mir zu sitzen käme, damit es mehr Kurzweil hätte und alle Ärgerlichkeit verlöre. Aber der Meister sagt, es sei an ihm, ängstlich zu sein, wenigstens solang er mir sein Leben anvertraue, er kenne meine Gewohnheit, zur Unzeit die Augen zu verdrehen.

Wahr ist jedoch, daß mich nichts beirren kann, solang ich am Steuer sitze. Was der Meister meint, hängt eher damit zusammen, daß es überhaupt meine Art ist, die Dinge an mich herankommen zu lassen, auch Ecksteine oder Wachleute, oder was einen sonst im Leben zu raschen Entschlüssen nötigt.

Übrigens erntet der Meister wenig Gewinn aus seiner Hinterlist, mein Wagen duldet kein müßiges Getändel und Geplauder unter seinem Dach. Er ist nicht einer von den Vornehmen, die wie ihre Besitzer jeden Laut, der ihnen entschlüpft, gleichsam mit der Hand vor dem Mund abdämpfen, sondern, wenn er seine Arbeit verrichtet, dann ist es auch deutlich zu hören, und das gefällt mir an ihm, ich mag die Leisetreter nicht. Oft überrascht er mich mit allerhand Späßen, er liebt es, plötzlich in sein Horn zu stoßen, wenn es niemand erwartet, oder er läßt mich raten, was die vielerlei wunderlichen Geräusche bedeuten, die er mit der Kunst eines Bauchredners in seinen Eingeweiden erzeugt. Der

Meister freilich muß sich bequemen, mit Gebärden auszudrücken, was er sagen will, aber das lernt er bald. Er hebt sich vom Sitz und flattert mit den Armen, wenn ein seltener Vogel vorbeigeflogen ist, oder er krault mit den Fingern in der Luft, und damit mag etwas Buschiges gemeint sein, der Baum, auf den sich der Vogel gesetzt hat.

Ich für meinen Teil halte mich an meine Pflicht, ich darf keinen Blick nach rechts oder links werfen und noch weniger hinter mich. Das wäre auch unnötig, denn für diesen Zweck ist über mir ein Spiegel angebracht, der mich rechtzeitig warnt, wenn sich hinterrücks etwas Gefährliches zeigt, sei es auch nur ein dunkles Augenpaar oder ein schön geschwungener Mund.

Inzwischen ist das Land welliger geworden, der Wagen wiegt sich gleich einem Schiff auf der sanften Dünung langgestreckter Hügel. Ich verhalte die Fahrt ein wenig, denn das rührt mich an, ich habe lange nicht mehr solche Äcker gesehen. Hier wäre es eine Freude, Bauer zu sein und hinter dem Gespann zu gehen, kein so mühseliges Fuhrwerk wie bei uns daheim. Unabsehbar die Felder ausgebreitet, eines sauber an das andere gefügt mit der zierlichen Naht der Zäune. Starke Farben dazwischen, das schmetternde Gelb von Raps und ab und zu ein Gehölz, nur des Gefallens halber, weil es den Bauern freut, auch einen Schopf Wald auf seinem Grund zu haben.

Verständige Leute leben hier, sie haben sich ihr Land wohnlich eingerichtet, aber bedächtig und wie es das Herkommen verlangt. Die Wasserläufe haben sie in die Niederungen gezogen und da und dort zu Fischteichen ausgeweitet, aber die Höfe setzten sie auf den Hang oder auf die Kuppen. Der Vorfahr dachte an Kind und Enkelkind, er sparte nicht mit Mauerwerk und pflanzte auch einen Nußbaum vor das Haus, damit die Späteren noch etwas zu knacken hätten. So leben sie unter sich, schon den nächsten Nachbar halten sie sich vom Leibe. Zu ihm führt ein Feldweg hinüber, in weit ausladenden Schwüngen, damit Haß und Liebe Zeit haben, sich unterwegs zu bedenken, und dazwischen ist ein Heiligtum aufgestellt, das soll den Frieden schützen.

Der Meister wird unruhig, er klopft mir auf die Schulter und schreibt mit dem Finger in der Luft, soll das heißen, daß er hier bleiben will? Ich kann rundum nichts Merkwürdiges entdecken, nichts Malerisches nach meinem Geschmack, aber ein wenig weiter stehen etliche Bäume an der Straße, dort halte ich an. Der Meister kriecht noch eimnal in den Wagen hinein, er fängt zu graben an, und was er findet, schaufelt er wie ein Maulwurf hinter sich, eine Unmenge Zeug durcheinander, ein Brett zuerst, Schachteln und Flaschen. Viel Aufwand, vergleichsweise, wenn man überlegt, wie bescheiden die anderen Künste sich halten. Ein Seufzer genügt in meinem Fach, ein Blick zu den Sternen.

Der Meister hingegen scheint zu glauben, daß die Welt nur geschaffen worden sei, um hinterher gemalt zu werden. Eine Weile läuft er suchend am Waldrand entlang, unwillig brummend taucht er in die Büsche und wühlt sich anderswo wieder heraus – sonderbar, das Fräulein schaut mich fragend an. Nein, sage ich, es ist nichts Ungehöriges, was er vorhat. Es ärgert ihn nur, daß die Bäume zu dick sind oder zu hoch gewachsen, jedenfalls

stehen sie niemals dort, wo sie nach seiner Meinung hingehören.
Übrigens, was mich betrifft, so wollte ich immer noch lieber Bäume versetzen als ein Frauenzimmer unterhalten, hier auf der Landstraße, wo ich nichts zur Hand habe als meinen geringen Witz und die nackte Natur, ratlos wie Adam, nachdem ihm Eva beschert worden war und er merkte, um wieviel sorgloser er vorher leben konnte, solang er nur von seiner eigenen Langeweile geplagt wurde.
Aber wie im Paradies erklärt auch diese Eva, sie wolle sich auf ihre Art vergnügen, und ich, nur um sie für den Augenblick loszuwerden, setze als ein anderer Adam sogleich meine künftige Seligkeit aufs Spiel. Sie wisse wohl, sagt das Fräulein mit einem rätselhaften Lächeln – und ich hätte ihr früher schon erklärt, daß der schaffende Geist, wenn er sich entzünde, schon durch den Hauch eines unbedachten Wortes wieder verlöschen könne.
Möglich, daß ich einmal dergleichen Worte gebraucht habe. Man soll Frauen nicht mit Redeblüten beschenken. Sie bewahren jedes Wort lang und heimlich in ihrem Busen, und unversehens hat man es, zum Pfeil gespitzt, wieder im eigenen Fleische stecken.
Nun bin ich also allein und hätte das Beste zu hoffen, wenn zu glauben ist, was man von anderen Dichtern hört, daß sie auf einem Steine sitzend unsterblich wurden. Aber nichts Ewiges, nichts Erschütterndes will sich in meinem Kopf einfinden, wie immer währt es nicht lange, bis ich mich im Allernächsten verloren habe. Ich fange an, die Gräser vor meinen Augen genau zu betrachten, ein gieriger Eifer überkommt mich, diese

winzige Welt aus Moos und Gestrüpp mit den Augen zu durchdringen und zu entwirren, als könnte ich das Maß der Dinge im Kleinsten und Geringsten finden, das letzte Geheimnis, dem ich zeitlebens nachgetrachtet habe, freilich vergebens. Es ist schon so, die hohen Flüge sind mir versagt. Ich muß auf der festen Erde bleiben, auf der gemeinen Straße des Daseins, an ihrem Rande muß ich mein Handwerk üben. Vielleicht, wenn ich mir nur ein gutwilliges Herz bewahren kann, daß es mir doch dann und wann gelingt, etwas Freundliches zu entdecken und etliche im Vorübergehen damit zu trösten, wenn ihnen Staub und Mühsal das Herz verfinstert haben.

Aber allmählich wird mir dabei die Zeit zu lang. Ich schiele nach dem Meister hinüber, er steht unter einer Föhre und hat es auch nicht leicht, seine ganze Kunst muß er an diesen Hügel verschwenden, dieses Denkmal der Langeweile, das dem Schöpfer aus der Hand gefallen sein mag, als er eben ein Gähnen unterdrückte.

Oft habe ich dem Meister bei seiner Arbeit zugesehen, widerstrebend jedesmal und schließlich doch von diesem wunderbaren Vorgang berückt. Ganz ungeschickt bin ich ja selber nicht. Wenn es zutrifft, daß man die eigenen Fehler und Vorzüge ungescheut den Vorfahren auf ihre jenseitige Rechnung setzen darf, dann verdanke ich wohl meinem Vater ein angeborenes Vermögen, die Dinge im Umriß zu erfassen und in ihren Verhältnissen abzuschätzen. Als der Vater in seiner Jugend bei den Kanonieren diente, hat er mancherlei in ein Buch gemalt, Geschütze und Waffen, auch ein Frauengesicht dazwischen, das ihm gefallen haben mochte. Alles aber mit einer unermüdlichen Sorgfalt, mit dem spitzesten

Bleistift und so wunderbar getreu, daß man jede Schraube an einer Lafette und jedes Haar an der Braue seines Mädchens zählen konnte. Später vergaß er diese Kunst, es geschah nur selten einmal, daß er mir bei meinen kindlichen Versuchen zu Hilfe kam. Dann beugte er sich über mich, der ungefüge Mann mit seinem lauten Atem, und mein Herz klopfte wild, wenn ich sah, wie seine Hand behutsam den Stift führte und durch einen unbegreiflichen Zauber Form und Ordnung in das Gewirr meiner Linien brachte. Ich hatte etwa ein Schweinchen in den Kalender zeichnen wollen, was möchtest du machen, sagte der Vater, was soll das werden? Und dann wirkte er das Wunder vor meinen Augen. Was ich selber machte, war ja nur dann ein Schwein, wenn ich es so nannte, aber dem Vater gelang etwas Wirkliches, und auch die Nachbarin erkannte es sofort, wenn ich mit dem Blatt zu ihr gelaufen kam – sieh an, sagte sie, da hast du ein prächtiges Schwein gemalt!

Unversehens glückte dann der Zauber auch meiner eigenen Hand, und das war ein betäubendes Ereignis, als sei ich plötzlich allmächtig geworden. Ich entsinne mich genau des Ortes und der Stunde, aber was mir eigentlich geschah, weiß ich auch heute noch nicht zu erklären, das ist ein Geheimnis geblieben. Damals lief ich wie im Rausch umher und bevölkerte die Gegend mit meinem Getier, ich besaß ungeheure Herden von Schweinen und Rössern, die Leute konnten sich des Segens auf ihren Hausmauern kaum noch erwehren.

Später gewann ich einiges dazu, aber es vergingen viele Jahre, bis ich einzusehen lernte, daß ich doch nicht allmächtig bin. So viele Hoffnungen ich begraben mußte, keiner habe ich länger und bitterer nachgetrauert als der einen, daß ich ein großer Maler werden könnte. Und noch jetzt, wenn sich die Worte nicht fügen wollen, ist es mir ein wehmütiger Trost, zu denken, ich hätte mich eben doch am Anfang im Werkzeug vergriffen.

Freilich, meine geringen Gaben sind mir trotzdem erhalten geblieben, das Glück des Bildens mit der Hand. Noch immer kann es mich sehr erschüttern und rühren, wenn es mir gelingt, einen Käfer geduldig nachzumalen, ein Blumenblatt mit allen Adern und Härchen, obgleich es doch nur ein mühsames Buchstabieren ist, nicht die beschwingte Schrift der Eingebung.

Darum ärgert es mich ja, wenn ich zusehen muß, wie es der Meister treibt. Nichts ist leichter, als Himmel und Erde zu schaffen, alles fließt ihm wie zufällig aus der Hand, und ich kann nie erraten, was ihm im nächsten Augenblick einfallen wird. Dieses schwierig abzuschätzende Dunkle unter dem Wald, dieser zwiefarbene Schein am Himmelsrand – um das zu treffen, würde ich Gelb nehmen, eine Spur vom Rot vielleicht, vorsichtig darunter gemischt. Aber nein, grob und ohne recht hinzusehen, stößt der Meister mit dem Pinsel in die Näpfe, einerlei, welche Farbe er trifft, es ist doch genau die richtige. Ein rotes Scheunendach, ein blinkender Wasserfaden, ich sehe das alles nicht so, und dennoch ist es auf eine rätselhafte Weise wahr, eine neue, schönere Wirklichkeit.

Wieder einmal meine ich, dem Geheimnis auf der Spur zu sein. Man muß das meiste dem Zufall überlassen, denke ich, dem Glück, ich bin nur zu zaghaft, das ist der Grund.

Verstohlen suche ich mein Malzeug im Wagen zusam-

men und setze mich abseits am Ufer eines Wässerchens zurecht.
Anfangs läßt sich die Arbeit nicht übel an. Ich nehme das satteste Blau für den Himmel, und diese Kühnheit lohnt sich auch sofort, denn es bleibt mir eine weiße Wolke darin stehen, wie geschenkt, es ist gar keine Wolke am Himmel. Jetzt den Hügelkamm darunter, ein wenig zu gewagt im Schwung, nicht ganz naturgetreu, aber dafür kräuselt sich ein Wäldchen ganz von selbst ins Feuchte hinein. Das Glück des Gelingens reißt mich fort. Ich kann des Zustroms an Einfällen kaum noch Herr werden. Es ist, als liefen mir Baum und Busch entgegen und stellten sich gefällig zurecht, damit sie auch noch ins Bild kämen. Verschwenderisch teile ich Schönheit aus; soviel in meiner Macht liegt, soll geschehen, um dieser kümmerlichen Gegend ein wenig aufzuhelfen. Ein schmächtiges Bäumchen nah vor mir lasse ich hoch aufschießen, ich schenke ihm auch eine füllige Krone dazu, zierliches Blattwerk in seinem Geäst. Und ganz zuletzt male ich noch einen Feldweg, den habe ich ausgespart, weil ich ihn besonders hübsch machen will, einen blumigen Pfad durch die Wiese. Aber eben dieser Weg wird mir zu einem Wurm des Mißtrauens. Ich muß die Arbeit ruhen lassen und ein wenig zurücktreten, um das Ganze mit einem Blick zu überschauen.
Das Ganze, ach, es ist ja kein Ganzes geworden, wieder nicht. Ich sehe es nun sofort mit einem bitteren Gefühl der Enttäuschung. Was mir in der trügerischen Nähe und im Werden so glücklich geraten schien, wendet mir jetzt sozusagen die Kehrseite zu: die Wolke am Himmel sieht aus wie ein flüchtendes Gespenst, und das Ge-

kräusel über dem Hügel will auch kein Wäldchen mehr sein, sondern eben ein Mißgeschick.
Verdrossen setze ich mich wieder ins zerdrückte Gras und beschaue mein Machwerk voller Unmut. Weil es nun doch schon einerlei ist, was daraus wird, oder um es ganz zu verderben, tauche ich den Pinsel noch einmal in die schwärzeste Farbe und füllte das ganze Blatt mit allerlei sonderbarem Getier. Vorn auf den blumigen Weg stelle ich einen Hirsch. Mit dem absinnigen Blick, der gekrönten Häuptern eigen ist, starrt er vor sich hin. Um ihn ein wenig aufzumuntern, lasse ich einen Hund nach seiner Kehle springen. Aber den beachtet er nicht, etwas ganz anderes gibt ihm zu denken, ein Nebenbuhler, ein zweiter Hirsch. Dieses unheimliche Geschöpf verbirgt sich hinter dem Hügel, nur das mächtige Geweih ragt hervor, und daraus läßt sich schließen, daß es ein riesengroßer Hirsch sein muß. Wenn die beiden zusammentreffen, kann es kein gutes Ende nehmen. Ich merke wohl, daß hier noch etwas fehlt, der Mensch, die ordnende Vernunft, die aus einer Wolke von Schießpulver spricht.
Während ich also den Jäger male, wie er eben anschlägt und die Kugel fliegen läßt, tritt ein fremder Mann neben mir aus dem Wald. Dieser Mensch erschreckt mich sehr, weniger, weil er eine Asthacke unter dem Arm trägt, sondern weil er stehenbleibt, um mein Bild zu betrachten. Das Malen gehört zu den Geschäften, die ein schamhafter Mensch nicht verrichten kann, wenn er Zuschauer hat. In meiner Beklemmung versuche ich, das Beste zu retten, vielleicht läßt sich der Mann hinter mir versöhnlicher stimmen, wenn ich wenigstens den Jäger recht ansehnlich male, mit einem Bart unter dem Kinn,

wie er selber einen trägt. Auf solche Art wäre noch manches gutzumachen, ließe sich nur dieser lächerliche Hirsch hinter dem Hügel verscheuchen.
Eine stumme Weile verharrt der Mann in finsterem Ernst, auf den langen Stiel seiner Axt gestützt, als wolle er die Untat bis zur Vollendung reifen lassen, und mir ist auch wirklich zumut wie einem, dem nur noch ein Vaterunser zu verrichten bleibt.
Aber plötzlich tut der Mann den Mund auf – schön! sagt er. Ein guter Hirsch! Der vordere weniger, aber der andere. Er versteht sich nämlich darauf, weil er einmal Wildhüter gewesen ist.
Auf solche Art kommen wir ins Gespräch. Es sei ja leider nicht mein bestes, was er hier sehe, erkläre ich ihm. Wenn das Papier nicht zu klein wäre, oder sonst noch Platz auf dem Bild, wollte ich ihm einen ganz anderen Hirschen malen, einen Achtzehnender meinetwegen, wie er seinerzeit nur dem Kaiser vor die Büchse kommen durfte.
Wohl, sagt der Mann und ist willens, mir alles zuzutrauen. Aber es muß einem gegeben sein. Er meint, was ihn beträfe, er würde lieber ein Klafter Holz mit dem Sackmesser klieben als nur den kleinsten Hirsch aufmalen.
Inzwischen ist auch der Meister herbeigekommen, die Neugier hat ihn von der Arbeit aufgescheucht. Er schwenkt sein Malbrett in der Hand und lehnt es zum Trocknen an einen Baum, und jetzt ist es wohl Zeit, daß ich Hirsch und Hund und Jägersmann verschwinden lasse, denn nun werden meinem bärtigen Freund erst vollends die Augen übergehen. Der Mann betrachtet

auch das neue Bild mit einem wägenden Blick, und dann nickt er dem Meister begütigend zu.
Auch nicht übel, sagt er.

In einem behäbigen Dorf, ein wenig abseits von der breiten Straße, wollen wir uns für die Nacht einrichten. Mich mutet es gleich freundlich an, daß wir im Brauhaus wohnen werden. Früher hatte man zuweilen die Laune, Kirche und Schenke gegeneinander zu stellen, damit der Wandersmann, wenn er Einkehr hält, sich ohne Umstände entscheiden kann, welchen Weg er gehen will, den einen, der in den Friedhof führt und von dort weg, so Gott will, in den Himmel, oder den anderen, der viel verlockender zwischen Bierfässern beginnt, aber in der Hölle endet, wenn es wahr ist.
Wir beiden Mannsleute wissen freilich zu gut, was uns von lange her für das Jenseits bestimmt ist, als daß wir noch zögern müßten. Aber unser Fräulein mag von Gottes Langmut noch etliches zu hoffen haben, ihr zu Gefallen bezwingen wir unseren leiblichen Durst und lassen uns fürs erste in das kühle Schiff der Kirche führen. Nicht zu weit von der Tür, auf dem Platz der Zöllner bleiben wir stehen, während das Mädchen unbesorgt an den Altar tritt, um das Gnadenbild mit Blumen zu versehen. Wenn sie etwa vorhat, auch für uns beide einen Ablaß zu erbitten, so kann das lange dauern. Der Meister schaut betreten vor sich nieder in den Hut, zu vieles blickt ihn mahnend an, die Heiligen alle, die Engel auf dem Kanzeldach, er zuckte schon vorhin schmerzlich zusammen, als ihm die Unschuld im Vorübergehen kaltes Weihwasser ins Gesicht sprengte. Ich selber bin ja besser an Kirchenluft gewöhnt, jahrelang

diente ich am Altar und lästerte Gott mit meinem Latein, aber wer weiß, ob die Himmlischen in der Fremde ebenso nachsichtig sind?
Viel Zulauf von Männern scheint die Jungfrau auch sonst nicht zu haben, später treffen wir ihrer mehr in der Bierstube an. Es lebt ein friedfertiges, rundköpfiges Volk hierzuland, nicht eben sehr aufgeweckt, aber doch auch wieder erfinderisch, was zum Beispiel das Stopfen von Würsten betrifft. Der Meister gerät in Verzückung beim Anblick der Schüsseln, die uns aufgetragen werden. Er hat mir oft erklärt, wie es sich mit den Würsten verhält. Nach seinem Ermessen seien sie gewissermaßen Inbegriff und Urgestalt aller eßbaren Kreatur. Nichts Überflüssiges um und um, kein lästiges Beiwerk an Knochen und Gliedmaßen, nur noch das köstliche Innere und die Haut, die es zusammenhält. Unbegreiflich, warum es der Schöpfer versäumte, den Würsten Leben einzuhauchen, damit sie auch von selber wüchsen und sich vermehrten.
Später am Abend läßt uns das Fräulein allein, aber das macht nichts aus, wir bleiben gern noch ein wenig in der dämmerigen Stube sitzen, mit etlichen Leuten und mit der schläfrigen Magd. Wem eigentlich mag der verwunschene Strumpf zugedacht sein, an dem alle müden Mägde endlos stricken, während der Pfeifenrauch um die Lampe zieht und die Zeit aus dem Hahn des Fasses tropft, die kostbare Schlafenszeit – ach, hoffen wir, daß dieses Gespinst aus Gähnen und Seufzen nicht dazu bestimmt ist, dereinst die zähen Zecher im Fegefeuer zu kleiden!
Aber nein, ein Mensch am Feierabend ist ja immer ein guter Mensch. Er hat den Arbeitsrock ausgezogen, in

dem der Unfrieden nistet, und nun sitzt er da in Hemdärmeln, weiß geflügelt gleichsam, und hat lauter versöhnliche Gedanken im Kopf. Es ist ihm, als könnte er den Hader der ganzen Menschheit mit ein paar Worten schlichten. Besinnt euch doch einen Augenblick, möchte er sagen, nehmt euren Verstand zusammen! So ist es doch nicht, daß das Böse auf eigenen Beinen zwischen euch umherliefe wie ein reißendes Tier, sondern es hat nirgends einen Platz zwischen Himmel und Hölle. In euch selber brütet ihr es aus, es schaut mit euren Augen und redet mit eurer Zunge.

Wie ich es abends immer tue, trete ich noch ein wenig vor das Haus, weil ich doch nicht einschlafen kann, ohne ganz gewiß zu sein, daß die alten Bilder noch am Himmel stehen, Baum und Strauch noch auf der Erde. Die Stille lockt mich weiter über den Platz und die Häuser entlang. Es ist ganz dunkel in der leeren Gasse, aber ich merke, daß mein hallender Schritt allerlei Geräusche hinter mir aufweckt, ein Fenster klirrt, irgendwo flüstert und raschelt es in den Gärten, ach, meinetwegen brauchte niemand so eilig über den Zaun zu springen! Ich will ja nur zum Bach hinübergehen; als wir ankamen, sah ich dort einen Bekannten auf der Brücke stehen, einen alten Freund meiner Kindheit, Nepomuk mit Namen.

Aber sonderbar, auch er ist nicht allein. Möglich, daß in einer solchen Nacht selbst einen böhmischen Heiligen etwas Irdisches anfechten kann, es wäre auch weiter kein Wort darüber zu verlieren, wenn ich nicht sehen müßte, daß unser Fräulein bei ihm auf der Brücke steht. Wir wünschen einander guten Abend, ein wenig betre-

ten, ja, seltsam, sagt das Mädchen, es war so schwül in der Kammer . . .
Wie verhält sich ein Mann von Lebensart in einer solchen Lage, ein gereifter Mann, wie hat er es zu deuten, wenn ein junges Mädchen zur Seite rückt, um ihm neben sich Platz zu machen? Wir lehnen auf dem Geländer und schauen in das schwarze, ziehende Wasser hinunter, und das ist auch wieder schwierig. Schließlich darf das Fräulein von mir erwarten, daß ich nun etwas Bedeutendes zu sagen weiß, hier, wo doch alles vorhanden ist, was ein Dichter braucht, zwei Menschen auf einer Brücke und der gestirnte Himmel darüber und die bodenlose Tiefe unter ihnen. Aber nichts will mir einfallen, nichts als eine alberne Geschichte, weit hergeholt.
Daheim, erzähle ich zögernd, wo ich aufgewachsen bin, hatten wir auch so einen Heiligen am Mühlbach stehen. Er sollte einen Steg bewachen, aber wahrscheinlich stand der Gottesmann zu tief in seinem Kasten, oder er verträumte sich, jedenfalls verschwand der Steg mit der Zeit, und der Heilige merkte gar nicht, daß er eigentlich schon seit Jahren brotlos war. Vielleicht wunderte er sich nur, daß gar keine Leute mehr bei ihm vorübergingen. Zuletzt hielt man ihn eben noch für fähig, daß er die Kinder hüte, wenn sie am Wasser spielten, und das tat er auch eifrig und rief ihnen manchmal etwas Warnendes zu, mit einer sonderbaren zwitschernden Stimme. Er trug nämlich eine faltige Mütze auf dem Haupt, darin nisteten Stare zur Sommerszeit oder Rotkehlchen, und wenn der kleine Vogel in seinen Kopf schlüpfte, war es, als bewegte Nepomuk die Lippen und sagte etwas Geschwindes in seiner fremden Sprache.
Einmal kam ein schreckliches Unwetter, und das wilde

Wasser entführte den Heiligen samt seinem Kasten. Da mochte die Gemeinde doch nicht zulassen, daß sie zum Gespött der Nachbarn würde, weil ihr Wasserpatron entwichen war und vielleicht wie ein Seeräuber auf den Weltmeeren fuhr. Am andern Morgen zogen wir alle aus, um ihn zu suchen, die Geistlichkeit voran, die Schützen unter Gewehr und die Feuerwehr mit Stricken und Leitern. Wir erwischten ihn auch wirklich noch rechtzeitig, weil er in den Stauden vor Anker gegangen war, und dann brachten wir ihn mit großem Gepränge nach Hause. Neu angemalt und auf einen guten Lärchenpfosten gesetzt, versah er wieder geduldig sein Amt, nicht mehr so gesprächig wie vorher, aber mit einem schlauen Lächeln im Gesicht, weil es ihm doch gelungen war, ein wenig von der weiten Welt zu sehen . . .

Nichts weiter, nichts Hintergründiges, ich verstumme wieder.

Das Mädchen wendet sich zu mir und schaut mich an, in seinen dunklen Augen glimmt der Sternenschein, und das verwirrt mich plötzlich sehr. Mein Herz fängt heftig zu schlagen an, und zugleich ist mir unsäglich angst. Ich möchte auf der Stelle etwas tun, ach, irgend etwas, es muß ja weithin zu hören sein, wie überlaut mein Herz klopft. Aber das ist es eben, darum pocht es ja, weil ich gar nichts wagen kann, wenn ich nicht weiß, wieviel ich wagen darf.

Ein wenig von der weiten Welt, sagt das Mädchen, oder überhaupt vom Leben, war es so gemeint? Ja, sage ich ernüchtert. Ich weiß das auch nicht genau. Mag sein, daß ich selber schon diesem Heiligen auf der Säule gleiche, niemand mehr recht zum Nutzen, aber mit mir selbst zufrieden, weil mir ja doch ab und zu ein Aben-

teuer geglückt ist. Alles in allem war es genug, wenn ich überschlage, wie wenig ich daran gewonnen habe und wieviel an dem, was ich versäumte.
Freilich, die Liebe – wie ist es, wenn man liebt? Auch nicht anders, Mädchen, nur gefährlicher, das kann ins innerste Leben treffen. Anfangs achtet man nicht sehr darauf, es heilt ja alles schnell in der Jugend, aber später, wenn man nach der Narbe fühlt, schmerzt es immer wieder ein wenig.
Ich sage das, weil ich daran denken muß, daß ich einmal so wie jetzt auf einer Brücke stand, nur daß ich damals blutjung war und eben dabei, zum erstenmal nach der unheilvollen Frucht zu tasten. Ich hatte mein Mädchen in der Stadt am Fluß entlang begleitet, hungrig und bettelarm wie an jedem anderen Abend auch, und doch glückselig über alle Welt erhoben. Beschwingt und trunken von lauter Liebe geriet ich in die Nähe einer Brücke, die niemand überschreiten durfte, ohne jenseits einen Kreuzer zu bezahlen. Und nun wollte das Mädchen über diese Brücke gehen, und ich konnte doch um nichts in der Welt verraten, daß ich keinen Kreuzer besaß. Mit jedem Schritt kam das Verhängnis unerbittlich näher, am Ende blieb mir nur die Wahl, über das Geländer zu springen oder in Schanden davonzulaufen. Lächerlich, ja, aber ich lag danach doch elend in meiner armseligen Kammer und weinte die ganze Nacht und fühlte zum erstenmal mit qualvoller Angst, wie bitter schwer es sein würde, die Niedrigkeit der Armut abzuschütteln.
Später war mir ja das Glück nicht mehr so feind, aber ich habe die Lehre nie vergessen. Ein wenig schreckhaft

bin ich geblieben, wenn es Brücken betrifft und Mädchen, die mit mir hinübergehen wollen.
Immer noch? fragt das Fräulein.
Immer wieder, sage ich.

In der Nacht schlägt das Wetter um. Lang vor Tag liege ich wach, ich horche und belausche die Dunkelheit, dieses Geisterhafte, Wehende, wie es sich in der Stube zu schaffen macht. Noch läßt sich nichts erkennen, aber es ist ein wohliges Gefühl, so in der Finsternis zu warten und zu wissen, daß der Tag kommen wird, das liebe Morgenlicht – es ganz sicher zu wissen. Sehr langsam geschieht das, sehr behutsam. Plötzlich entdecke ich das Fenster wieder, den weißen Krug an seinem Platz, und dann kräht auch schon ein Hahn, und jemand geht mit einem quietschenden Eimer über den Hof, das wird der Roßknecht sein. Er pfeift und redet mit sich selber, weil ja sonst noch niemand unterwegs ist – verschlafenes Volk überall.
Soweit ließe sich der neue Tag nicht übel an. Aber der Himmel bleibt grau verhangen, das ist kein rechtes Reisewetter, höre ich später beim Frühstück. Der Meister hat beschlossen, noch bis zum Mittag zu bleiben, er will versuchen, unser Fräulein zu malen. Gut, wenn er sich das zutraut, an mir soll es nicht liegen. Ich sehe mich indessen im Dorfe um, ob etwas Neues zu erfahren wäre.
Aber geringe Leute zeigen überall das gleiche Gesicht. Überall, wo Nelken am Fenster stehen, sitzt ein Schneider dahinter oder doch einer, der so aussieht wie ein Schneider. Allerorten sind die Schuster schweigsam und die Schmiede gesprächig, und nur unter den Krämern

hat jeder sein besonderes Wesen, was leicht zu verstehen ist, wenn man bedenkt, wieviel Weitblick und Weltläufigkeit der Handel verlangt.
Gänzlich müßig bin ich ja auch nicht. Mein erstes Geschäft ist, einen Gaul zu trösten, der beim Schmied auf der Beschlagbrücke steht und ängstlich nach seinem Hinterteil schielt. Ich erkläre ihm, warum da plötzlich Rauch und Gestank zum Himmel steigen, und daß es nur zu seinem Nutzen geschieht, aber ganz beruhigt ihn doch erst ein Würfel Zucker, den ich ihm mit der flachen Hand ins Maul schiebe.
Drei Dinge halte ich nämlich immer in meiner Rocktasche bereit: ein Zuckerstück, um Frieden zu stiften, wo die reine Vernunft nicht mehr zureicht, eine winzige Zange, um damit zu fassen, was sich mit Händen nicht greifen läßt, und ein Endchen Schnur, für den Fall, daß einmal etwas in Brüche gehen sollte.
Nachher kehre ich beim Krämer ein. Das sollte man nie versäumen, noch im entlegensten Winkel der Welt ist der Kramladen eine Fundgrube voll hilfreicher Dinge, die man zeitlebens ahnungslos entbehren mußte, wie zum Beispiel Zahntropfen oder Patentknöpfe, wahre Notnägel und Rettungsanker in der peinlichsten Verlegenheit. Man darf sich freilich nicht abschrecken lassen, wenn etwa Musik ertönt, Schellengeklingel, sobald man die Türe öffnet. Dieses melodiöse Geläute dient nur dem zart verhüllten Zweck, den Krämer rechtzeitig vor raublustigen Kunden zu warnen. Im übrigen ist er hier wie überall ein umgänglicher Mann, er läßt mich ohne Argwohn zwischen Nüssen und Rosinen umhergehen, aber im Gespräch merke ich bald, daß er längst Bescheid weiß in allem, was mich und mein Herkom-

men betrifft. Jawohl, wer immer in dem Dorf absteigt, erklärt er, und Rang und Narnen hat, zählt zu seiner Kundschaft. Unlängst wurde hier ein Falschmünzer verhaftet, an dieser Stelle legte ihm der Wachtmeister die Hand auf die Schulter, aber er verlor keinen Augenblick seine Fassung. Ich beglückwünsche Sie, sagte er nur, zu Ihrem Scharfsinn! Und eine Stunde später flüchtete er auf dem Fahrrad des Wachtmeisters, so kaltblütig war dieser Mensch!

Ein Scherz, ein Spiel des Schicksals, könnte man sagen. Aber wie wird einem, wenn plötzlich eine Herzogin mit ihrer Kutsche vor der Türe hält, wie es einmal geschah, und Handschuhe kaufen will? Sie trug natürlich Handschuhe, aus geknüpfter Seide, aber der eine war am Zeigefinger zerrissen, und darum mußte sie auf der Stelle neue haben, wie sich denken läßt. Damals hing das Ansehen der Gemeinde an einem Haar. Aber es glückte dem Krämer, die erlauchte Dame im Gespräch so lang hinzuhalten, bis die Frau des Lehrers mit ihren Brauthandschuhen durch die Hintertür gelaufen kam, und weil Gott mitunter sogar den sträflichen Hochmut gewisser Leute zum Guten wenden kann, paßten sie auch und genügten für die erste Not. Mit einem Taler wurden sie bezahlt, es ist gut, sagte die Herzogin schlicht, den Rest für die Armen!

Viele solcher Begebenheiten könnte der Krämer erzählen, auch unheimliche, wie jene von dem Taglöhner, der einen Kälberstrick kaufte, um sich damit in seiner Keusche aufzuhängen, und dann brach der Laden aus der Decke, und es regnete Gulden über ihn, aus einem alten Topf voll mit Silberstücken, aber den Strick hat er heute noch nicht bezahlt. Oder die wunderbare Geschichte von dem Landstreicher, der einen Sommer lang im Dorf umherzog, und nach seinem Tode entdeckte man, er sei ein berühmter Musiker gewesen, und die Regierung mußte zu seinem Gedächtnis eine Marmortafel anbringen lassen, am Schulhaus, obwohl er eigentlich in der Kegelbahn gestorben war.

Ja, die Kunst, sagt der Krämer schwärmerisch. Auch ihm bewege sie das Herz, die Dichtkunst sei seine Leidenschaft. So wie er hier stehe, in Schurz und Mütze, werde ich ihm nicht glauben wollen, daß er selbst nicht ganz unerfahren sei im Umgang mit den Musen, aber vor den Meistern beuge er sich immer noch.

Oh, sagt er glühenden Auges und mit einem jähen Schritt: – »Menschen, Menschen! Heuchlerische Krokodilsbrut . . .«

Ja, werfe ich abwehrend dazwischen, ich kenne das: »Küsse auf den Lippen, Schwerter im Busen!«

Dabei fällt mir ein, daß es Zeit wird, wieder meine Freunde aufzusuchen. Nur eine Kleinigkeit will ich noch kaufen, was könnte es sein? Diese Blume aus Glas vielleicht, es ist das Neueste, sagt der Krämer verständnisvoll und zeigt an seinem kahlen Kopf, wie man dieses Ding im Haar trägt. Hübsch, jawohl. Aber ich nehme dann doch lieber eine von den bunten Halsketten, nicht, weil sie mir gefällt, sondern weil sie sehr schwierig zu schließen ist, man riefe denn jemand zu Hilfe.

Wieviel Zeit braucht man eigentlich, um ein Mädchen zu malen? Übertrieben fleißig war der Meister nicht, scheint mir. Ich betrachte das Bild argwöhnisch – nicht sehr ähnlich, sage ich ohne Nachsicht. Aber eigenartig. Sah das Fräulein wirklich so verschlafen aus?

Wieso denn, sagt der Meister gereizt. Das ist doch die Kellnerin.

Bei der Abreise gibt es ein wenig Zank im Wagen. Das Fräulein erklärt plötzlich, sie habe es satt, immerfort in Dörfern herumzusitzen, nichts als Kuh und Kalb zu sehen und Erbswurst und Waschpulver in den Schaufenstern, ihr sei etwas anderes versprochen worden. Einmal doch wenigstens eine Stadt mit Läden und Lichtern des Abends, oder wofür sonst habe sie ihr Bestes in den Koffer gepackt?
Ich schlage mich gleich auf ihre Seite, einmal, weil ich mir eingestehen muß, daß ich mitunter den Mund ein wenig zu voll nehme, aber auch, weil eine Frau doch jedes Spiel so zu mischen weiß, daß ihr die letzten Trümpfe in der Hand bleiben. Es hilft nicht, wenn mir der Meister vorhält, eben die Dörfer seien das tägliche Brot eines Künstlers, der sein Leben der Arbeit gewidmet habe, nicht der Ausschweifung. Am Ende einigen wir uns doch nach dem Brauch der Weisen auf die Mitte. Der Meister erinnert sich an ein kleines Städtchen in der Nähe, an das Städtchen nicht so wohl wie an ein lobenswertes Wirtshaus, in dem er einmal Gänsebraten gegessen hat. Damals sei der Bischof zum Fest der Firmung gekommen und viel Volk mit ihm, und deshalb habe man die Suppe aus der Hand und den Braten auf dem Rücken des Vordermannes verzehren müssen. Den Bischof würden wir vielleicht nicht wieder antreffen, aber die Gänse gewiß.
Dieses Städtchen ist nun auch sonst ein ansehnlicher Ort, mit seiner Burg und den starken Türmen rund herum. Die Leute wissen das und sorgen, daß ihnen

keine Zinne von den Mauern bröckelt, aber nicht, um die Fremden abzuwehren, wie ihre Vorväter, sondern um sie hereinzulocken.
Eine Weile suchen wir nach dem gerühmten Wirtshaus, der Meister erinnert sich nur noch, daß es in einer kühlen Gasse lag und daß eine Blechmusik in der Stube spielte. Wenn also der Lärm sein Zeichen sein soll, brauchen wir nicht lang zu wählen. Offenbar wissen die Bürger auch ohne ihren Bischof Feste zu feiern. Sie haben Buden für einen Jahrmarkt vor der Kirche aufgeschlagen, jedermann ist die Gassen auf und ab mit Kind und Kegel unterwegs.
Ich habe Kinder gern um mich, Mütter mit Kindern weniger gern. Denn sie besitzen die unheimliche Gabe, selbst das holdeste Wesen augenblicklich in eine Ausgeburt von Bosheit zu verwandeln. In solchen Fällen helfe ich mir, indem ich beizeiten die Gesichtszüge eines Menschenfressers annehme. Aber dem Meister gelingt das nicht. Ehe er noch den Löffel in die Suppe tauchen kann, hat ihn schon eines von den Kleinen erklettert. Natürlich stürzt auch sofort die Mutter herbei, sie murmelt ihr Zauberwort und zerrt das Kind wieder weg, damit es zu lachen aufhört und zu schreien anfängt. Es klammert sich an den Teller und nimmt ihn mit, aber die Suppe nicht, die wird dem Meister hinter das Hemd gegossen. Jetzt ist er es, der schreit und die Arme zum Himmel wirft, denn es war eine sehr heiße Suppe. Unser Fräulein ruft nach Wasser, als ob ein Brand zu löschen wäre, aber der Meister brennt ja nicht, er siedet, und schließlich wankt er mit tropfenden Hosen zur Tür. Während er in der Sonne sitzen muß, um zu trocknen, führe ich das Fräulein auf den Markt. In meiner Kinder-

zeit gab es nichts Köstlicheres als den gewissen Tag im Frühherbst, an dem wir zwei Stunden weit durch das Tal hinaus zum Jahrmarkt zogen. Voran ging die Mutter, festen Schrittes und mit aufgesteckten Röcken, wie es ihre Art war. Hinterher gemächlicher der Vater und endlich ich, an seinen Rock geklammert, gefoltert von zu engen Schuhen und von vielerlei Sorgen unter dem Sonntagshut. Dort hielt ich nämlich zwölf Kreuzer versteckt, in das Schnupftuch geknotet und außerdem mit einer herablaufenden Schnur an meinem Finger festgebunden, damit es die Taschendiebe nicht gar zu leicht haben sollten.

Denn in diesen zwölf Kreuzern lag das eigentliche Geheimnis, Glück und Unglück für den Tag beschlossen. Was der Vater und die Mutter kaufen würden, stand ja unabänderlich fest. Mochte auch der ganze Tag darüber hingehen, zuletzt blieb es doch bei einem Pfeifenkopf und einem Kalender und dem Stück blauen Zeuges für die Mutter. Aber was aus meinen Kreuzern werden sollte, blieb mir allein überlassen, das war gänzlich ungewiß.

Ich stolperte mich fast zu Tode vor Aufregung bei dem Gedanken, daß ich in die Schießbude treten und zwölfmal hintereinander die schwierigste Scheibe treffen konnte. Da würden die Leute zusammenlaufen, seit Menschengedenken wäre so etwas nicht vorgekommen. Und der Besitzer stünde händeringend dabei und jammerte laut, ich hätte ihn an den Bettelstab gebracht. Aber eine von den Uhren würde ich ihm vielleicht zurücklassen, einen Bären, damit er doch wieder einen kleinen Handel anfangen könnte.

Oder wie, wenn ich ein Hasenpärchen kaufte, oder Tauben, die sich dann zahllos vermehrten, ach, ganz gewiß würde ich diesmal nicht wieder mein Glück verzetteln! Aber freilich, wenn der Abend kam, auf dem Heimweg besaß ich doch wieder nur eine Mundharmonika, auf der ich nicht einmal blasen mochte, weil mir so sterbensübel war, und sogar von dem, was ich an Lebkuchen und Zuckerzeug im Leibe hatte, verlor ich noch das meiste unterwegs.

Hier im Städtchen halten es die Leute in mancher Hinsicht anders. Zwar, der Mann ist immer noch am Leben, der Elefantenkitt verkauft – so genannt, weil man zerbrochenes Porzellan damit leimen kann, freilich nur in seiner Bude, zu Hause wirkt das Mittel eher wie Sprengpulver. Auch den anderen entdecke ich wieder, der geschliffene Säbel schluckt und doch kein Fett angesetzt hat, obwohl es ihm seither nicht an Nahrung gefehlt haben kann. Den Wahrsager, den Puppenspieler, aber wo ist der Krapfenbäcker geblieben? Sind wir so weit herabgekommen, daß ich dem Fräulein erst umständlich erklären muß, wie Hütchenkrapfen schmekken und wem wir sie eigentlich verdanken – dem Apostel Petrus nämlich, der, wie man weiß, überaus genäschig war? Als der Herr einmal mit seinen Jüngern bei der Mahlzeit saß, und der Koch trug eben das Gebratene auf, da focht den Petrus ein Gelüst an, in die Küche zu schleichen und nachzusehen, was etwa hinterher noch zu hoffen sei. Und so verlockend stieg ihm der Duft aus der Pfanne in die Nase, daß er es sich nicht versagen konnte, einen der Fladen herauszufischen und hinunterzuschlingen. Aber sogleich reute es ihn auch wieder, denn nun mußte der Herr bei Tische leer ausgehen, weil er immer zuletzt aus der Schüssel nahm. In der Verzweiflung fiel dem Apostel nichts Besseres ein, er tauchte geschwind sein rundes Hütchen ins Mehl und buk es schön braun heraus, hoffend, daß er dieses wunderliche Gebäck bei der Tafel unbemerkt werde an sich bringen können.

Als nun das Gericht aufgetragen wurde, lächelte der Herr und sagte: »Petrus, bist du denn so schwach im Fleische?« – »Ja, Meister«, sagte Petrus voll Reue, »aber stark im Glauben.« Und da mochte ihn der Herr doch nicht vor den anderen zuschanden kommen lassen, er segnete die Speise, und im Augenblick lagen dreizehn runde Bauernhüte in der Schüssel, nur der Gestalt nach natürlich, sonst von himmlischem Wohlgeschmack bis auf den heutigen Tag.

Aber von den Krapfen abgesehen, wissen die Bürger im Städtchen recht wohl zu leben. Sie schenken einen köstlichen Würzwein aus, und dazu braten sie kleine Würstchen auf dem Rost, die der Stadt Ehre machen, wenn man glauben will, daß sie hier erfunden wurden.

Wäre ich ein Prediger, und hätte ich meiner Gemeinde einen scharfsinnigen Beweis für das Walten der Vorsehung zu liefern, so wollte ich den Kleingläubigen vor Augen führen, wie sinnreich alles Sehens- und Schmekkenswerte über die bewohnte Erde verteilt ist, so daß jedes geringste Dorf noch etwas vorzuweisen hat, womit es sein Dasein begründen kann. Der gütige Schöpfer gab einem Auserwählten im Traume ein, wie man Lebkuchen bäckt, oder er ließ einen Baum tausend Jahre alt werden oder eine Burg, von der kein Mensch zu sagen weiß, wofür sie taugte, als sie noch nicht verfallen war. Und wo es wirklich an allem fehlt, läßt sich immer noch dem menschlichen Unverstand ein Denkmal setzen, weil

doch allerorten einmal eine Schlacht geschlagen oder sonst ein Unfug verübt worden ist.
Freilich sind dergleichen Zeugnisse mitunter schwierig zu deuten. Ich bin, was die Vergangenheit betrifft, auf eigene Einfälle angewiesen, ungefähr wie jener Mann, der von sich sagen konnte, er habe alle Jahrzahlen der Geschichte im Gedächtnis, ohne Ausnahme von der ersten bis zur letzten, nur leider nicht, was sich jeweils zugetragen habe, das sei ihm entfallen.
Aber darin liegt ja weiter keine Schwierigkeit für einen findigen Kopf. Ich vermag aus dem Stegreif ganze Zeitalter mit Ereignissen zu füllen, die nicht weniger staunenswert oder glaubwürdig sind als jene, um derentwillen man Kaiser und Päpste in den Kalender gesetzt hat. Im übrigen, weil der Mensch auf seinem Wege durch die Zeiten immer der Sonne entgegenstrebt, erkennt er, gleichsam geblendet, das Künftige nicht. Nur was hinter ihm liegt, sieht er in einem verklärenden Licht. Deshalb meinen wir in der Trübsal des Augenblicks, das Beste, was wir haben, sei das, was wir gehabt haben. Mit dieser Einsicht kann man sich bescheiden, auch bei großen Männern, bei Dichtern etwa, die einem in ihren guten Jahren lieb und teuer waren. Ich lasse sie zur passenden Zeit gestorben sein, versäume nie, ihren Jahrtag mit schuldiger Ehrerbietung zu feiern, und so kann mich weiterhin, selbst wenn sie hundert Jahre alt würden, ihre zahnlose Weisheit nicht mehr verlegen machen.
Nun will das Fräulein aber auf der Stelle wissen, was die Säule bedeute, die hier vor dem Rathaus steht. Es ist ein Mann darauf abgebildet, neben ihm ein Frauenzimmer, wahrscheinlinh auch ein Fräulein, aber ein adeliges und schon lange stumm. Dieser Mann, erkläre ich, ist ein

fahrender Ritter gewesen. Weil er seinen Helm abgenommen hat, sieht es aus, als trüge er den Kopf auf dem Arm, aber das muß man als ein Gleichnis seines Zustandes deuten, er war nämlich in heißer Liebe zu dem Fräulein entbrannt. Die Jungfrau weniger, kaum daß sie einmal aus dem Fenster lächelte, wenn der Ritter unten im Garten sang, und das war gut so. Denn damals hielt man dafür, die Liebe sei ein Beruf fürs Leben; je spröder die Dame, desto länger nährte es ihren Mann. Ein mühsames Leben übrigens, durchaus kein Honiglecken. Manchem wurde von seiner Schönen auferlegt, gegen Riesen und Ungeheuer zu kämpfen, und später, als die Drachen seltener geworden waren, mußte er sein Weniges zusammenkratzen und ins Heilige Land reiten. Das zog sich dann zuweilen in die Länge. Wenn einer obendrein Unglück hatte, wie unser Ritter, dann fingen ihn die wilden Türken und verkauften ihn in die Sklaverei.
Indessen wartete das Fräulein ein Jahr ums andere, sie wies den ersten Freier ab, der sich einfand, den zweiten auch noch, aber den dritten nicht mehr, denn es konnte leicht der letzte sein.
Als nun die Hochzeit gefeiert wurde und die Braut aus der Kirche kam, stand da ein fremder Bettler vor der Tür. Wir erraten leicht, daß es der arme Ritter war, aber sie ahnte es nicht und warf ihm einen Groschen in den Hut. Das war denn doch zu viel für den schwergeprüften Mann, oder zu wenig, wie man es nimmt, er durfte einen anderen Lohn erwarten. Jedenfalls riß er im ersten Zorn ein Messer aus dem Gürtel, nur so viel Besinnung war ihm noch geblieben, daß er zuvor das treulose Weib und dann erst sich selber erdolchte.
Das ist eine traurige Geschichte, sagt das Fräulein.

Ja, aber schon lange her. Heutzutage kommt dergleichen kaum noch vor, nicht, weil die Frauen beständiger sind, sondern weil sie ihre Liebhaber gleich zum Pfarrer schicken, statt zu den Heiden.
Um das Mädchen wieder aufzuheitern, führe ich es zu den Tuchkrämern hinüber. Dort drängt sich das Weibervolk und wühlt aufgeregt in einem wirren Haufen bunten Zeuges, als habe es nie zuvor Blaudruck gegeben oder jene furchtbare Sorte von gestreiftem Barchent, mit dem sich die Tugend gegen Anfechtungen schützt. Spitzen sind zur Schau gestellt, Bänder und Borten und Schachteln voll mit Knöpfen – gibt es wohl einen Unrat in der Welt, aus dem man keine Knöpfe machen kann? Dabei ist alles sündhaft teuer, klagen die Frauen. Aber sie klagen nur zum Schein. In Wahrheit geben sie sich alle einer heimlichen Leidenschaft hin, der Lust, so lang zu maulen und zu feilschen, bis sie endlich ein nutzloses Ding fast ebenso billig erstehen können wie im nächsten Laden.
Bisweilen wird ein kleiner Zank ausgetragen, ein blitzschnelles Gefecht, es zischelt gefährlich, es funkelt aus bösen Augen, und worum dreht sich der Handel? Ach, um nichts, um eine Gürtelschnalle, zwei von den Frauen haben sie gleichzeitig entdeckt. Die beiden könnten zwar ein Dutzend solcher Schnallen unter sich teilen, aber diese einzige nicht. So kämpfen sie ja auch um einen Mann, als ob es nur diesen gäbe und nicht fünf Erdteile voll davon, keiner besser als der andere.
Mich zieht es zu den Trödlern hinüber, die in einer stilleren Seitengasse hausen. Immer schon war es meine Freude, und etwas von der Leidenschaft des Schatzgrabens drängte mich, bei den Trödlern herumzustöbern.

Diese Leute sind alle ein bißchen wunderlich, das kommt daher, daß sie unter lauter Dingen leben, die im Umgang mit Menschen eine seltsame Beseelung gewonnen haben, es sind fühlende Dinge sozusagen. Sie gingen durch viele Hände, aber die letzte war immer eine treulose Hand gewesen, und darum liegen sie jetzt da und erdulden das bittere Schicksal derer, die im Dienen alt und unnütz wurden.
Meine Stube ist voll von solchem Kram, ich wüßte nicht genau zu sagen, warum ich ihn so zärtlich liebe und immer wieder einmal betrachte. Am längsten besitze ich einen Krippenesel aus Birnholz, den Inbegriff des eselhaften Grübelns über Dingen, die doch nicht zu ergrübeln sind. Daneben liegt ein apfelgroßer Totenkopf, kunstvoll geschnitzt und mir sehr wert, weil er das einzige Stück auf meinem Schreibtisch ist, das niemals abgestaubt wird, ein verläßlicher Wächter über jedem beschriebenen Blatt Papier, das so liegenbleiben soll, wie ich es hingelegt habe. Aber dann ein winziges Buch aus Blech, auf dessen silberne Seiten jemand einen bestimmten Tag einschreiben ließ und dazu, daß es sein glücklichster Tag gewesen sei, und so viel dergleichen, auch ein Riechfläschchen, zierlich geschliffen – kaum zu glauben, daß dieses sanfte Düftchen einmal hinreichte, Tote aufzuwecken, meine gröbere Natur bringt es kaum noch zum Niesen.
Das Fräulein sieht mich lange überlegen, ob ich ein riesiges Schwert erhandeln könnte, das der Trödler in einem Schirmständer lehnen hat. Es ist ja wahr, daß es schwierig sein würde, die Wachleute unterwegs zu beruhigen. Aber zu Hause würde ich das Schwert an die Wand hängen und immer vor Augen haben, und nie

wieder fände man ein schäbiges Wort in meinen Büchern, sondern nur noch edle und erhabene Gedanken.

Ich nehme es wägend in die Hand, ein Glück für meine Feinde, daß wir spät geboren sind und einem zahmeren Geschlecht angehören. Der diese Klinge führte, muß an harte Köpfe geraten sein. Er hat Scharten in die Schneide gehauen, und die Blutrinne des Blattes ist vom Rost angefressen, als sei dem Raufbold nicht einmal immer Zeit geblieben, es nach der Arbeit wieder sauber abzuwischen.

Als ich, der Jüngling, im Felde stand, erhitzte es mich sehr, daß mein Säbel auch eine Blutrinne hatte. Der Himmel fügte es dann freilich zum Guten und versagte mir den Lorbeer des Helden, aber eine schwärmerische Neigung für altes Kriegsgerät ist mir geblieben. War es nicht doch eine andere Zeit, als der Mannesmut sich noch an ein ehrbares Werkzeug hielt?

Jene Zeit hat Dinge hervorgebracht, denen eine magische Macht der Versuchung innewohnt. Spieldosen zum Beispiel kann ich nicht in den Fingern halten ohne Not, sie rechtzeitig wieder loszulassen, und vollends bei alten Karten merke ich oft mit Traumesängsten, wie fadenscheinig mein Gewissen eigentlich ist, obwohl ich es doch zeitlebens sehr geschont habe.

Unter einem Haufen unnützer Bücher finden sich etliche solcher Blätter, ich entfalte eines und versuche, es meiner Begleiterin auszudeuten. Schon das Papier fühlt sich gut an, wie etwas Gewachsenes, wie weiche, ein wenig narbige Haut. Es hat Risse und Flecken, jemand stellte ein Weinglas darauf, dieser Mensch trank Rotwein zu seinen Sorgen, und daneben schrieb er ein paar Worte an den Rand, »Gottlob«, steht da zu lesen, und »drey Täg«, vielleicht plagte ihn das Heimweh in der fremden Herberge.

Auch den Holzschneider muß man loben, er hat seine Arbeit mit Sorgfalt getan. Wald und Hügel hat er nicht vergessen, jedes Städtchen schmückte er mit einer Burg, alles sauber ausgestochen, aber doch wieder nicht zu genau, es kam ihm wenig darauf an, einmal einen Bach krumm laufen zu lassen, wenn er anders den Namen des Dorfes nicht hübsch genug unterbringen konnte. Nachher hat der Meister das Blatt mit Farben ausgeziert, blaues Wassergeäder, das Buschwerk tröstlich grün, behutsamer Pinsel fügte alles Zufällige zu einem schönen Ganzen zusammen, und die Gesellen haben es fleißig nachgemalt. Der Meister lief nicht mit Meßband und Rechentafel landauf und -ab, wozu auch. Reisende Kaufleute mochten seine Kundschaft sein, denen es genug war, wenn ihren Saumtieren nur ungefähr der Weg gewiesen wurde, durch Pässe und Täler und von einem Nachtlager zum anderen. Oder raufflustige Herren, die mit ihren Kriegshaufen unterwegs waren und es auch nicht weiter übelnahmen, wenn sie einmal aneinander vorbeiliefen, wo sie sich der Karte nach hätten treffen müssen. Es gab ja eine Zeit, in der sogar der Krieg kein eiliges Geschäft war. Heutzutage freilich genügen uns Schritt und Elle nicht mehr, um den Erdkreis einzuteilen. Wir brauchen ein genaueres Maß. Aber Recht und Unrecht läßt sich immer noch nicht mit Metern messen, Glück und Jammer zwischen den Menschen.

Mit der Weile ist es Zeit geworden, daß wir uns wieder nach dem Meister umsehen. Im Vorbeigehen entdecke ich aber noch einen Laden, der gar keine Kundschaft hat, weil es da nur Pinsel zu kaufen gibt, nichts als Pinsel in allen Sorten. Das rührt mich sogleich, ich sehe diesen vergrämten Mann, wie er jeden Morgen seine Ware ausbreitet, voll Hoffnung, daß endlich jemand kommen werde, der etwas zu übertünchen hat in dieser verlotterten Welt. Aber nein, es wird wieder Abend, und wenn er gute Werke feilböte, könnte sein Handel auch nicht schlechter bestellt sein.

Diesem Verzagten muß geholfen werden. Ich suche den größten Marderpinsel aus dem Fach – was soll der kosten?

Der ist zu teuer, sagte der Mann.

Was heißt das? Hören Sie, sage ich, finster auf mein Schwert gestützt, wenn ich will, kaufe ich so viele Pinsel, daß tausend Maler tausend Jahre lang damit malen können!

Aber der Alte schüttelt nur den Kopf. Das ist lauter Prahlerei und Hochmut. Tausend Jahre, murmelt er verächtlich, tausend Maler! Und ich bin so betroffen, daß ich mir wirklich auch den einen Pinsel wieder aus der Hand nehmen lasse.

Wahr ist es ja, denke ich im Weitergehen. Ich sollte nie vergessen, woher ich komme und wer ich eigentlich bin, und daß die Zeiten noch nicht lange vorüber sind, in denen Leute meines Handwerks für unehrlich galten, weil sie doch nie einen Groschen in der Tasche hatten, der so redlich verdient war, daß sie ihn ungescheut auf den Tisch werfen konnten. Vielleicht schickt uns Gott auf den Bettel, damit, was er uns eingibt, nicht auf den gemeinen Markt geriete. Aber wir sind unter die Händler gegangen, niemand glaubt uns mehr, und unser Wort hat die Kraft des Tröstens verloren, seit wir uns wie Narren selber krönen, statt den bescheidenen Kranz von Laub zu tragen.

Den Meister finden wir leicht. Er sitzt vor dem Stadttor und malt und hat viel Zulauf von müßigen Leuten. Wir drängen uns heimlich in die Reihe, es ist für unsereinen immer einmal nützlich zu hören, was das Volk redet. Ein Mann, der Brezen von der Stange verkauft, macht uns bereitwillig Platz, noch im Weggehen schüttelt er den Kopf. Auch ein schweres Brot, sagt er bekümmert. Im stillen dankt er dem Himmel dafür, daß ihm ein leichteres Los beschieden ist.
Aber so gutherzig denken nicht alle. Etliche halten im ganzen nicht viel von der Malerei. Zeit müßte man haben, erklären sie, das sei alles, sofern ein ernsthafter Mensch überhaupt die Geduld aufbrächte. Wieder andere nehmen die Sache genauer, sie sehen streng darauf, daß der Meister sich keine Nachlässigkeit erlaubt. Deshalb gerät ein buckeliger Zuschauer außer sich, nachdem er entdeckt hat, daß an dem grünen Haus auf der rechten Seite ein Fenster fehlt. Er bittet seine Nachbarn, ihrerseits nachzuzählen, hinter diesem fehlenden Fenster wohnt er nämlich seit Jahr und Tag, und nun wird sein Dasein einfach geleugnet, das kann ihm doch nicht einerlei sein.
Was uns aber alle erregt, ist ein leerer Fleck, den der Meister auf seinem Blatt ausgespart hat. In Wirklichkeit steht dort ein Gaul vor einem Bauernkarren. Um ihn herum ist alles so gut wie vollendet, aber der Meister findet immer noch etwas auszubessern, sogar dem Buckligen macht er die Freude und flickt sein Fenster noch

in die Reihe, und nur um dieses Geisterroß will er sich durchaus nicht kümmern.
Und dann geschieht das, was längst zu fürchten war, der Kutscher kommt aus der Schenke, er klettert auf den Wagen und fährt davon. Hinter dem Roß wird eine Bank sichtbar, und die malt der Meister jetzt mit ein paar schnellen Strichen, als traute er ihr zu, daß sie ihm auch noch entlaufen könnte.
Aber was ist eine Bank gegen ein Pferd! Die meisten Leute gehen enttäuscht davon, murrend und voller Zweifel, ob der Meister überhaupt fähig ist, etwas Schwierigeres zu malen. Hausbänke zur Not, oder ein Fenster, aber ein Roß?
Nun muß ich dem Fräulein doch sagen, wie sehr ich den Meister trotz allem bewundere, seinen Mut, so unbeirrt der Arbeit nachzugehen. Mir ist das nicht gegeben, ich muß die Einsamkeit aufsuchen, die Stille. Ich kann nichts erfinden, solang etwas Faßbares um mich ist, nichts Rührendes schildern, etwa das Geläute der Herdenglocken, wenn ich sie wirklich höre. Das ärgert mich nur. Und darum würde keine Kuh in meinem Dorf es wagen, mit ihrer Schelle zu läuten, während sie an meinem Fenster vorübergeht. Sie könnte es auch gar nicht, weil die Buben längst wissen, daß es sich lohnt, Kuhglocken in meiner Nähe mit Gras auszustopfen.
Freilich lebe ich nicht immer so einsiedlerisch. Manchmal drängt es auch mich, meine Federn zu spreizen, und dann reise ich meilenweit über Land und schlage irgendwo die Jahrmarktbude meiner Eitelkeit auf.
Das Fräulein kennt mich ja auch von dieser Seite. Erinnert sich die Freundin noch an einen Abend auf dem Bahnhof, und wie sie schließlich zögernd auf mich

zutrat, mit todernstem Gesicht, weil sie vorher schon so viele Leute vergeblich angelächelt hatte? Jetzt leugnet sie es, aber damals war sie bitter enttäuscht, infolge der Unsitte, daß man nur beleibte Dichter in Erz gießt und als Muster auf die Plätze stellt.

Nachher, um mich auf das Schlimmste vorzubereiten, entwarf sie unterwegs ein düsteres Bild des kommenden Abends. Und wie kläglich war mir insgeheim zumut, wieviel lieber hätte ich mit ihr den Zauberkünstler besucht, der auch zugezogen war, oder den Tanz im Stadtsaal!

Soll ich noch mehr verraten? Eingestehen, daß ich, kaum allein gelassen, zum Vorhang schlich, um die spärlichen Reihen der Gäste zu mustern, weit ängstlicher als David seinen Riesen Goliath, denn der hatte doch wenigstens einen Stein in der Tasche, nicht nur eine Handvoll Papier.

Die Freundin saß auch unten im Saal, nun schon weniger verzagt. Sie ahnte ja nicht, wie eifrig inzwischen das Verhängnis an der Arbeit war, Lampenschnüre als Fußangeln auszubreiten und die Kübelpflanze auf den Tisch zu stellen, jenes mannshohe Gesträuch, aus dem ich nachher unsichtbar sprechen mußte, wie der biblische Gott aus dem Dornbusch. Auch die Wasserflasche vergaß das Saalgespenst nicht – wer eigentlich mag zuerst auf den Gedanken geraten sein, Lampenfieber sei mit lauwarmem Wasser zu heilen? Man kann nicht davon trinken, ohne zugleich ein überaus peinliches, kollerndes Geräusch mit hinunter zu würgen.

Ach, meine heimlich Verbündete, wußte sie, wie sehr mich ihr Lächeln stärkte, als ich zur Begrüßung in die erste Reihe gesetzt wurde, gequält von der düsteren

Ahnung, daß nun gleich der Deutschlehrer aufstehen werde, um mit wohlgezielten Worten alle Professoren zu rächen, die ich in sorgloser Jugend mit dem Anspruch geärgert hatte, keine Grammatik lernen zu müssen, weil ich Dichter werden wollte? Es blieb mir nichts erspart. Er ging so weit, mich mit der Behauptung bloßzustellen, ich sei mit dem Boden verwachsen, mehr noch, ich röche nach Erde. Welche Wohltat, als er endlich schweigen und den Spielleuten Platz machen mußte.

Musik hilft immer. Sollte es mir bestimmt sein, einen Menschen töten zu müssen, er wäre gerettet, wenn er nur sänge oder pfiffe. Da spielten die vier Männer, und mir war so wohl in dem kirchenstillen Saal. Alle Ängste schmolzen weg, ich vergaß, weswegen ich eigentlich gekommen war, und konnte am Ende gar nicht verstehen, warum ich plötzlich aufgescheucht und selber auf die Bühne gewiesen wurde.

Und dann hob das alte, oft geübte Spiel wieder an. Aber ich war nicht gelassen, wie die Freundin meint, nicht heiter meinen Hörern zugeneigt. Sie selbst kam mir aus den Augen, ich sah keine Menschen mehr vor mir, nur ein einziges, vieläugiges, unruhiges Wesen, das ich jetzt mit lauter Stimme ansprechen mußte. Aber die Worte wollten sich ja nicht formen lassen, sie klangen plötzlich so erschreckend schal und nackt, während ich ihnen ängstlich nachhorchte, und alle zergingen ohne den leisesten Widerhall. Ich merkte bestürzt, daß mir immer mehr mißlang. Meine Hände waren zu leichtfertig, ein Laut geriet zu heftig, eine Pause zu kurz, es ließ sich nichts mehr retten. Insgeheim rief ich alle Heiligen an, sie möchten mir doch ein gelindes Erdbeben zu Hilfe schicken, oder eine Ohnmacht, ich wollte den Kopf in

den Arm legen und glückselig tot sein und nie wieder den Mund auftun.
Aber dann geschah es, daß unversehens ein Funke zündete. War es die Freundin, die zuerst diesen köstlichen Laut der Freude aus ihrer Kehle schlüpfen ließ? Von nun an war alles gut, ich spürte beglückt, wie das widerstrebende Wesen vor mir erwachte und näher rückte und zutraulich wurde. Jetzt war es doch wieder, als spräche ich zu einem einzelnen Menschen, den ich im Herzen bewegen und heiter oder trübe stimmen konnte.
So geht das zu. Und hinterher? Nachher war ich müde, ein wenig beschämt und traurig, ja, traurig auch. Es wäre schön gewesen, bei einem würdigen Glas Wein zu sitzen, allein mit einem verträglichen Mädchen, das sich hätte erklären lassen, warum ich traurig sein mußte. Denn es war doch alles nur Trug und Gaukelei gewesen, das Wort, das einfache Wort, vor dem alle Mauern fielen und alle Tore aufsprängen, war wieder ungesagt geblieben. Und es wäre doch überall abzulesen, Gott hat es mit seinem gewaltigen Finger an den Himmel und über die Erde hin geschrieben, aber in welcher Sprache redet Gott?
Im Grunde ist es ja lächerlich: Jeder möchte die Welt verbessern und jeder könnte es auch, wenn er nur bei sich selber anfangen wollte.

Wir finden kein passendes Obdach in der Stadt, spät am Abend ziehen wir weiter. Mir macht es nichts aus, ich fahre gern in der Dunkelheit. Auch daheim bin ich oft des Nachts unterwegs, aber behutsamer, um nirgends ein Wesen aus dem Traum zu wecken. Beiläufig gesagt, ich habe noch nie einen Vogel aufgescheucht, weiß

Gott, wie das zugeht. Untertags wimmelt es von Meisen und Spatzen, und wenn es dämmert, sind alle verschwunden. Jedenfalls irrt die Wissenschaft, wenn sie behauptet, daß die Vögel abends in die Hecken kröchen, dort gibt es nur Spinnen und schlafloses Gewürm. Ich bin unter viele Zäune geschloffen und brach mir fast den Hals, weil ich sie in der Dachrinne überraschen wollte, aber vergeblich. Vielleicht hängen sie überhaupt nur hoch in der Luft, jedes an einem Engelshaar, wie die Taube in der Kirche.

Alles, was schläft, scheut den Menschen und seinen friedlosen Blick, so muß es wohl sein. Auch die Bäume an der Straße sehen so wunderlich aus im Schein der Wagenlichter, als hätten sie sich nur hastig hingestellt und eben noch das Nötigste an Laub zusammengerafft. Auf einer Höhe halte ich an. Ich will ein wenig Holz zusammensuchen und ein Feuer anzünden, weil es nichts Behaglicheres gibt, als in der Dunkelheit vor einer Flamme zu sitzen. Die Funken steigen aus der Glut, die Nacht tritt nah heran und schaut einem mit schwarzen Augen über die Schulter. Etwas rauscht in der Luft, etwas knackt im Gehölz, aber das ist nicht unheimlich, solang das Feuer brennt.

Jetzt steigt der Mond herauf und segelt eilig durch das schäumende Gewölk. Wie fern mag er eigentlich sein, fragt das Fräulein, wie weit von uns?

Nicht allzu weit. Wenn einer auf Kindesbeinen zu laufen anfinge und immer gemächlich fort, so könnte er wohl sein graues Haupt dort oben zur Ruhe legen. Er hätte seine Zeit nicht schlechter angewendet als seine Brüder auf der Erde, die auch denselben weiten Weg laufen, bis

sie endlich gefunden haben, was sie gar nicht suchen wollten, nämlich ihr Grab.
Darauf weiß das Fräulein nichts mehr zu erwidern. Wir bleiben lange stumm, der warme Atem des Feuers weht uns an. Ich habe meine Knie unter das Kinn gezogen, wie ich es gern tue, wenn mir wohl ist, und nun möchte ich auch noch die Hände falten und einmal von Herzen fromm und dankbar sein, ich weiß nicht, wem und wofür. Fur diesen Tag und das Glück zu leben, auch dafür, daß es so tröstliche Dinge überhaupt noch gibt, immer noch Wald und blühendes Kraut und den lieben Mond am Himmel, so hoch aufgehängt, daß ihn kein Mensch dem andern zum Trotz herunterschießen kann. Wenn ich alles überschlage, was ich bisher im Leben erfahren habe, so weiß ich von keiner anderen Möglichkeit, wahrhaft glücklich zu sein, als von dieser: Nur mich selbst zu fühlen, wie ein Baum sich fühlen mag, einfach da zu sein. Geriete ich, was Gott verhüten wird, in den Geruch der Weisheit, und es käme der König zu mir, oder sonst einer, der vom Giftbecher der Macht oder des Ruhmes getrunken hat, und er fragte mich, was er tun müßte, um gesund zu werden, ich hätte ihm nichts zu raten, als daß er dann und wann einmal von seinem Thronsessel heruntersteigen und auf einem Feldstein sitzen möge, um an den Dingen, die da sind, wieder abzulesen, was er selber ist.
Freilich, die klugen Räte würden auch kommen und sagen, das sei eine Lehre für Schäfer und Kohlenbrenner und nicht einmal denen neu. Wofür hätten die Erleuchteten tausend Jahre lang über tausend Büchern gesessen? Könne man leugnen, daß die Menschen wunderbar weit gekommen seien mit ihren Kniffen und Pfif-

fen? Daß sie neuerdings sogar dem lieben Gott selber die Zuchtrute aus der Hand gewunden hätten, um, überdrüssig seiner liebenden Geduld, furchtbarer gegeneinander Gericht zu halten, als der Herr es je im Zorn vermöchte.

Ja, das mag so sein. Aber ich habe noch eine Weisheit zu vergeben. Die Welt wird nicht von dem bewegt, was der Mensch erfindet, sondern durch das, was ihm ewig verborgen bleibt.

Allein, es kommt ja gar kein König und Machthaber zu mir auf den Hügel. Die meisten schlafen des Nachts, zum Besten ihrer Untertanen. Viel eher, meint der Meister, würden wir das ganze Raubgesindel in der Gegend mit unserem Feuer anlocken.

Er ist ein wenig ängstlich von Natur, nicht aus Feigheit, wie er sagt, sondern wegen der vielen bösen Zufälle, die den Menschen in seiner Sorglosigkeit immerfort bedrohen. Führt nicht jeder leichtsinnig die Gabel zum Munde, ohne dagegen zu blasen, und könnte doch eine Wespe schlucken, die ihn sozusagen von innen erdolchte und elend ersticken ließe? Ist es übertriebene Vorsicht, wenn sich der Meister niemals in die Badewanne legt, ohne eine Weckuhr bereitzustellen, die ihn zu gemessener Zeit daran erinnert, daß so mancher Waghals in allen Weltmeeren schwamm und dann doch im Waschzuber einschlief und jämmerlich ertrank? Alles Unheil kommt auf leisen Sohlen. Wer weiß, wie viele Mordbuben in den finsteren Gründen hinter uns lauern mögen, halb verhungert schon, weil seit Jahr und Tag nichts mehr vorüberkam, was sich mit der Hand fangen ließ!

Vor Jahren einmal, erzählt der Meister, mußte er in

einer einsamen Gegend malen, und obwohl er nichts versäumte, was ein vernünftiger Mensch in solchen Fällen vorzusehen pflegt, geriet er doch in ein fürchterliches Abenteuer, und dabei wüßte er heute noch nicht, wodurch er damals ums Leben gekommen wäre, wenn er hätte sterben müssen.

Auf dem Heimweg nämlich, als es schon dunkelte, ging er durch einen Wald. Er dachte noch, daß es ja nur ein kleines Wäldchen sei und gleich dahinter die Straße, aber seltsam, das zog und zog sich hin, und wie er sich wenden mochte, es war da immer nur wieder Wald, längst kein Weg mehr und nur noch Sumpf und Gestrüpp in der Finsternis. Nach einer Weile war ihm, als sähe er einen Lichtschein zwischen den Stämmen. Er ging darauf zu und fand auch wirklich ein helles Feuer auf einer Blöße zwischen schütterem Gehölz. Ein Kessel hing, an einem Draht darüber, aber kein Mensch war zu sehen, alles still und verlassen.

Sonderbar, dachte der Meister und beschloß, ein wenig zu warten. Es mußten ja nicht unbedingt die vierzig Räuber sein, die hier im Quartier lagen und ihre Suppe kochten. Weil nun das Feuer allmählich niederbrannte, und damit es doch nicht ganz dunkel würde, griff er nach einem Ast, um ihn auf die Glut zu werfen.

Aber er ließ ihn gleich wieder fallen, denn in diesem Augenblick schrie jemand im Wald. Es war ein hoher, kreischender Schrei, der langsam erstarb, wie abgewürgt, wie von einer Hand erstickt.

Was war das? dachte der Meister und fiel beinahe vornüber in die Asche vor Schreck. Fürs erste geriet ihm alles in seinem Kopf durcheinander, aber dann faßte er sich wieder. Nimm dich zusammen, dachte er. Du hast

dich verirrt, und da findest du jemand, der sein Essen am Feuer kocht, und den wirst du nach dem Weg fragen, das ist doch ganz einfach. Mag da schreien, wer will, laß das seine Sache sein und menge dich nicht in fremde Händel.
Während der Meister nun so unschlüssig saß und sein klopfendes Herz hinunterdrückte, um besser zu hören, falls ein neuer Schrecken ankäme, merkte er plötzlich, spürte es mit eiseskalter Gewißheit, daß jemand hinter ihm stand.
Er sah ihn natürlich nicht und sah doch bis ins Kleinste genau, als hätten sich seine Augen inwendig im Kopf herumgedreht: Da stand ein Mann, ein wenig vornübergebeugt, ein riesiger Mensch mit einem fahlen Gesicht, und vor sich in beiden Händen hielt er eine Axt. Mit einem bösen Lächeln hob er sie langsam über sich, vorsichtig, lautlos, und nahm das Maß für einen furchtbaren Hieb, ja, aber doch um eine Sekunde zu spät!
In dieser winzigen Sekunde zeigte es sich, daß ein Mann selbst das leibhaftige Unheil abzuwehren vermag, wenn er nur das Herz hat, es durch völlige Kaltblütigkeit zu verblüffen.
Was also tat der Meister? Sprang er auf und zugleich dem Tod in die Arme? Oder warf er sich auf die Knie und flehte um Schonung? Nichts von dem. Sondern wie er da saß, griff er nach dem Malzeug neben sich, stand auf und ging. Rannte nicht etwa kopflos davon, sondern flüchtete sozusagen im Schritt, mit einer unmenschlichen Anstrengung geradeaus fort, ohne sich auch nur umzudrehen, und damit brachte er den Unhold hinter sich derart aus der Fassung, daß ihm sogar ein Fluch der Enttäuschung im Hals steckenblieb.

Gut, und was weiter?
Nichts weiter. Der Meister mußte nur noch über einen Graben springen, gleich dahinter war die Straße.
Ja, aber dieser Schrei? Wer schrie denn vorher im Wald?
Weiß ich nicht, sagte der Meister angewidert. Ich bin dann heimgegangen.

In dieser Nacht sind wir noch lange unterwegs und können kein Unterkommen finden. Das Gras auf den Feldern trieft vom Tau, alle Heuhütten stehen leer, und auf den Höfen sind nur noch die Hunde wach, ich rede nicht gern im Dunkeln mit fremden Hunden. Merkwürdig, wie unwirtlich unser Zeitalter eigentlich ist, wie schnell ein Mensch in die hilfloseste Armut zurücksinkt, wenn er sich nur für eine Weile aus dem Gewirr von Drähten löst und die Bühne verläßt, auf der er sonst sein Puppenschicksal spielt.
Im Morgengrauen halten wir müde und hungrig am Ufer eines Sees, und hier ist meine Geduld zu Ende. Lächerlich, daß mein Scharfsinn nicht ausreichen sollte, wenigstens einen Fisch für das Frühstück aus diesem Wasser zu holen! Was ich dazu brauche, ist leicht zu beschaffen. Eine Weidenrute zunächst, dann ein Stück Zwirn, es tragen ja alle Frauen einen Fadenknäuel bei sich, seit eine von ihnen ihr Glück damit machte.
Der Meister sieht mit Staunen zu, wie ich eine blaue Glaskugel an das Fadenende knüpfe, er weiß ja nicht, daß ich ein Dutzend solcher Kugeln aus meiner Hosentasche zaubern könnte. Weit schwieriger ist es, unserem Mädchen die goldene Nadel abzugewinnen, mit der es seinen Busen bewehrt hat. Und dann fehlt immer noch das Wichtigste, der Köder an der Angel. Denn selbst der

dümmste Fisch ist nicht so dumm, daß er an einer blanken Busennadel hängenbliebe.
In jungen Jahren machte es mir wenig aus, einen Wurm auf den Haken zu fädeln, aber inzwischen bin ich weicher geworden. Voll Erbarmen beugen wir uns über das zuckende Wesen in meiner hohlen Hand. Möglich, daß es genügt, den Wurrn mit Zwirn an der Angel festzubinden, wie das Fräulein vorschlägt, kunstgerecht ist es jedenfalls nicht.
Der Meister läuft erregt am Ufer auf und ab, er schwingt unseren großen Schraubenschlüssel in der Hand, für den Fall, daß ich einen sehr großen Fisch fangen würde, der sich vielleicht nicht ohne Handgemenge überwältigen ließe. Im übrigen ist er voll Zuversicht, weil ich ihm erzählt habe, ich hätte früher einmal Fische zu Dutzenden mit der bloßen Hand gefangen. Allerdings war ich damals noch klein und behend und konnte deshalb leicht in den Radkasten der Sägemühle schlüpfen, wo die Forellen ein beschauliches Dasein führten. Aber gleichviel, die Hauptsache beim Fischen ist, daß man eine glückliche Hand hat und nicht etwa den Ehrgeiz, es den Meistern gleichzutun, die hier wie anderwärts unter allen Möglichkeiten eigensinnig die schwierigste wählen und deshalb auch einen Fisch, den sie nur aus dem Bach zu schöpfen brauchten, so lange ärgern, bis er halb irrsinnig vor Zorn und Überdruß bereit ist, sogar ein Stück Blech zu fressen, oder ein Büschel Federn.
Diesmal freilich läßt das Glück länger auf sich warten. Vielleicht liegt es daran, daß ich die Rute nicht ruhig halten kann, ich friere erbärmlich in der Morgenkühle.

Und nun kommt auch noch der Meister ungeduldig herbeigetappt und klopft mir auf die Schulter.
Ich winke ärgerlich hinter mich, um die Störung abzuwehren, aber es ist gar nicht der Meister, sondern ein Mann in Uniform. Dieser Mensch verwickelt mich sogleich in ein hinterhältiges Gespräch. Er will wissen, was diese Schnur im Wasser bedeute, und ob ich etwa vor hätte, Fische zu stehlen.
Ein grobes Wort. Mein Plan war vorerst, einen Fisch zu fangen, alles weitere lag ja bei Gott, aber das ist dem Mann zu schwierig. Nichts als Ausflüchte, behauptet er, zwecklose Redensarten, ich hielte ja den Tatbeweis noch selber in der Hand, das nämlich, was er aus Abscheu nur lateinisch umschreiben kann, als corpus delicti.
Mir ist das alles nicht einerlei. Zeitlebens habe ich mich bemüht, nur solche Missetaten zu verüben, die in keinem Gesetzbuch verzeichnet stehen, ich fange eben an, in Ehren grau zu werden, und nun bin ich doch zu Fall gekommen. Bisher konnte ich mich selber für eine ehrliche Haut halten, und die meisten Leute glaubten es mir auch unbesehen. Aber dieser Mann will meine Redlichkeit bewiesen haben, und nun zeigt sich, daß mein ganzes Dasein auf Lug und Trug gebaut ist. Er betrachtet das Bild in meinem Paß und betrachtet mich voll Mißtrauen, denn er sieht natürlich sofort, daß dieses Papier gefälscht ist. Meine Augen sind gar nicht blau, wie da geschrieben steht, sondern ich kann sie nach Belieben grün färben, oder rehbraun, wenn das von Vorteil ist, und daß ich kein besonderes Kennzeichen an mir hätte, ist vollends gelogen. Ich bin unter Tausenden durch ein Muttermal herauszufinden, aber das verschwieg ich damals dem Beamten, weil es an einer Stelle

sitzt, die ich aus falscher Scham nicht näher beschreiben mochte.
Um dem Meister ist es auch nicht besser bestellt, ihm ist vom Gesicht zu lesen, daß er überhaupt nichts Geschriebenes besitzt, nur Rechnungen für Bier und etliche Zahnstocher in seinen Taschen. Dafür hat er eine Mappe herbeigeschleppt und fängt an, seine Bilder im Sand auszubreiten, als ob das Gesetz durch Kunst zu bestechen wäre. Hier eine Mühle und hier ein Wirtshaus mit einem Pferd vor der Tür, aber das Pferd fehlt, es konnte nicht so lange warten – lassen Sie das, sagt die Uniform ungerührt.
Sie denkt nach. Irgendwo zwischen den vielen blanken Knöpfen denkt etwas, wägt Recht und Unrecht gegeneinander ab, und alles, was der Uniform einfällt, schreibt sie umständlich in ein kleines Buch.
Das währt lange. Indessen stehen wir schweigend am Ufer, und es ist totenstill in der Stunde des Gerichts. Nur das Schilf zischelt gehässig hinter uns, dann und wann gluckst der See, als habe er sich vor Aufregung verschluckt, und wahrscheinlich sind längst alle Fische herbeigeschwommen, um zuzusehen, wie dem Mörder Mensch endlich das Urteil gesprochen wird.
Der Mörder bin ich, aber die Gerechtigkeit schließt auch meine Spießgesellen nicht aus, und manchmal verharrt ihr sinnendes Auge lang auf dem unverwahrten Busen des Mädchens. Vieles geht mir durch den Kopf. Vielleicht sucht man mich seit Jahr und Tag wegen einer Untat, die ich selber längst begraben glaubte, vielleicht auch habe ich überhaupt zu sorglos gelebt und die Kunst des Bürgers verachtet, zur richtigen Zeit das Falsche zu tun und zu warten, bis das Verkehrte wieder

richtig ist. So vieles in der Welt ist anders geworden. Nicht genug, daß die Gerechtigkeit blind ist, wie von jeher, in neuerer Zeit hat sie sich auch noch beschwätzen lassen, ihr Schwert gegen ein Schießgewehr zu vertauschen, und seither laufen die Leute wie Hasen durcheinander, weil niemand weiß, nach wem sie zielt.
Plötzlich fahre ich aus meinen Gedanken, denn es knallt ein Schuß. Aber ich bin nicht getroffen, die Uniform hat nur das Buch zugeklappt. Sie steckt es schweigend wieder zwischen die Knöpfe, dann hebt sie die Hand an den Mützenschirm, löst wieder einen Schuß, diesmal aus den Stiefelschäften, und geht davon.
Was nun? Das Weitere, sagte die Uniform bedeutsam – wir würden es hören. Welch eine Drohung in diesen Worten! Uns Männer trifft es weniger hart, aber das Mädchen? Soll dieses unschuldige Wesen nun des Nachts schlaflos liegen und jeden Morgen angstvoll darauf warten, daß mit hartem Finger an die Tür geklopft wird?
Ich löse mit zitternden Fingern den Knoten an der Angelschnur und biege die Nadel wieder zurecht, aber sie schließt nicht mehr gut, an diesem Morgen mißrät mir alles.
Schadet nichts, vielleicht ist es ohnehin kleidsamer, gar keine Nadel zu tragen. Ein hübscher Mann, sagt das Fräulein nachdenklich. So verwegen sah er aus, fügt sie hinzu, so jung . . .

Dürfen wir einander noch trauen? Lange Zeit fahren wir schweigend über Land. Ich tröste mich rasch, aber der Meister ist völlig verstört, nichts will ihm zusagen, kein Dorf, kein friedlicher Weiler, nur weiter, bis ans Ende

der Welt. Manchmal murrt es heftig in seinem Leibe, und dann schaut er ängstlich um sich – nein, es war nichts, kein Verfolger, er selber hat geknurrt.
Später am Tage zieht ein Gewitter auf. Ich danke dem Himmel dafür, denn nun wird der Meister doch Bedenken haben, im Wagen zu bleiben, als ein gefundenes Fressen selbst für den unerfahrensten Blitz. Aber er ist entschlossen, auch vor dieser neuen Heimsuchung zu flüchten, nur die Brille nimmt er von der Nase, weil ja vergoldete Spitzen, wie jedes Kind weiß, als Blitzableiter wirken.
Indessen wächst die Wolkenwand hinter uns am Himmelsrund empor. Alles ringsum verliert sein gewöhnliches Maß. Der Wagen läuft und flieht gleich einem ängstlichen Käfer vor der Dunkelheit, die ihn doch übereilt, vor dem rauschenden Mantel des Sturms, der sich unter dem Himmel bauscht und mit schweren Säumen über die stäubende Erde fegt. Schon hüllt er uns ein, es ist nichts mehr zu erkennen, Aufruhr, tobendes Wasser an den Scheiben. Es ist, als jage uns ein brüllendes Ungeheuer mit Tatzenhieben vor sich her. Im grellen Licht des Blitzes gewahre ich Büsche, platt auf den Boden gedrückt, und ganz nahe die riesige Gestalt eines Baumes, der verzweifelt kämpft und mit den Ästen um sich schlägt. Und dann fährt plötzlich eine Flamme grell aus seiner Krone, und da brennt der Baum bei lebendigem Leibe, rotes Feuer leuchtet aus dem Laub. Es kracht und prasselt um uns her, ich spüre, daß mir jemand den Arm um den Hals legt, jetzt, während der Wagen scheut und mit einem Satz zur Seite springt. Ich lache ein wenig mühsam, nichts, es ist vorüber, es war schlecht gezielt.

Nun endlich läßt die Gewalt des Unwetters nach, als habe sich seine Wut mit jenem Fausthieb erschöpft. Es wird lichter, weithin liegt zersplittertes Astwerk auf der Straße. Bäche laufen quer darüber, aber ich steuere mit rauschender Bugwelle hindurch, als sei die christliche Seefahrt mein tägliches Geschäft.
Durch den dünnen Regenschleier fliegt ein Vogel. Ich halte an und öffne ein Fenster, wie Noah in der Arche. Würzige Luft strömt herein, säuerlich duftende, kühle. Hinter uns steigt eine unbeschreibliche Helle auf, es sprüht und funkelt überall im tropfenden Geäst der Sträucher. Eine Weile stehen wir beglückt auf der Straße, wortlos, nur um zu schauen, in dieses köstliche Licht, das aus unseren Gesichtern widerleuchtet und sie jugendlich schmückt.

Schon seit dem Morgen, seit wir nach Osten fahren, bewegt mir ein wunderliches Gefühl das Herz, eine drängende Unruhe, ich weiß nicht, was es ist. Aber gegen Abend, während wir bei unserer Mahlzeit in einem Garten sitzen, sehen wir weit draußen, über Hügel und Wälder weg, etwas Glänzendes unter dem gereinigten Himmel. Nicht Wolken oder Wasser, es sind Berge, und jetzt weiß ich auch, was mich bedrückt.
Ich bin ja viel unterwegs gewesen, so lang ich meinte, das Leben sei ein Hin und Her, nicht ein Auf und Ab. Die Neugier trieb mich immer wieder hinaus, aber das Heimweh begleitete mich, dieses traumschwere Gefühl von Verlorenheit, das mich nirgends in der Fremde wirklich froh werden laßt. Vielleicht ist es wahr, was meine Mutter sagt, daß nämlich dergleichen Leute kein Herz im Leibe haben, wenn sie geboren werden. Und

dann, in der ersten Stunde des Lebens, kommen die Hausgeister an die Wiege und haben Mitleid mit so einem armen Kind. Die Ackergeister kommen, und jeder bringt ein Körnchen Erde mit, eins vom Feld, eins vom Garten, eins vom Berg herab, und daraus wird ein Herz für das Menschenkind gemacht. Damit es auch leben und klopfen kann, geben alle anderen Unsichtbaren das ihre dazu. Die Brunnenfrau mischt das Blut mit seinen Säften und Kräften, der Feuerbutz färbt es rot und gibt ihm die Hitze, und die Geister der vier Winde wirken das Gespinst der Träume hinein, und alles, was einem sonst das Herz bewegen kann, Fröhlichkeit und Traurigkeit.

So ein Mensch wächst nun heran und hat also ein Herz wie andere Leute auch. Es ist alles gut, solang er daheim bleibt, denn die Jenseitigen sind immer um ihn und behüten das geschenkte Herz. Aber wenn er sich versuchen läßt und in die Fremde geht, dann haben sie keine Macht mehr darüber. Bald fängt das Unheil an, zuerst sind es nur die Träume, die den Menschen ängstigen. Er weiß sie nicht zu deuten und meint, daß er diese mahnenden Gesichte loswerden könne, wenn er nur beharrlich weiterzöge, fort und in die Welt hinein. Aber das Blut wird kalt, und zuletzt stirbt das Herz ganz ab und zerbröckelt in der Brust des Menschen, wie eben eine Handvoll Erde zerbröckelt. Vielleicht möchte er sich jetzt heimwärts wenden in seiner Todesangst, aber es ist zu spät. Dieser Mensch muß sterben, am Heimweh, wie die Leute sagen, im Elend, wie das alte Wort es deutet.

So mag es sich verhalten. Nicht auszudenken, wenn Gott sich in der Zeit vergriffen hätte, und ich wäre auf den Namen Kolumbus getauft worden, oder wie sonst einer von den Waghälsen heißen mochte, die ihren Ruhm darin suchten, Unfrieden in die Welt zu tragen. Die Wahrheit zu sagen: Läge es an mir, so wäre diese Welt nie über drei Tagreisen hinausgewachsen, und das nur vom Hörensagen. Von der Türschwelle gemessen wäre es immer noch verteufelt viel. Ich wüßte nicht, was im Umkreis fehlen könnte, daß ich ausziehen und es aus der Fremde hereinholen müßte.

Wie ich nun aus dem Schatten des Baumgartens auf die Wiese trete, um einen freieren Blick zu haben, gesellen sich auch die Freunde zu mir. Der Wirt hat eine Flasche Wein gebracht, wir trinken uns zu und sind einander herzlich gut, und mit der Weile fängt das Fräulein zu singen an.

Es gibt nicht eben viel, was mich zu Tränen rühren kann. Mein Hund zuweilen mit seiner abgöttischen Liebe, oder ein paar Worte, die ich selber einmal geschrieben habe, und die mich sehr erschüttern, weil mir seither gar nichts mehr recht glücken wollte, ich weiß nicht – weil die Jugend dahin ist. Vor allem aber bewegt mich Gesang. Ich singe ja auch selber, ohne große Kunst natürlich, und doch immer ergreifend für mein Gefühl. Die Sängerin duldet es gern, daß ich meinen Baß zu ihrer hellen Stimme füge, es klingt auch wunderbar zusammen, aber plötzlich verstummt sie und schaut sich betroffen um. Mir war auch, als mische sich von irgendwo her etwas Ungehöriges in unser Lied, ein sonderbares Brummen, aber es ist weit und breit kein Wesen zu entdecken, dem ein solcher Laut zuzutrauen wäre. Der Meister schüttelt die Flasche an seinem Ohr, als vermute er ein grölendes Gespenst in ihrem Bauch, und dann entfernt er sich, um eine bessere zu holen.

Der Wein hat auch mir die Zunge gelöst. Ich möchte jetzt mein Herz weit auftun und der Freundin zeigen, was mich im Innersten bewegt. Aber wie ich es auch wende, es ist doch nur die alte Weise, die mir immer wiederkehrt. Immer nur mein eigenes, schwankendes Bild auf dem Spiegel des Lebenswassers, so oft ich meine, ich hätte nun endlich den Grund in der Tiefe gesehen.

Ich erzähle von meinem Dorf, und wie wir dort leben, daß wir auch gern so beisammen sitzen, auf dem Anger oder auf einer Bank, wenn es Abend wird. Es ist ja nur ein ganz kleines Dorf, nur zwei Zeilen schiefer Hütten den Bach entlang. Aber wir leben dort, und wenn man das überdenkt, ist es doch auch wieder viel, eine ganze runde Welt. Es schreit aus den Wiegen, des nachts keucht die Leidenschaft in den Kammern, und die Sterbenden stöhnen. Wenn es Gott gefiele, und er sammelte uns alle in seiner Hand, die Kinderschar vom Anger weg, die Männer aus der Werkstatt, die Weiber aus den Gärten, höbe uns weg und streute diese Handvoll über einen neuer Stern, gleich ginge die Saat auf, es fehlte gewiß kein Kraut und Unkraut, und der Acker des Lebens begrünte sich nicht anders als hier auf dem Erdenrund. Die Liebe würde brennrot blühen, das Dikkicht der Laster schösse empor und was sonst der Böse heimlich dazwischen sät. Aber das Gute gediehe doch auch und wirkte unzerstörbar aus dem Verborgenen.

Alles zusammengenommen sind wir ein großer Haufen Leute mit unserem Handel und Wandel, das spinnt sich weit zurück ins Schattenreich der Toten und trachtet weit voraus ins ungeborene Leben. Narren und Weise gibt es unter uns, Übeltäter und Heilige – nein, Heilige nicht. Denn das, Mädchen, ist auch wahr, die ganz Gerechten mögen wohl für den Himmel gut sein, hier auf der Erde sind sie für nichts zu gebrauchen.

Das Triebwerk der Welt bleibt ja nur im Gang, weil es immer Leute gibt, die das verworrene Geschäft des Lebens herzhaft angreifen und die getrost auch einmal in Sünden fallen, wenn nichts Besseres mehr helfen will, statt gleisnerisch die Augen über sich zu drehen, als müßte ihnen, was sie im Diesseitigen zur Linken versäumt haben, im Jenseits zur Rechten gutgeschrieben werden. Die seligen Väter alle, wie sie Gott um seinen Thron versammelt hat, die Büßer und Prediger, stünden sie denn dort, wenn alle Leute in Sack und Asche liefen, wie sie es getan haben, als sie noch auf Erden weilten? Nein, wenn es zutrifft, daß die Welt ein Jammertal sei, so wüßte ich doch nicht, wo ich lieber wäre, und um sie gar zur Hölle zu machen, muß man immer selber den Teufel spielen.

Gott läßt uns ja auch gewähren und schlecht und recht miteinander leben. Dann und wann leidet es einen nicht mehr in der Enge, er knotet den Goldklumpen seiner Einfalt in das Sacktuch und zieht davon, um draußen sein Glück zu machen. Die Einfalt wird er bald los und, was er dafür eingetauscht hat, auch, nach Jahr und Tag ist das ganze Muttererbe vertan, und er muß doch wieder zurückkommen. Reicher ist er nicht geworden, glücklicher auch nicht.

So einer läuft dann eine Weile umher und weiß nichts Rechtes zu beginnen, ein Mensch voll Mißtrauen, ein verzagter Mensch.

Aber das währt nicht lange, mit der Zeit wird er ruhiger, und was ist es denn, was hat ihn getröstet? Daß die

Dinge, die daheim auf ihn gewartet haben, so beständig in sich selber sind, so redlich und treu, das ist es. So viel Arges dieser Mensch in der Fremde gesehen haben mag, jetzt erst wird er gewahr, daß er das schlimmste aller Übel doch immer im eigenen Herzen bei sich trug, die Untreue. Nur den Treulosen läßt Gott wirklich fallen.

Nun begreift der Heimgekehrte, daß er auch so sein müsse, wahr in sich selber und treu. Gleich hat er wieder Lust, sich ein wenig umzutun, er verliert das Zögernde in seinem Schritt, das Bittere um den Mund. Eine Werkstatt kann er aufmachen und zeigen, was er gelernt hat, er züchtet eine neue Art von Pflaumen, oder wenn ihn die Arbeit überhaupt verdrießt, dann denkt er nur nach, aber aus friedfertigem Gemüt, und läßt seine Gedanken in den Kalender setzen, auch das ist recht. Wenn der Werktag um ist, sitzt er beim Nachbarn vor dem Haus und hat seinen Feierabend mit ihm.

Das tut er um die Zeit der milden Abende im Frühsommer oder im Herbst, wenn die Arbeit auf den Feldern weniger drängt. Nichts ist köstlicher als diese Stunde, in der man Frieden mit sich selber schließt. Jeder überdenkt noch einmal, was der Tag einbrachte, und wendet es um und um. Es war ja nichts Aufregendes, ein wenig Ärger, ein wenig Spaß, er legt es versöhnlich hinter sich. Laßt mich das noch sagen, Freunde, hört mir zu. Seht den Kirchplatz im verlöschenden Licht, laßt die Augen gemächlich in der Runde wandern und die Gedanken langsam nachfolgen. So sauber ist das alles, so aufgeräumt. Der Rauch steigt reinlich aus den Dächern und kräuselt sich in der stillen Luft, dann und wann, wie vom Himmel herab, weht einem ein würziger Geruch in die Nase, es riecht nach Käsesuppe und Sauerkraut.

Inzwischen geschieht auch allerlei auf dem Platz, aber eins nach dem andern, es überstürzt sich nichts. Jetzt treiben die Weiber das Vieh zum Brunnen, die Kühe saufen aus dem Trog, und dann stehen sie noch versonnen herum, das Wasser tropft aus ihren Mäulern, und an ihrem anderen Ende geschieht auch, was geschehen muß, aber das merken sie gar nicht, das ist schon viel zu entlegen für ihren Verstand.
So sehr verliert man sich allmählich in diesem dämmrigen Schauen, daß einem ist, als hätten die Geschehnisse nicht mehr ihren gewöhnlichen, nüchternen Sinn, sondern einen ganz anderen, geheimnisvollen. Gegenüber läuft ein Kind aus der Tür, es trägt einen Topf in beiden Händen, aber nun stolpert es über seinen langen Kittel und fällt hin, und der Topf rollt davon.
Was soll nun daraus werden? Das Kind liegt da und schreit erbärmlich, kommt ihm niemand zu Hilfe? Doch, sein guter Engel schwebt unsichtbar herab und verscheucht den bösen, der dem Kind ein Bein gestellt hat, er setzt es wieder zurecht und wischt ihm Sand und Tränen aus dem Gesicht, – sei still, sagt der Engel. Das Kind hört aufmerksam an, was ihm ins Ohr geflüstert wird, dann holt es den Topf herbei und fängt an, kleine Steinchen darin zu sammeln.
So weit wäre also die Sache vortrefflich geschlichtet, wenn nicht jetzt die Mutter gelaufen käme und dem Kind den Topf wieder entrisse, weil sie es um Wasser zum Brunnen geschickt hat und nicht, damit es Straßendreck in ihren Hafen fülle. Das aber konnte wiederum der Engel nicht wissen, beleidigt schlägt er seine Flügel und hebt sich hinweg.
Unsereins zieht eine Lehre daraus. Wie dieses Kind,

denkt man, bist du ja selber unterwegs mit deinem Topf in Händen und meinst, du dürftest dich auf deine Weise trösten, wenn dich ein Unheil zu Fall gebracht hat. Aber das ist nicht so, zuletzt mußt du doch verrichten, was dir am Anfang aufgegeben wurde.

Mit der Weile dämmert es mehr und mehr. Stille sinkt vom Himmel herab, die Vögel schweigen auch und alle geschwätzige Kreatur. Es öffnet sich gleichsam das Tor der Nacht, damit die Stimme des Unvergänglichen wieder hörbar werde, ein letzter Nachhall des freudigen Schöpfungsgesanges, den Gott anstimmte, als er die Welt erschuf, Wasserrauschen, Windgeflüster aus Laub und Gras und vor allem jener unirdische Klang aus der Himmelstiefe, den wir mit Ohren nicht hören, nur als Widerhall in der eigenen Brust. Der Abendwind treibt sich noch ein wenig herum, wie ein eifriges Hündchen trägt er herbei, was er gefunden hat, einen erstickten Ruf, ein Gelächter vom Hügel herab, wo die Burschen unter den Stauden sitzen und ihre Mädchen halsen.

Das gehört ja auch dazu, das ist immer so gewesen. Uns lockt es ja nicht mehr von den Bänken weg, es wäre zu mühsam, aber wir wissen noch, wie es tut, in solch einer Nacht unter den Hollerbüschen zu liegen, wenn der sanfte Sternenschein das Mädchen weicher stimmt und die Heimlichkeit es gefügig macht, so daß es sich willig in den Arm nehmen läßt und sogar selber noch ein wenig näher rückt, denn so überaus warm ist die Nacht nun doch wieder nicht.

Für uns ist das vorüber, wie lange ist es vorbei? Ach, Kindheit und Jugend, traumschnell vergangen, und dann ein paar Jahre tätigen Lebens, und unversehens ist man schon unterwegs auf der letzten Straße . . .

Nein, ich will nicht mehr klagen, daß es still geworden sei. Freilich darf man auch nicht träge auf dem Fleck verharren und sich durchaus selbst genügen, wie eine Muschel im Sumpf, so meine ich es nicht. Es ist wahr, daß man sich umsehen muß, wie das Fräulein meint, in der Welt, unter den Menschen, im tätigen Leben kurzum. Aber wenn einem der scharfe Wind um die Nase weht, soll man nicht meinen, es käme darauf an, selber Wind zu machen.

Wie weit reicht die Kraft eines Menschen wirklich? Fragt doch einen Mächtigen der Erde, aber fragt ihn am Ende seines Lebens, womit er vor den letzten Richter treten will, mit den glänzenden Taten, die ihm Ruhm einbrachten, oder mit den stillen Werken der Güte von Hand zu Hand, die ihm daneben so spärlich geraten sind. Denn wer Großes wagt, muß doch immer im Kleinen unrecht tun.

Mag es jeder deuten, wie er will, wahr ist doch, daß dem Menschen nicht Unsterblichkeit verheißen wurde, sondern das ewige Leben, wenn er guten Willens ist.

Möglich, wendet das Mädchen ein, daß ein Mensch auf diese Art zufrieden sein kann, ein älterer Mensch. Aber die Jugend, ist es nicht ihr Recht, nach dem Höchsten zu streben, nach fernen Zielen, die den Sinn des Daseins ausmachen, wenn man auch darüber zu oft das Nächste versäumt?

Ach, sage ich, schon unterwegs mit meinen Gedanken, – laß die Menschheit, sei ein Mensch!

HEITERES HERBARIUM

Krokus

Gott fügt es.
ER bestimmt die Zeit,
ER heißt ihn blühn, obwohl es schneit,
und ihm genügt es.

Taubnessel

Am Straßenrand, bedeckt mit Staub,
blüht eine Nessel, die ist taub.

Sie blüht bei Sonnenschein und Frost,
mühselig, aber doch getrost.

Dereinst, am Tage des Gerichts,
(sie hört von den Posaunen nichts)

wird Gott ihr einen Boten schicken.
Der wird die taube Nessel pflücken

und in den siebten Himmel bringen.
Dort hört auch sie die Engel singen.

Tausendguldenkraut

Überdrüssig meiner Schulden
will ich ein paar Tausend-Gulden
Kräuter in den Garten pflanzen.

Jahr um Jahr will ich den ganzen
Guldenschatz zusammenlegen,
Kunst und Wissenschaften pflegen,
und zum Kummer meiner Erben

Läuserkraut

Das Läusekraut ist so verlaust,
daß nur ihm selbst nicht vor ihm graust.

Weil aber, was die Welt verdammt,
doch auch aus Gottes Händen stammt,

lebt es, von Mensch und Tier gemieden,
in Frieden.

Hungerblümchen

Bescheiden lebt das Hungerblümchen,
wie es auch sonst der Seele frommt,
von Wasser, Luft, und kleinen Krümchen,
damit es in den Himmel kommt.

Ich grub es aus, um es zu mästen.
Als Fettkraut, widerlich und feist,
zeig ichs zur Warnung meinen Gästen:
So wirkt die Freßgier auf den Geist!

Vergissmeinnicht

Wie ist doch das Vergißmeinnicht
ein unbedankter Held der Pflicht!

Von jedem, der vorübergeht,
wird es beschworen, angefleht,

als wäre, wen es nicht behält,
schon abgetan und ausgezählt.

Das Blümchen fragt nicht wie und was.
Verschwiegen stehts im kühlen Gras,

wirft sinnend einen Blick ins Blau,
und merkt sich alles ganz genau.

Schlüsselblume

Wenn Gott zum lieben Osterfest
die Himmelschlüssel sprießen läßt,

für jede arme Seele einen,
dann finden aber jene keinen,

die schon bei Lebzeit sich erkeckten
und welche auf die Hüte steckten.

(Die müssen weiter auf den harten
Gußeisenkreuzen sitzend warten.)

O Mensch, denk an dein eignes Grab,
brich keine Schlüsselblume ab!

Kamille

Die Kraft, das Weh im Leib zu stillen,
verlieh der Schöpfer den Kamillen.

Sie blühn und warten unverzagt
auf jemand, den das Bauchweh plagt.

Der Mensch jedoch in seiner Pein
glaubt nicht an das, was allgemein

zu haben ist. Er schreit nach Pillen.
Verschont mich, sagt er, mit Kamillen,
um Gotteswillen!

Scharbockskraut

Gott schuf das Scharbockskraut. Indessen,
den Bock dazu hat er vergessen,
weshalb das Kraut zwar grünt und sprießt,
jedoch vergebens,
weil niemand kommt, der es genießt.
(Ein Inbegriff verfehlten Lebens.)

Niesswurz

Kommt die rechte Zeit heran,
Frühlingszeit im dunklen Tann,
unversehens fällts dich an.
(Eine Wohltat, wenn man kann!)
Zur Gesundheit, Wandersmann.

Noli me tangere

Vom Kräutchen Rühremichnichtan
im tiefsten Hinterhindostan
wächst eine Art,
die ist so zart,
daß dieses Wesen sich bis heute
schlechthin zu existieren scheute.
(Der Fall ist für die Wissenschaft
ganz rätselhaft.)

Löwenzahn

Untertags
sind die wilden Löwenzähne
unterm Blütendach der Kirschen
zahme Äsung für den Hirschen.

Aber wag's,
nachts beim ersten Schrei der Hähne
dich an sie heranzupirschen –
wie sie dann im Blutdurst knirschen!

Klappertopf

Was hat der Klappertopf
in seinem hohlen Kopf?
Nur wieder Klappertöpfe
Ihr Plapperköpfe!

Königskerze

Mit Königskerzen ist nicht zu spaßen.
Unsereiner sollte die Hand davon lassen,
obwohl der König doch keine Kerze gebraucht,
die wie ein Talglicht flackert und raucht.
Eine Magd hat einmal eine angezunden,
wurde aber dann von keinem Prinzen entbunden,
sondern hat das Kind nach dem Vater genannt.
War Fuhrknecht. Weiter nirgends bekannt.

Distel

Die Distel hat ein schön Gesicht.
Sie wehrt sich drum und kratzt und sticht.

Der Esel aber, unbeleckt
von der Ästhetik, hat entdeckt,
daß sie ihm schmeckt.

Denn nie ist, was wir an uns schätzen,
zugleich des anderen Ergetzen.

Natterkopf

Der Natterkopf heißt so von wegen
der Ähnlichkeit. Zu unserm Segen,
weil, was im dürren Sand sich ringelt
und mit geschlitzter Zunge züngelt –
wenn Gott es so geheißen hätte,
auch beißen täte.

Steinbrech

Wir wissen nicht,
womit der Steinbrech Steine bricht.

Er übt die Kunst auf seine Weise,
und ohne Lärm. Gott liebt das Leise.

Rosskastanie

Wie trägt sie bloß
ihr hartes Los

in Straßenhitze und Gestank?
Und niemals Urlaub, keinen Dank!

Bedenk, Gott prüft sie ja nicht nur,
er gab ihr auch die Roßnatur.

»Schierling«

Der Schierling dient dem Wiederkäuer
zur Kost.
Als Most
(im Becher) ist er nicht geheuer.
Getrost!
Die Weisheit wird im Tod unsterblich,
die Dummheit nicht. Die ist nur erblich.

Rittersporn

Als Georg mit dem Drachen focht,
da hat der Wurm es noch vermocht,

daß er ihm mit dem letzten Biß
das Sporenrad vom Stiefel riß.

Der Heilige, so arg versucht,
hat nicht gelästert, nicht geflucht,

und dafür wuchs, zu seinem Ruhme,
aus jenem Sporn die blaue Blume.

Zittergras

Warum am lichten Sommertag
das Zittergras wohl zittern mag?

Im Erdreich fühlts den Höllenwurm,
in Lüften Gottes Atemsturm.

Du, Mensch, mit deinem Hirngewicht,
du spürst das nicht.

Seidelbast

Wie lieblich duftet uns im März
der Seidelbast! Doch innerwärts
ist er voll Gift und Galle,
weil wir, in diesem Falle,
das Wunder nur beschauen sollen.
(Man muß nicht alles kauen wollen!)

Stengelloser Enzian

Bist du verzagt,
weil dich so vieles überragt?
Schau in dies holde Angesicht
und merk: Am Stengel liegt es nicht!

Sonnenblume

Entflammte Sonnenblumenscheibe,
die du, ans Himmelsdach entrückt,
hoch über meinem Scheitel stehst,

Gestirn des späten Jahres, bleibe!
Die Nacht, schon nah herangerückt,
wird lang sein, wenn du untergehst.

Gemeine Brunelle

Die ehrbare Schwesternschaft deutscher Brunellen
ersuchte den Schöpfer, festzustellen,
wieso sich die Menschen erdreisten können,
sie (durch die Blume) gemein zu nennen.
Darauf entschied der Himmel versöhnlich:
gemein bedeute so viel wie gewöhnlich:
Gemein bedeute so viel wie gewöhnlich.
Es habe, obgleich es verboten sei,
Gewöhnliches ferner gemein zu schelten,
das Gemeine für gewöhnlich zu gelten.
(Verfügung der Trinitätskanzlei.)

Grashalm

Wer rühmt des Ungerühmten Ehre?
Er lebt und stirbt im großen Heere
der grünen Plebs.
Und dennoch: daß er wiederkehre,
Und Kuh und Schaf und mich ernähre,
Gott gebs!

Salbei

Ein Salbei ward, im Gras versteckt,
von einem schlauen Huhn entdeckt!
Das schob den Fund nach Hühnerbrauch
begierig unter seinen Bauch.
Was kam ans Licht? Ein Alb!
ein Halb nur seiner selbst, – ein Salb!
Gott möge mich beim Brüten
vor Salberei behüten.

DAS WIESENBUCH

Meine Wiese liegt hinter dem Haus, sie ist geräumig und flach, das beste Stück Land über dem Tal, so weit ich schauen kann. Bäume schließen mein Feld ein, Erlen und niedrige Sträucher von allerlei Art, aber auch große Stämme, ein paar Eschen oder ein Ahorn mit der prächtigen Fülle seiner Krone über dem Holz. Und weiterhin gegen den Berg stehen die Fichten, dort steht der tiefe dunkelfarbige Wald.

An der Sonnseite hebt sich der Boden ein wenig. Es ist da freilich nichts Großartiges an Felsen und Schluchten, nur ein paar sanfte Wellen gegen den Himmel, ein Stück Zaun und ein Gekräusel von Farn und Sauerdornbüschen obenauf. Aber in jedem Jahr bricht dort der Frühling zuerst aus der Erde, und dieser Frühling ist rührend nackt und bettelarm, er kann fast gar nichts geben, nur ein wenig grünes Kraut, ein paar wollige Blütenstengel vom Huflattich im alten Gras.

Oft liegt im Sommer wochenlang eine heiße Wolke von Gerüchen über den Beeren, es riecht nach Kräutern, nach zerstäubter Erde, und dieser schläfrige Duft mischt sich gefährlich ins Blut. Die Grillen lärmen mit aller Macht, braune Eidechsen liegen platt auf den Steinen, und ihre Flanken zucken in der Hitze. Über allem aber ist die Stille, darüber liegt der schwere Himmel mit der ganzen Last seiner Bläue.

Und sogar in der kalten Zeit gibt es Stellen unter dem Fels, die der Frost nicht erreicht. Da ist dann immer noch etwas Freundliches aufbewahrt, Bärlapp findet sich, grüne Flechten oder Kuckucksklee, und im Moos liegt ein leichtsinniger Käfer auf dem Rücken und schläft.

Auf diesem Hügel sitze ich, es ist Frühling, ein Tag im späten März. Wind kommt aus der Tiefe des Gebirges, lauer Wind, satt von Feuchtigkeit und vom Geruch der tauenden Erde. Die Wolken sind schon rund wie im Sommer, sie breiten schneeweiße Flügel aus und spreizen ihr Gefieder in der Sonne, göttliche Wolkentiere mit flaumiger Brust. Es liegt ein tiefer Klang in der Luft, ich selbst fühle diesen Ton in meinem ganzen Leibe und summe ihn laut vor mich hin, und der Wind trägt meinen Gesang weit über die Felder. Hier auf meiner Wiese ist der Wind immer unterwegs, immer vergnügt und voller Einfälle. Ich habe ihn oft wie Wasser in den Bäumen gurgeln gehört, und ein anderes Mal stand ich lange im Kornfeld, da trieb er sich herum und pfiff auf einem gebrochenen Halm.
Und die Zeit wächst ungeheuer über mich hinaus. Ich bin kein Mensch mehr, noch jung, noch voll von allen Täuschungen des Blutes. Hier bin ich tausend Jahre alt und im Wesen nicht mehr verschieden von der Luft, vom Gras, vom Gestein der Berge. Gräser fügen sich in meine Hand, ein kleiner Vogel streicht so nah vorbei, daß ich den Wind seiner Flügel spüren kann, und er schreit mir etwas zu.
Ich habe gestern die Jungen dieses Vogels gesehen, er hat fünf Junge in seinem Nest. Sie recken sich, und ihre Schlünde schwanken wie seltsame rote Blümchen auf den haarigen Stielen der Hälse. Einen Augenblick später welken sie wieder hin und sind gar nichts mehr, ein zuckender Klumpen, etwas gänzlich Mißratenes aus

Flaum und bläulicher Haut. Mein kleiner Vogel aber sitzt im Busch und äugt umher, er singt auch ein bißchen und schaukelt auf seinem Zweig; das sieht jeder, was für ein tüchtiger kleiner Bursche er ist.
Ich will jetzt auch etwas tun, ich mag mir nichts von kleinen Vögeln zurufen lassen. Vielleicht kann ich eine Pfeife aus Weidenrinde machen, es ist möglich, daß später noch Kinder in mein Feld kommen; und wenn es eine schöne Pfeife würde, eine Kuckuckspfeife, die zwei Löcher hat, dann könnte mir wohl ein Handel damit gelingen.
Ich würde hier sitzen und mit aller meiner Kunst darauf blasen. Und wenn du auch weite Wege rund um den Hügel gingest, kleiner Michael, wenn dir nichts in der Welt so gleichgültig wäre wie meine Kuckuckspfeife, schließlich stündest du ja doch hinter mir, und alles in deinem Apfelgesicht wäre feucht von Neugierde und Verlangen!
Michael, würde ich sagen, du siehst wohl, wie es sich mit dieser Pfeife verhält, es gibt nicht viele von ihrer Art, so lange Pfeifen, und mit zwei Löchern! Und Michael würde das einsehen, es wäre kein gewöhnlicher Handel um Schneckenhäuser und Geierfedern. Er stünde vor mir und dächte nach, Michael bekäme dicke Falten über seiner Nase, so schwierig wären seine Gedanken, und zuletzt zöge er wohl doch die Hand aus der Tasche und zeigte mir etwas in seiner schmutzigen Faust, eine Glaskugel mit vielen farbigen Fäden.
Ich kenne sie, aber selbst für diese wunderbare Kugel könnte ich ihm meine Pfeife nicht geben, vielleicht hätte ich überhaupt meine besondere Absicht damit. Ich kann von meinem Hügel aus die ganze Wiese überschauen, es

gibt da nichts, keinen Strauch, den ich nicht kenne, kein Mäuseloch, und nun liegt dort plötzlich etwas Fremdes im Schatten unter dem Ahorn, ein blauweißes Ding! Es lag auch gestern schon dort, gestern sang es sogar, das konnte ich deutlich hören.
Michael, würde ich also sagen, zehn Glaskugeln sind nichts gegen meine Pfeife. Aber du sollst sie trotzdem haben. Sieh her, du sollst damit über das Feld gehen und blasen, es liegt ein blauweißes Ding in meiner Wiese. Vielleicht ist es nur Zuckerhutpapier, es könnte aber auch sein, daß es aus Seide wäre und plötzlich zu reden anfinge, wenn du vorübergehst, – und seine Stimme wäre möglicherweise auch aus Seide. Nein, ich will nichts derartig Hoffärtiges in meiner Wiese haben.
Das ist aber eine schöne Maipfeife! sagt das blauweiße Ding zu dir.
Nein, eine Kuckuckspfeife! antwortest du.
So? Willst du mich einmal darauf blasen lassen?
Nein, du kannst dir selbst eine holen.
Ach, gern! Wohin soll ich gehen?
Zum Kuckuck...

Aber die Kinder kommen heute nicht in die Wiese, Michael muß bei den Kühen bleiben. Ich spähe zwischen den Gräsern durch nach dem blauweißen Ding. Das ist jedenfalls ein vergnügtes Wesen, es rollt sich im Gras, und dann mischt sich auch der Wind in sein Spiel, natürlich, der Wind ist ja immer hinter allen Röcken her! Er treibt es unverschämt genug mit seinen Späßen und seinen dreisten Griffen, ich muß zuletzt zwei Finger in den Mund stecken und einen tüchtigen Pfiff über die Wiese schicken. Da sitzt das blauweiße Ding plötzlich

aufrecht und starr im Gras, und auch der Wind trollt sich davon. Im Vorbeistreifen tändelt er noch unschuldig mit ein paar Gräsern, und dann verliert er sich in den Büschen . . .
Es wird Abend, die Sonne sinkt in einen Schleier aus lichtem Gewölk. Das ist jetzt ihre Brautzeit, sagen die Leute, die Sonne zieht ein frisches Hemd an. Vom Tal herauf kommen die Krähen, die sammeln sich über der Wiese und fallen ins Holz, eine große, düstere Schar.
Krähen sind wunderliche Vögel, sie haben etwas Ungewisses, Drohendes in ihrer ganzen Art. Zigeuner sind sie, ein geheimer Orden von kleinen Dieben und Herumtreibern, und sie leben auch für sich nach dunklen Bräuchen und Gesetzen. Jetzt hocken sie in den kahlen Wipfeln der Bäume, putzen sich und spreizen die Flügel und rufen einander zu, und der Ahorn sieht wie verwunschen aus, als trüge er plötzlich eine schwarze Last von höllischen Früchten in seiner Krone.
Plötzlich aber kreischt eine von den Krähen laut auf, und die ganze Schar erhebt sich wieder mit klatschenden Schwingen.
Ich weiß, was das bedeutet. Ich habe den Falken am Himmel längst gesehen, es ist ein ganz kleiner Falk mit lichtem Gefieder, und die Krähen sind ihm bitterfeind. Sie kreisen ihn ein, andere kommen von den Wäldern her dazu, aber der Falk fliegt schneller als die Krähen, sein heller Bauch zuckt wie ein Funke in der schwarzen Wolke auf und nieder. Er wendet, läßt sich fallen und steigt wieder ohne einen Flügelschlag, manchmal stößt er auch blitzschnell zu, und dann wirbelt eine von den Krähen schreiend in die Tiefe.
Oh, das ist ein schönes, ein ritterlichers Spiel am

Abendhimmel, mir klopft das Blut heiß in der Kehle. Zuletzt hebt sich der Falk aus dem Schwarm, und dann schnellt er mit einem mühelosen Schwung weit hinaus in die rauchbraune Ferne.
Ich sehe eine Feder fallen, der Wind treibt sie mir zu. Sie ist schwarz, wie sich denken läßt, ein hübsches Federchen von einer Krähenbrust.
Hübsches Federchen, – ich brauche einen Schmuck, etwas Verwegenes für meinen Hut. Ich will später doch an dem Ahorn vorübergehen . . .

Der Bauer ist unterwegs auf der Wiese, er geht den Zäunen nach. Da und dort drängt er sich in das Strauchwerk, ich höre ihn von weither rumoren und fluchen. Die Axt klingt hell im dürren Holz, eine Meise flattert auf und schimpft erbittert aus dem Wipfel der Esche. Eine Weile später kriecht der Mann wieder aus dem Busch, gelb und grün bestäubt, und steht da und schaut sich um, ein alter Kerl, ein langsames, braunes Tier auf meinem Feld.
Ich rufe ihn an. Michael, sage ich, laß es heute! Mach Feierabend.
Und Michael überdenkt auch das eine gute Weile, dann nickt er mir zu und schiebt die Axt unter den Rock. Ich mache ihm Platz an meiner Seite, lange sitzen wir schweigend nebeneinander auf den warmen Steinen. Michael duftet nach Seidelbast, er bringt den ganzen Frühling mit sich, Erlenkätzchen auf dem Rock, kleine Blütensterne im Bart, aber daran liegt ihm gar nichts. März, Frühjahr, das bedeutet dreifache Arbeit für Michael, Arbeit im Holz und auf den Wiesen und hinter dem Pflug, er liest eine andere Schrift vom wechselnden

Himmel des Jahres. Michael denkt geradeaus. Es gefällt ihm, wenn das Gras aufwächst, Blüten und Kräuter, das ist Futter für seine Tiere. Regen muß dazukommen, die Sonne muß steigen, damit sein Korm reif wird, für nichts anders. Vielleicht liebt auch er diesen Fleck Land auf seine Weise. Er nährt ihn ja, in jeden Fußbreit Erde hat er hundertmal die Schar gedrückt. Die Bäume am Hag sind mit ihm aufgewachsen, viele hat er selbst gepflanzt, andere kennt er noch aus seiner Jugend, die fallen jetzt unter seiner Axt. Es sind prächtige Bäume darunter, wunderbar im Frühling, wenn das Laub aus den Knospen bricht, das mag schon sein, und in Sommernächten, unter dem ziehenden Wind. Allein davon weiß Michael nichts, er ist kein Schwärmer. Laub mag rot oder grün sein, es gibt dieselbe gute Streu für seinen Stall, aber es wirft auch Schatten auf seinen Acker. Man muß darauf sehen, daß die Kronen nicht zu üppig werden und daß man das Holz herausschlägt, solange es noch gesund und fest im Kern ist.
So hat alles seinen Sinn und seine gute Ordnung in dieser kleinen Welt, Michael wacht darüber mit dem einfachen Verstand des Bauern. Auch Gott macht keine Verse.

Ja, laßt den Sommer kommen, es müßte seltsam zugehen, wenn nicht ein gutes Jahr daraus würde. Wir haben Kartoffeln angebaut und einen Rübenfleck, und auf der anderen Seite liegt ein sündhaft üppiger Weizenacker. Michael redet nicht davon, aber zuweilen steht er selbst vor diesem Feld, an Feiertagen und in festlichen Hemdärmeln. Dann sieht er es nicht ungern, wenn ein Nachbar an den Zaun tritt, weit herumredet und das Wetter lobt und dabei gedankenvoll in den grünen Weizen spuckt.

Es dämmert schon über der Wiese. Im Westen schwimmt die junge Sichel des Mondes auf dem Rükken, eine weiße Wiege, ein glückliches Schiff mit hohem Kiel. Die Sterne tun sich wie Augen auf, sie blinzeln eine Weile, und dann schauen sie ruhig und ernst auf das friedliche Land. Der trübe Dunst über dem Boden gerinnt in der Kühle, die Luft spinnt Fäden, weiße Bänder aus dem Nebel und knüpft sie da und dort an Halmen und Sträuchern fest. Von weither kommt noch ein Vogelruf, wehmütig und wie aus dem Traum gesungen.

Mir ist so wohl im feierlichen Frieden, ich habe einen Menschen neben mir, einen müden Mann. Sein Rücken ist ein Berg, sein Gesicht ist ein Feld, er atmet ruhig und schaut vor sich hin, und in die Hände hat er seinen Bart gelegt. Auch diese Hände betrachte ich, sie sind selbst einem Gewächs ähnlich, einer nahrhaften Wurzelfrucht aus der Erde.

Das geht mir so durch den Kopf. Zuletzt, denke ich, im ganzen genommen, bedeutet dieser Mensch in seiner Einfalt vielleicht nicht mehr als irgendein Halm auf dem Feld, der unter andern Halmen steht, der zu seiner Zeit blüht und Früchte hat und seinen Samen um sich streut, damit neue Gräser nach ihm aufstehen, wenn er selbst unter der Sense gefallen ist. Das geschieht mit dem Halm in der Stille, aber liegt der Sinn des Lebens etwa im Geräusch?

Zuweilen streite ich mit dem alten Dachs, und dann wird nichts geschont zwischen Himmel und Hölle, ich lege mich mächtig ins Zeug mit meinem doppeltgenähten Scharfsinn. Aber sitzt Gott nun deswegen da und

kratzt sich hilflos den Bart? Michael weiß wenig von den letzten Dingen, allein er hat doch dies und jenes in seinem Leben auf seine Art betrachtet. Er hat die Kirchenuhr im Turm gesehen, – Teufel, noch einmal, sagt er, so etwas von Rädern und Walzen und Stiften, und alles blitzsauber und haargenau! Das kannst du dir nicht einmal vorstellen, behauptet er.
Gut, da läuft jetzt so ein Zahnrad mitten in dem großen Werk, ein anderes Rad dreht sich mit ihm und greift in seine Zähne ein, und wenn es sich Gedanken machen könnte, so hätte es gewiß sein Leben lang genug daran zu raten. Es könnte Bücher darüber schreiben, sofern es ein besonders pfiffiges Zahnrad wäre.
Indessen aber stehst du irgendwo auf dem Feld und schaust nach der Uhr, in der dieses Zahnrad läuft; du sagst Feierabend und legst dein Werkzeug aus der Hand ...

Später am Abend gehe ich mit Michael über das Feld nach seinem Hof. Wir schwatzen friedlich über allerlei, vom Futter und von einer neuen Mode beim Düngen, und auch vor den Obstbäumen bleiben wir eine Weile stehen. Es ist nicht abzusehen, wie das alles blühen soll, dicke Schnüre von Knospen an jedem Zweig.
Der kleine Michael läuft uns in den Weg, er hängt sich schweigend an das Hosenbein des Vaters und fängt mit aller Macht zu ziehen an. Worte findet er nicht für diese Leichtfertigkeit erwachsener Leute, was das Essen betrifft, die Lichtseite des Daseins. Und hinter ihm kommt noch etwas durch den Kartoffelacker, das ist Therese, rund und behäbig und hoffnungslos um ihr Gleichgewicht kämpfend wie immer. Sie rollt in die Fur-

chen, steht wieder auf und wühlt sich unverdrossen durch, es ist kein Augenblick zu verlieren: Milchsuppe! Die Schüssel steht auf dem Tisch!
Ja, warmes Essen in der Stube. Der Vater hängt seinen Rock an die Tür, dann schlägt er das Kreuz, und auch der kleine Michael gibt Gott die Ehre, wie es Brauch ist, aber sein Amen verhallt schon tief in der Schüssel. Wie hungrig ist der kleine Michael, du lieber Himmel, das begreift kein Mensch! Er seufzt und kaut und gönnt sich nur das Nötigste an Luft, und außerdem läßt er kein Auge von den heißen Brocken auf den Löffeln der anderen, mit stiller Wehmut sieht er sie verschwinden.
Zuletzt schiebt ihm der Vater die ganze Schüssel hin. In Gottes Namen! sagt er, aber friß den Boden nicht heraus!
Es ist gut und behaglich in der Dämmerung, Therese kauert auf dem Boden und summt leise vor sich hin aus Sattheit und Schlaf. In der Ecke glänzen die heiligen Bilder, Joseph und Maria mit dem himmlischen Kind, alle lächeln sie unergründlich mild, und unter der Decke schwebt der Heilige Geist. Vielleicht hängt er da bloß an einem Pferdehaar, er ist überhaupt nur aus Glas und Wolle gemacht, aber die Flügel sind reines Gold, sie glänzen und flimmern überirdisch im Widerschein des Herdfeuers.
Therese klettert in den Schoß der Mutter, dort rollt sie sich zusammen und schläft wie ein Hündchen, wie ein kleines, zufriedenes Tier. Ja, die Mutter, immer ist es gut und warm in der breiten Mulde zwischen ihren Knien, sie wiegt sich leise und kraut das Kind mit dem Finger. Einmal schaut auch der Mann nach ihr hin, er nickt und

schiebt seine Hand hinüber. Aber dann läßt er es wieder und streift nur ein paar Brotkörnchen vom Tisch.
Ich hocke noch eine Weile in der Dunkelheit mit meinen einfaltigen Gedanken. Morgen! denke ich, oder sonst etwas Freundliches, Gras, Wärme, Wind unter dem Baum. Es ist dort wirklich ein hübscher Platz, fällt mir ein. Gott bewahre mich, vielleicht bin ich schon eine Woche lang närrisch, aber ich will morgen ganz gewiß an dem Ahorn vorübergehen.
Ich will auch mit Michael ein Wort reden, ein wenig Holz zusammensuchen, etliche Pfosten und Bretter. Und dann könnte ich eine Bank unter dem Baum aufschlagen, eine breite Bank im Schatten, vor dem Korn, aber nicht zu weit von den Büschen.

Ein paar müßige Tage verstreichen so, es ist die Zeit vor der Baumblüte. Ich spüre sie in allen Gliedern wie einen schweren Rausch, Gift habe ich im Blut, und Kummer, eine unbegreifliche schmerzhafte Traurigkeit Tag und Nacht. Vielleicht sollte man fortlaufen, einfach Haus und Kammer verlassen und irgendwo hingehen, damit man abends müde wäre und schlafen könnte. Oder es sollte endlich ein Regen kommen, der die Trockenheit aus der Luft nähme, diese schwere brütende Wärme.
Das ganze Land liegt wartend bereit, hitzig im Drang der Säfte, übervoll von Keimen im Boden, die nach Wasser dürsten. Das wird gewaltig losbrechen, eine Flut von Farbe und Leben über Feldern und Gärten. Jetzt blüht nur der Huflattich, und Buschwindröschen mit dem kränklichen Weiß ihrer Kelche. Seltsame Gerüche wehen über die Wiese, der säuerliche Duft der Primeln oder der andere, gefährliche vom Seidelbast an den

Zäunen. Manchmal ziehen grüne Schwaden von Staub aus den Haselbüschen, bunte Wolken im sanften Wind, aber die großen Bäume sind noch halbnackt, sie spreizen die prallen Triebe und seufzen laut auf, wenn ein Lufthauch ihre Zweige bewegt.
Ich höre einen Kuckuck, es ist der erste in diesem Jahr. Er sitzt gar nicht weit von meinem Platz im Astwerk verborgen und ruft, und das ist eine sonderbar beklemmende Melodie in der Stille, so, als zählte er laut aus dem Baum, wie mein Blut klopft. Mitunter überschlägt sich seine Stimme im Eifer, dann schweigt er eine Weile betroffen. Vielleicht ist er noch jung, noch unerfahren in seiner schwierigen Kunst.

Die Nächte sind hell, voll von erregenden Geräuschen. Ich liege viele Stunden lang wach und horche. Das Wasser lärmt im Brunnentrog, irgendwo klirrt ein Fenster, und dann lacht jemand, – das kommt von weither, dieses zutrauliche Mädchenlachen. Katzen jagen sich mit höllischem Geschrei, es klingt wie Mord, wie eine schauerliche Bluttat, nachts auf einsamem Feld.
Hoch am Himmel schwebt der Mond, er greift mit weißen Fingern durch mein Fenster und rührt alles an, den Wasserkrug, ein Bild an der Wand, das Bild einer Frau, die plötzlich aufwacht und verwirrt ist und lächelt. Gegen Morgen suche ich Werkzeuge aus der Tenne, es ist schon hell genug, wenn ich jetzt anfangen will, den Platz vor dem Ahorn herzurichten. Ich werde ihn ganz eben machen, vielleicht auch noch ein wenig Erde aufschütten, damit später wieder Gras darauf wachsen kann, ein dicker Rasen, wie ich ihn oft in Gärten gesehen habe.

Dann nehme ich das Maß für den Sitz, nicht zu viel, was die Länge betrifft, bohre Löcher mit der Rennstange, wo die Pfosten stehen sollen, und arbeite flott und tüchtig in der frischen Morgenluft. Zuletzt mache ich den Platz noch sauber. Ich sammle Späne und Wurzeln und was sonst da herumliegt, ein paar bunte Wollfäden, ein Stück Papier, – gut, auch einen leeren Briefumschlag im Gras. »Sabine« steht darauf geschrieben.
Für Fräulein Sabine...

Die Sonne kommt, aber nun zeigt es sich, daß ich mich durchaus nicht so sehr mit meiner Arbeit hätte beeilen müssen. Den ganzen Vormittag sitze ich auf meinem Hügel, und es geschieht nichts. Niemand kommt unter den Baum und schaut sich um und schlägt die Hände über dem Kopf zusammen vor Verwunderung. Eine Stunde habe ich freilich in der Stube verbracht, ich mußte ja die Schaufel zurückbringen, außerdem fror ich erbärmlich in meinem nassen Schuhzeug. Und trotzdem war ich vergnügt. Ich sang aus dem Fenster und nahm sogar ein gutes Hemd aus der Truhe, ein blau-weißes für diesen Tag, so vergnügt war ich.
Das alles fällt mir jetzt wieder ein, während ich da sitze, hilflos und bekümmert und blaugestreift wie ein Verdammter. Schließlich nehme ich den Briefumschlag aus der Hosentasche und trage ihn über das Feld zurück, mag er dort bleiben! Es liegt mir nichts daran, immerfort diese lächerliche Schrift zu betrachten. Ist er etwa nicht lächerlich, ein Mensch, irgendein Eduard oder Leopold, der seine Briefe mit grüner Tinte schreibt? Jawohl, ich knülle den Umschlag zusammen und werfe

ihn ins Gras, hier fand ich ihn ja, genau in diesem Zustand.
Aber es muß vielleicht doch ein besonders kostbares Stück von einem Brief sein, wenn man die Fußspuren auf dem weichen Boden betrachtet, so viele Spuren von einem kleinen Frauenfuß!

Übrigens wäre ich längst wieder hier an der Arbeit, wenn ich nur Holz für meine Bank auftreiben könnte. Ich will sie natürlich kunstgerecht machen, ordentlich mit einer schrägen Lehne und einem gehobelten Brett für den Sitz. Allein Michael ist plötzlich wie besessen hinter jedem Stück Laden her.
Er läßt mich keinen Augenblick aus den Augen, immerfort schielt er nach mir hin und spreizt die Borsten seines Bartes wie ein Igel in seinem ledernen Gesicht. Nein, dieses Brett muß ich liegen lassen, das ist Eschenholz, das andere auch, und die Pfosten braucht er alle für seinen Zeugschuppen.
Wozu kann so etwas überhaupt gut sein, sagt er, eine Bank unter dem Baum? Das zieht nur Leute an, die laufen dann ins Gras und möchten Blumen pflücken, Margueriten, versteht sich, und blaue Glocken, und auf diese Weise liegt schließlich das halbe Heu auf dem Mist. Oder will ich auch noch Kieswege anlegen, kreuz und quer, einen Springbrunnen mitten im Kornfeld?
Nein, ich sollte mir anderswie Luft machen, meint Michael, auf einen Spielhahn gehen, die balzen um diese Zeit. Merkwürdig, erklärt er, was die Schildhähne betrifft! Gewöhnlich sind sie wie andere Vögel, gar nicht dumm auf ihre Weise. Aber in jedem Frühjahr ist der Teufel mit ihnen los!

Das ist Geschwätz. Ich habe jetzt keine Lust, mit der Kugelbüchse auf nassen Almböden zu hocken, stundenlang im Morgengrauen, außerdem müßte es wenigstens ein großer Hahn sein, Auerhähne hat Michael nicht auf seiner Alm.
Er ist ein alter Bär, grob und eigensinnig, aber ich rede jetzt mit dem kleinem Michael, der versteht mich sofort. Eine Stunde später haben wir alles beisammen und durch die Büsche geschleppt. Vier lärchene Pfosten vom Zaun des Pfarrers, einen Laden von der Jauchenpumpe, nicht übermäßig sauber, aber sonst noch wie neu, und einen Truhendeckel für den Sitz. Dieser Deckel ist kunstvoll auf Rahmen gearbeitet und mit Blumen bemalt, mit Tulpen und Rosen und einem Herzen, das rot und geschwollen ist wie ein Kürbis, vor lauter Liebe. Michael bohrt in seinen Taschen und bringt Nägel an den Tag, Nägel von jeder Art und Form. Zierstifte von Polstermöbeln und solche mit breiten Messingköpfen, Hufnägel und dicke fünfzöllige, wie man sie auf den Zimmerplätzen bekommt, wenn man geduldig ist und den richtigen Augenblick abwartet. Darauf versteht sich der kleine Michael, es gibt keine Zeugtruhe weit herum auf den Tennen, in der er nicht Bescheid weiß.
Wir spitzen die Pflöcke mit dem Beil und putzen sie mit dem Reifmesser, Michael setzt sich hin und nimmt jeden Pfosten zwischen seine Knie, damit er die richtige Führung hat, wenn ich ihn mit dem Schlägel in die Erde treibe. Das ist das Schwierige an dieser Arbeit, die vier Säulen müssen genau im Winkel stehen, senkrecht die vorderen, ein wenig schräg die rückwärtigen; und wenn eine Wurzel im Wege ist, müssen wir in die Hände spucken und auf passende Weise fluchen, ehe wir den

Pfahl drehen und rütteln und in die richtige Lage bringen.
Dann stehen wir eine Weile und betrachten unser Werk. Wir haben beide keinen Bart, um ihn dabei durch die Hand zu ziehen, aber es ist trotzdem kein Zweifel, daß wir unsere Sache verstehen, große Worte machen wir nicht. Nein, verständige Burschen sind wir, Michael wischt seine Nase in den Ärmel, wie jedermann, und was mich anbelangt, ich würde niemals etwas mit grüner Tinte auf gelbes Papier schreiben.
Und jetzt treibe ich den letzten Nagel in das Sitzbrett, mitten durch das blutrote Herz.
In der Nacht ist viel Tau gefallen, aber die Wärme hat ihn schnell aufgesogen, und nun steht alles deutlich und sauber gemalt in der glasigen Luft, die Zäune im Wiesenland, farbige Wäsche auf den Gängen der Höfe, Vieh auf den Weiden, Wald darüber, hellgrüner Lärchwald auf dem Kamm des Berges. Noch nie habe ich den Himmel so blau gesehen, so vollgetrunken mit Feuchtigkeit, eine dunkle zitternde Fläche, aus der die Sonne ungebrochen strahlt, blank wie ein Licht aus dem Spiegel.
Lange sitze ich noch auf meiner neuen Bank, allein und betrübt, weil ich keinen Gefährten habe für meine Traurigkeit. Auch Michael hat mich verlassen. Es war schon am Morgen von Krapfen die Rede gewesen, und als vorhin die Eßglocke anschlug, verschwand er plötzlich. Michael weiß noch nicht, daß es Dinge im Leben gibt, die man nicht fassen und bei Namen nennen kann und die gleichwohl schwerer zu ertragen sind als eine leere Krapfenschüssel. Er lebt seine fröhlichen Tage, manchmal geraten ihm Prügel dazwischen, aber da war er doch

vorher vergnügt gewesen und ist es nachher wieder; und wenn ihn einmal etwas innerlich schmerzt, so kommt auch das von greifbaren Dingen her, von frischem Brot und gestohlenen Dörrkirschen.
So einfach ist das Dasein für Michael, warum wird es mir so schwer gemacht? Das muß ein Ende nehmen, ich bin nicht der schlechteste unter den Burschen hier herum, mit meiner Krähenfeder auf dem Hut. Vielleicht werde ich doch in dieser Nacht auf die Almen gehen. Ich will in der Hütte am offenen Feuer sitzen, ein Mann in Gedanken, ein einsamer Mann, der nichts mehr besitzt als eine Kugel im Büchsenlauf.

Aber die Stille wächst und breitet sich aus, allmählich erlischt alles, das Waldrauschen in der Ferne, das Summen der Fliegen über dem Gras. Ich höre die Stimme meiner Wiese nicht mehr, diese vielen zarten Geräusche von bewegtem Laub, von Halmen und Blumen und allem, was sich da unendlich langsam regt und entfaltet. Auch die Vögel verstummen. Manchmal fliegt eine Meise auf, sie flattert ängstlich und fällt wieder in den Baum zurück, als trügen sie mit einemmal ihre Schwingen nicht mehr. Irgendwo im Tal rollt noch ein eiliges Gefährt, auch das klingt übermäßig laut und hallend in der Ruhe. Es ist ein Bauernpferd mit schweren Hufen, jetzt höre ich den Wagen unten über die Brücke rasseln, und dann wird es still, die Schenke hat ihn aufgehalten. Das alles ist wie ein Traum bei wachen Augen, ich schaue umher und spüre etwas Unbehagliches im Halse, eine seltsame Beklemmung – auch die Bäume stehen regungslos in der toten Luft, als hielten sie den Atem an.

Und nun schiebt es sich aus dem Westen heran, hohe Türme zuerst, weiße Säulen von Dampf, und darunter mißfarbiges Gewölk, ein Knäuel von riesigen Schlangen, die sich winden und wälzen und ihre grauen Leiber blähen. Anfangs liegt die Wetterwolke niedrig und breit auf den Bergen, aber im Näherkommen zeigt sie den trächtigen Bauch, sie bäumt sich hoch auf und schleift ihr langes Regenhaar hinter sich her durch das Tal. Ein gewaltiges Untier ist sie, das mit trägen Gliedern durch die Weite des Himmels stampft. Blitze zucken aus ihrer Flanke, flackern und züngeln über die bläuliche Haut der Wolke, andere fahren leuchtend nieder und pflanzen sich wie feurige Bäume mitten hinein in den rauchenden Wald.

Jetzt höre ich auch den dröhnenden Schritt des Tieres und seine Stimme, ein tiefes Murren, das noch fern und leise ist und dennoch alles durchdringt wie kein anderer Laut in der Welt. Die Wetterglocke schlägt an, aber ihr Gezeter erstickt in der zusammengeschobenen Luft. Nach einer Weile schweigt sie plötzlich wie ein Mensch, der aus seiner Verzweiflung aufgefahren ist und schreit und klagt und wieder verstummt.

Und die Wolke wächst herauf, sie zerreißt den Himmel mit ihrer Wucht, begräbt den Berg und verschlingt die Sonne. Das Licht erlischt.

In diesem Augenblick springt der Sturm mit einem einzigen Satz in die Wiese. Plötzlich brüllen die Bäume laut auf wie unter einem Peitschenhieb, sie beugen sich tief, und auch das Gras liegt platt auf dem Boden, als hätte es der Wind mit einem Sensenschwung gemäht. Halme wirbeln in der Luft, dürre Blätter und Früchte und dazwischen ein Vogel, den der erste Stoß aus den Sträuchern geschüttelt hat.

Das ist nicht der Wind, den ich kenne, es ist Sturm, er fällt wie ein Räuber über mich her und würgt mir den Atem aus dem Halse. Der Staub brennt in den Augen, und plötzlich schlägt der erste schwere Regentropfen schmerzhaft in mein Gesicht. Diese Tropfen sind pfeifende Geschosse, sie schlagen Blätter aus den Bäumen, und die Erde stäubt, wo sie auftreffen. Hier unter dem Baum kann ich nicht bleiben, es wird Zeit, daß ich mich nach einem Dach umsehe. Ich will ein paar Schritte weit am Zaun entlang laufen und in den Heuschuppen kriechen.

Aber das ist ein weiter Weg in diesem Aufruhr. Der Regen holt mich ein und dringt sofort eiskalt durch Rock und Hemd, der Wind treibt mich mit Fäusten vor sich her, ich verliere den Boden und sinke in rauschende Büsche, ich laufe wieder und falle und krümme mich unter seinen Stößen.

Ich krümme mich tief, denn jetzt fährt der Hammer aus dem Himmel. Acker und Wolke vermählen sich, und ich bin da nichts mehr, ausgetilgt, versengt unter dem glühenden Atem des Blitzes, betäubt von dem ungeheuren Aufschrei der jungfräulichen Erde.

Eine fremde Luft weht mich an, scharf und sauer, der Blitz hat ganz nahe eingeschlagen. Im gleichen Augenblick überschwemmt mich der Regen, Bäche von Regen, in breiten Würfen schräg über das Feld geschleudert wie Korn aus einer säenden Hand. Ich fühle Angst, die kopflose Scheu des Tieres, während ich fliehe und unter das Dach des Schuppens krieche. Draußen ist Finsternis, ein graues Gewebe von Schnüren, Dampf über dem

Boden, stäubendes Wasser auf Zäunen und Dächern, der Lärm und die Verwirrung einer mörderischen Schlacht. Blitze flammen auf, Säulen, Bänder, flakkernde Brände in der Dunkelheit. Donner erschüttert die Luft, gewaltig hinrollend und hundertfältig wiederkehrend aus allen Abgründen der zerschlagenen Welt, oder scharf knatternd, als risse das Himmelstuch plötzlich von oben bis unten entzwei. Zuweilen sehe ich Bäume aus dem Regen tauchen, sie schwanken im Sturm und neigen sich einander zu, und das sieht wie ein Tanz aus, wie ein Reigen von wunderlichen Gespenstern am Zaun. Sie sind betrunken, die Eschen und Erlen und Haselstauden, die ganze Wiese trinkt und badet sich in der rauschenden Flut.

Allmählich aber strömt der Regen sanfter, Wälder und Berge tauchen wieder auf, noch rauchend vom Nebel und mit durchscheinenden Schleiern überhangen. Der Donner klingt schon leiser, noch einmal kommt ein Regenstrich prasselnd über die Felder, und dann verliert sich auch der Wind.

Langsam hebt die Wolke ihren Saum vom westlichen Tal. Ein heller Streifen Himmel wird sichtbar, und mit einem Male bricht die Sonne durch das Gewölk. Ferne Äcker leuchten plötzlich auf, zartgrün und hell wie unirdische Inseln im trüben Dunst. Für einen Augenblick tritt das Gestirn selbst hervor und neigt sein glänzendes Antlitz über die Erde. Immer heller wird das Land, reiner und höher der blasse Himmel, und dann fällt im dunklen Osten eine Fahne aus der Wolke, festlich und breit in den sieben Farben des Herrn. Sie rollt bis zur Erde herab, eine zweite bauscht sich rund darüber in der köstlich reinen Luft, und plötzlich singen auch die

Vögel wieder. Naß und zerzaust sitzen sie überall in den Sträuchern, putzen sich und schwatzen dabei und schütteln sprühende Tropfen aus dem Gezweig. Gräser und Bäume sind über und über mit farbigem Licht bespritzt, an den Ästen hängen dicke Wasserperlen aufgereiht, sie rollen herab und zerstäuben auf dem Boden mit einem klingenden Laut.
Eine andere, schönere Welt ist aus dem Wetter auferstanden, neu geschaffen und noch frisch in allen Farben. Ich trete hinaus und schaue mich um, da liegt das Land, meine Wiese, grün und weiß. Dunkel ist der Acker, fast schwarz von guter, feuchter Erde, hellfarbig die Wintersaat, rauchend und zerzaust vom Regen. Der Wind streicht darüber hin und richtet die Halme behutsam wieder auf. Er hat auch alles Dürre und Welke aus den Kronen der Bäume gekämmt, nun strecken sie sich im warmen Sonnenschein, verjüngt und mit glänzendem Laub bekränzt.

Ich möchte jetzt gern auf meinem Hügel sitzen, ein bißchen für mich singen und die Welt betrachten. Vielleicht fände ich Kirschblüten unterwegs, sicher sind schon ein paar Knospen am Kirschbaum aufgebrochen. Und später dächte ich mir etwas aus, ein Wort oder einen Vers, der mir gefiele und den ich den ganzen Abend lang so für mich hinsummen könnte. Wenn der Baum blüht, sänge ich,

> wenn der Wind geht, mußt du am Fenster stehn,
> und dein Hemd wird wie ein schneeweißes Segel wehn,
> braunäugiges Mädchen . . .

Aber ich kann nicht singen und Verse machen, auf meinem Hügel sitzt das blauweiße Ding.

Seltsam, da habe ich nun eine Bank unter dem Ahorn gezimmert, in schlafender Nacht arbeitete ich dort und sparte keine Mühe; Gott mag wissen, was geschieht, wenn es dem Pfarrer einfällt, nach seinen Pfosten zu suchen. Nirgends in der Welt gibt es eine Bank, auf der man so paradiesisch sitzt, mit Tulpen und Rosen unterwärts. Aber nein, ich hätte ebensogut einen Sauerdornbusch dorthin pflanzen können. Das verdrießt mich wirklich, ich will jetzt gleich einmal an dem Hügel vorübergehen und etwas Deutliches zu verstehen geben.

Das ist eine Heuwiese, werde ich sagen, Futter wächst da, Korn, verstanden? Das tägliche Brot, von dem geschrieben steht, daß es den Schweiß des Mannes kosten soll, seit die Mutter der Unvernunft unter tausend Äpfeln den herausfand, der des Teufels war.

Jawohl, dies und jenes will ich so hinwerfen und kein Blatt vor den Mund nehmen. Und ich bin wahrhaftig schon ein gutes Stück unterwegs, ehe ich merke, daß ich ohne Schande nicht mehr umkehren kann. Gut, dann also mag alles seinen Lauf nehmen!

Ich vergrabe die Fäuste in den Hosentaschen, das gibt meinem Schritt Gewicht und Breite, und nur der Hut sollte tiefer in der Stirn sitzen; es ist schwierig, ein bedeutendes Ansehen zu gewinnen, Schärfe und Ernst in den Blick zu legen, wenn man mit blankem Angesicht gegen den Wind marschieren muß. Dieser Wind läuft mir wie ein närrischer Hund zwischen die Beine, er zieht an meinen Hosen und bläst das Hemd auf, und überdies habe ich die Augen voll Wasser. Eine dicke Träne rollt herab und hängt sich unten an mein Kinn.

Gleichviel, ich gehe meinen Weg, atemlos und tränenblind. Neben mir taucht etwas Bläuliches aus dem Gras, aber damit kann ich mich jetzt nicht aufhalten. Das ist vielleicht nur ein Busch auf dem Hügel, denke ich, sicher klopft mein Herz so laut, daß selbst die Büsche zu lachen anfangen. Weit vor mir sehe ich ein Tor im Zaun, das will ich im Auge behalten. Einmal trete ich noch in einen verdammten Kuhfladen, und dann, gottlob, bin ich vorüber.
Bäh! sagt das Gebüsch hinter mir . . .

Ach, Sabine, blauweißes Ding, du fröhlicher Vogel in meiner Wiese! Wenn du lachst, dann zuckt eine Ader in deinem Hals, und überdies ist auch die Nase so winzig klein und rund wie eine braune Haselnuß; nie im Leben habe ich so eine Nase gesehen. Winzig klein bist du überhaupt, Sabine, das Gras reicht bis an dein Kinn, und ich stehe vor dir und ziehe den Hut als ein artiger Riese und lächle aus den Wolken herab. Wahrscheinlich leuchten meine Ohren glühend rot in der Sonne, aber ich lächle trotzdem, was könnte ich Besseres tun? Es ist immerhin eine Hilfe für den Anfang.
Später, denke ich, später will ich ihr die Eidechsen beim Zaunholz zeigen oder den Igelbau. Wir könnten zu den Ameisen gehen, zu den Wespen im Heuschuppen, vielleicht ist auch schon ein Kuckuck ausgeschlüpft; und wenn wir müde wären, hätten wir ja eine Bank unter dem Baum, einen warmen, heimlichen Platz für den Abend.
Den jungen Kuckuck finden wir nicht, dafür sind auf dem Kirschbaum wirklich schon die ersten Blüten aufgebrochen. Ich hole ein paar Zweige aus der Krone, einen

davon sollte Sabine in das Haar stecken, es gibt nichts Hübscheres als weiße Kirschblüten über dem Ohr. Aber Sabine steckt den Zweig in den Mund und kaut nur daran, leider.
Später sehe ich einen Maulwurf auf dem Felde arbeiten. Maulwürfe sind gewiß merkwürdig, man könnte viel von ihnen erzählen. Ich zeige Sabine eine schnurgerade Bahn von verwelktem Gras in der Wiese, das ist der Laufgang, wie die Wissenschaft sagt. Weit drüben am Zaun aber hat er seine Burg, das weiß die Wissenschaft wiederum nicht, doppelt schuhtief in der Erde und kunstvoll gebaut, mit zwei Ringen um die Höhle und mit sechs Gängen, drei, die in den oberen Ring führen, und drei von dort in den unteren. Wenn ein Wiesel in den Bau gerät, oder eine Otter, die kann da lange suchen.
Das alles erzähle ich; einmal wird Sabine ja doch den Zweig aus dem Munde nehmen, wenn es so erstaunliche Dinge in der Wiese gibt.
Aber nein, das tut sie durchaus nicht!

Der alte Michael ist zufrieden, er hat jetzt seine gemächliche Zeit vor der Heumahd. Den ganzen Tag ist er mit dem Hammer und der Nagelkiste unterwegs, um eine Türschwelle auszuwechseln, eine verrostete Angel, ein lockeres Brett am Schuppen. Er schmiert den Göpel und alle Wagenräder, und ein anderes Mal treffe ich ihn bei den Farbtöpfen auf der Tenne, da steht er in tiefen Gedanken. Michael hat drei neue Bienenstöcke zusammengenagelt, die sollen nun bemalt werden. Blau könnte man sie machen, aber es müßte noch etwas Flottes dazukommen, ein springender Hirsch vielleicht, oder

das göttliche Herz. Ja, das will gut überlegt sein, nicht so, wie ich es mir denke, hier einen Strich und da einen Fleck in meiner leichtfertigen Art. Diese Flugbretter müssen auf Jahre hinaus jeder Meinung standhalten als ein rechtschaffenes Stück Arbeit. Michael schüttelt den Kopf, er streift seinen Pinsel wieder aus und legt ihn weg, – laß es für dieses Mal.
Nimm dir Zeit, dich draußen ein wenig umzusehen. Die Frau steht im Garten und setzt Pflanzen in die frischen Beete. Sie hat ihre Röcke aufgesteckt und ein helles Tuch um das Haar gebunden, das kleidet sie gut. Jung und stattlich sieht die Mutter aus in ihrem roten Unterzeug, das muß man schon sagen. Michael betrachtet sie eine Weile, dann geht er zum Brunnen und trägt ihr eine Kanne Wasser in den Garten.

Es ist ein prächtiger Tag, eine sorglose Zeit überhaupt, kein Hagel, kein Frost, der die Blüte verdirbt. Sonne vom frühen Morgen an, manchmal ein kleiner Regen dazwischen, ein laues Geriesel aus dickbäuchigen Wolken, die es erbärmlich eilig haben und nicht mehr aus und ein wissen am luftigen Himmel. Wachswetter ist das, die Obstbäume stehen prall und steif im Übermaß der Blüten wie verschämte Bräute, weißgestärkt und rosig überhaucht. Wenn der Wind ihre Kronen schüttelt, schwirrt eine Wolke von Bienen heraus. Viele davon sind so benommen, daß sie einfach ins Gras fallen oder sonst irgendwo landen, in meinen Haaren, auf dem Rock. Da sitzen sie dann und sind ein bißchen wirr im Kopf, sie versuchen die Flügel und streifen das Nötigste zurecht, und plötzlich stäuben sie wieder davon, es ist jetzt keine Zeit zu verlieren.

Und meine Wiese blüht von Tag zu Tag reicher auf, sie trägt schon alle Farben des Sommers auf rostrotem Grund. An den Zäunen wuchert die Nessel in dichten Büschen, kein anderes Kraut ist so saftig grün, so fest und wohl geordnet in seinem ganzen Bau. Wenn die Nessel blüht, gleicht sie einem prunkvollen Brunnen mit dem zarten Geriesel der grünen Fäden von Blatt zu Blatt. Überhaupt hat dieser Streifen Land am Zaun entlang seine besondere Art. Jahr für Jahr drängt der Pflug Steine und Wurzelwerk aus dem Acker, das Unkraut nistet sich ein und was sonst den trockenen Boden liebt, Salbei und Minze und die krausen Disteln. Ich löse mit dem Finger das fadendünne Geflecht der Sternmiere aus dem Gras, Hirtentäschchen finden sich, Augentrost und Drittmadam und die haarigen Blattbecher vom Frauenmantel, jeder sauber gefaltet, mit einem klaren Tropfen Tau auf dem Grunde. Das alles blüht nicht hoffärtig und für den ersten Blick, man muß stillsitzen und die Augen ruhen lassen. Verliebte Leute haben da in hundert Jahren gesessen und haben ihre Seufzer in das Moos gesät, und daraus ist allerlei geworden, Geschlitztes und Gefranstes, Tausendschön und Gundermann, Wiegenkraut und Wehblume.

Wiegenkraut und Wehblume, das ist die alte Geschichte vom Gundermann, der ein Jäger war, und von der Jungfrau Tausendschön, die in der Stube saß und spann, damals war es noch so. Damals konnte ein Herz noch vor Stolz absterben oder vor Liebe vergehen. Dieses Mädchen in der Kammer hieß nicht anders, als es beschaffen war, Tausendschön; und was den Jäger betrifft, der war blutjung und nicht der schlechteste

unter den Burschen, mit seiner kecken Feder auf dem Hut. Aber sie hatten keinen guten Stern über sich, – wie das eben kommt in alten Geschichten; zuletzt nahm es ein trauriges Ende mit den beiden.
Sabine sitzt auf dem Zaun, sie blinzelt in der Sonne und lacht mir zu, nein, ich will jetzt nichts weiter sagen. Es ist noch früh am Tage, viel zu früh für eine traurige Geschichte.
Übrigens lacht Sabine immer, es mag Morgen oder Abend sein. Die Sonne hat ihren Spaß mit dem Kind und kitzelt es in der Nase, dann niest Sabine ein dutzendmal und erstickt beinahe an diesem Vergnügen. Es gibt Dinge, die mich verdrießlich machen, Regen zum Beispiel, plötzliche Wassergüsse aus harmlosen Wolken oder eine gewisse Gattung von Fliegen, Urgeister der Bosheit, die nicht ruhen, bis man in Verzweiflung gerät und sich selbst gewaltig hinter die Ohren schlägt. Sabine aber ist auf geheime Weise mit allen Dingen und Geschöpfen verbündet. Katzen streichen auf dem Zaun neben ihr her, schnurren und reiben das knistende Fell in ihre Hand, und ein anderes Mal kommt ein Hund von weither Hals über Kopf durch den Weizen gerannt. Ich kenne ihn, er ist der Hund des Wegmachers, wir sind manchen Tag mitsammen unterwegs gewesen. Peterl sage ich, – langsam, da sitzt Fräulein Sabine!
Aber Peter rollt ohne Umstände in ihren Schoß und läßt sich am Pelz ziehen und in die Ohren blasen. Ein Schurke also, ein meineidiger Köter!
Sabine bringt auch gelegentlich etwas Gelbgestreiftes auf der flachen Hand, vielleicht weiß sie gar nicht, daß es eine Wespe ist und daß es bitter weh tut, wenn sie sticht; diese hier ist jedenfalls ganz friedlich und zahm.

Ja, Wespen und Eidechsen und Schmetterlinge, und was am schlimmsten ist, auch der kleine Michael wankt in seiner Treue. Oder geht es noch mit rechten Dingen zu, wenn er nun den Hühnern ihre Eier unter dem Leibe wegstiehlt? Wenn er plötzlich irgendwo vor Sabine auftaucht, finster und schweigend in die Hose greift und ihr seinen Raub in die Hand drückt, drei Eier, ein braunes, ein weißes und ein zerbrochenes!

Um die Mittagszeit ruhen wir beide im hohen Gras, Sabine und ich. Es liegt eine wunderbare Stille über dem Feld, die Stille des reifen Tages, aber dennoch hundertfältig tönend. Der Himmel ist eine klingende Schale, mein Blut rauscht, und mein Atem bewegt die Halme vor mir, dünne Stiele mit nickenden Blüten. Ich betrachte genau diesen handbreiten Fleck Boden vor meinen Augen, und zuletzt ist auch er eine große Welt, weitläufig und mühselig und schwer zu begreifen. Ich sehe eine Fliege aus dem Moos kriechen, es ist ein ganz winziges Tier, langsam klettert es an einem Blatt hinauf, bis es den Sonnenschein erreicht. Und nun sitzt es da im warmen Licht, es breitet zitternde Fühler aus und Flügel, die in allen Farben schillern wie öliges Glas. Diese Stunde ist der Gipfel seines Daseins, gestern kam es zur Welt, morgen lebt es vielleicht nicht mehr, so kurz währt sein Leben. Aber es ist trotzdem eine vollkommene Fliege, mit Herz und Nieren sozusagen. Ameisen schleppen ungeheure Lasten kreuz und quer durch das Dickicht, sie rennen und verständigen sich in atemloser Eile, und dann nehmen sie ihre Beute unverdrossen wieder auf, eine Spinnenhaut, ein Käferbein oder eine bestimmte Nadel unter hundert anderen. Im

gleichen Augenblick geschieht ein Mord, ein haariger Wurm wird ermordet, und anderswo hängen zwei langbeinige Mücken, regungslos im glücklichen Schlaf der Liebe.
Schließlich bin ich ja wohl selbst ein Wurm, ein winziges Wesen, das um sein Leben rennt; die Welt ist nicht kleiner für mich, der Himmel nicht niedriger, so wie ich da liege. Ich kann mir gut denken, daß ich irgendwo zwischen den Halmen stünde im endlosen Gestrüpp, grüne Kräuter über mir, die wehenden Blattfahnen der Gräser, und hoch oben, schon in einer anderen Welt, ihre schweren glänzenden Häupter.
Blüten gibt es, Margueriten und Flockenblumen, Sabine meint, sie trügen breite Federhüte über ihren bärtigen Gesichtern. Und blaue Glocken, – die Haut ihrer Kelche ist so dünn, daß die Sonne durchscheint, und dabei stürzen sich die Hummeln einfach kopfüber hinein, ohne alle Vorsicht, mit ihrem Bärenungestüm. Sie kommen auch zu mir, ich habe mein eines Ohr wie eine Blüte entfaltet, und dabei halte ich listig den Atem an und bemühe mich sehr, ganz still zu sein, ganz zur Wiese gehörig. Aber ich dufte nicht verlockend genug, plötzlich entschwindet das brummende Ding mit einem mächtigen Schwung im Blauen.
Darüber vergeht eine lange Zeit. Ich sollte vielleicht nicht hier liegen und mein Dasein leichtsinnig vergeuden. Jetzt müßte ich etwas Großes anfangen, ein schwieriges Werk, das meinen Tod überdauert. Aber was ist nun eigentlich wichtig in der Welt? Was könnte man tun, um einen Platz unter den Gestirnen zu erobern? Ein Mensch baut die Pyramiden, ein anderer Mensch sitzt sein Leben lang in der Einöde für das Heil seiner

Seele, und der Himmel lächelt über beiden. Ja, der Himmel kann lächeln, er trägt das Geheimnis in seinem Schoß.

Einmal wende ich den Kopf und betrachte heimlich das Mädchen neben mir, den hellen Flaum auf seiner Wange, die zuckenden Lider. Braune Haut, durchsichtig und feucht von der Hitze, eine blaue Ader in der Kniekehle, Tal und Hügel im verschwiegenen Gras.
Ach ja, ich mache meine Augen wieder zu.
Aber nach einer Weile sagt Sabine etwas. Wie war es mit den zweien, fragt sie, warum nahm es kein gutes Ende mit ihnen?
Nein, Gundermann und Tausendschön, die beiden blühen nie mitsammen. Es war so, daß ihn eine große Liebe zu dem Mädchen erfaßte. Täglich ging der Jäger an ihrer Kammer vorüber, nachts legte er Blumen auf die Schwelle der Tür, solche, die hoch in den Felsen wachsen, die holte er für sie. Aber Tausendschön dankte ihm nicht dafür, sie saß nur und spann und hatte ein kaltes Herz. Zuletzt nahm er sich den Mut und klopfte an ihr Fenster.
Du bist mir die liebste von allen, sagte er, willst du kommen und mit mir im Garten gehen?
Nein, sagte Tausendschön, das will ich nicht. Es ist kalt, ich habe keinen Mantel für die Kühle.
Das nahm sich Gundermann zu Herzen, er ging mit seiner Büchse lange Zeit und sammelte Pelzwerk, gelbes vom Iltis, rotes vom Fuchs und schneeweißes vom Hermelin. – Da hatte Tausendschön nun ihr Kleid, gelb, rot und weiß. Allein es war ein Jahr verstrichen, lange Zeit.

Und darum hieß das Mädchen eigentlich nur noch Hundertschön, nicht mehr wie früher.
Aber du bist mir noch immer die liebste, sagte Gundermann, willst du jetzt kommen und mit mir zum Tanz gehen?
Nein, sagte Tausendschön, das will ich nicht. Ich bin barfuß, ich habe keine Schuhe für den Tanz.
Da ließ der Mann seine Felle gerben, weiches Leder von Hirsch und Reh; und es wurden zierliche Schuhe daraus gemacht, spitz und grün, mit hellen Säumen, damit Tausendschön nicht nackt im Grase stehen muß. Allein über dem verging ein anderes Jahr, Tausendschön war nicht mehr Hundertschön, sie war eine Jungfrau Dutzendschön geworden.
Wenn du meine Liebste sein willst, sagte Gundermann, dann komm und mach mir den Riegel auf.
Nein, sagte Tausendschön, das will ich nicht. Mein Bett ist schmal, ich will noch eine Weile allein darin schlafen. Komm im andern Frühling wieder, sagte sie.
Aber im andern Frühling wartete sie vergeblich, Gundermann war im Zorn über den Berg gegangen, dort lebte er jetzt und vergaß das Mädchen. Tausendschön saß in der Kammer und merkte wohl, daß ihre Jugend vorbei war. Nimmerschön! sagte der Spiegel. Sie dachte an Gundermann Tag und Nacht, weinte und rang die Hände. Jetzt mochte sie gern im Garten gehen, und ihre Füße waren flink zum Tanz, und das Bett war durchaus nicht zu schmal, käme er nur!
Als der Schnee verging, pflückte sie Wiegenkraut auf dem Anger und legte es in seiner verlassenen Hütte auf den Tisch, aber das half nicht. Im nächsten Jahr steckte sie andere Blumen an sein Fenster, Wehblumen waren

das. Und über den Tränen dieser Zeit brach ihr das Herz. Einmal trug sie noch einen Strauß Kräuter in den Wald, – Männertreu, ehe sie starb.
Und das geschah, als der Mann eben wieder fröhlich war und heimkehrte, weil er dachte, es sei nun genug der Prüfung für die stolze Jungfrau Tausendschön. Und da fand er sie so, welk und tot unter den Bäumen.
Nein, niemals blühen die beiden mitsammen, Gundermann und Tausendschön. Aber nun sitzt Sabine traurig da und sagt nichts mehr. Ich verstehe nicht, wie mir die Blume Männertreu in meine Geschichte geraten konnte.

Das Gras blüht aus, ein paar kurze Tage vergehen noch, dann fängt die Heumahd an. Die Zeit des Schwärmens ist vorbei, die Abende in der weiten Wiese, das Singen und das Hand-in-Hand-Gehen im duftenden Kraut. Nur das Korn bleibt stehen, die ehrbare Frucht, sie allein überdauert den Sommer. Die Ähren neigen sich schon und setzen Körner an, und die Halme färben sich gelb. Zwar blüht die Wiese später noch einmal auf, aber das ist nichts Großartiges mehr, nur Schierling und Knäuelgras und die ärmlichen Blumen des Herbstes.
Eines Abends setzt sich der alte Michael an den Dengelstock und fängt an, die Sensen zu schärfen. Er hat lange gewartet und die richtige Zeit ausgesucht, es kann sein, daß das Wetter jetzt eine Woche hält, dann bringt er das Heu frisch vom Boden weg in die Scheune, eine Unmenge Heu in diesem gesegneten Jahr. Wir werden uns mächtig ins Zeug legen vom grauen Morgen an, vielleicht noch einen Mann dazunehmen, den Mesner oder sonst einen zuverlässigen Burschen.

Und wir fangen diesmal auf der Talseite an, sagt Michael, es schickt sich besser für den Wagen.
Gut, dann verkeile ich mein Sensenblatt und suche mir einen Kumpf für den Wetzstein im Zeugschuppen.
Es wäre hübsch, wenn Sabine morgen früh zurecht käme und sehen könnte, was für eine breite Gasse ich aufschlage, und daß mich niemand überholt, auch der alte Michael nicht, der doch wahrhaftig noch genug Schwung in seinen alten Knochen hat. Und wenn wir einen Vorsprung gewännen, könnte Sabine selbst ein paar Züge versuchen, auf eine Scharte käme es dabei nicht an, auf einen durchgesägten Maulwurfhügel. Ich suche ja schon den ganzen Tag nach Sabine, nirgends kann ich sie entdecken.
Dafür aber finde ich spät abends einen Strauß Blumen in meiner Stube auf dem Tisch und ich weiß sofort, was dieser Strauß bedeutet, – Abschied, Ende. Es sind alle Blüten meiner Wiese in dem Glas versammelt, alle, auch kleine blaue darunter, auch Männertreu. Aber wenn Sabine wiederkommt, dann werde ich nicht über den Berg gegangen sein und anderswo leben, – vielleicht kommt sie wieder. Die halbe Nacht streife ich auf dem Feld umher und suche nach den Plätzen, die uns vertraut geworden sind. Ja, hier saß Sabine und wunderte sich sehr über eine neue Art von Taubnesseln, weil ich aus jedem Blatt ein Herz herausgeschnitten hatte.
Im grauenden Tag hole ich die Sense aus dem Haus. Ich prüfe die Schneide mit dem Daumennagel und schärfe sie noch einmal, das gibt einen hellen, kriegerischen Klang in der Morgenkühle.
Dann hole ich weit aus, und die grüne Mauer fällt vor mir zusammen . . .

FROHLICHE ARMUT

Als ich um die Mitte einer stürmischen Winternacht geboren worden war und zum ersten Male Atem schöpfen sollte, gelang es mir nicht gleich, wegen einer Eigenheit meines Wesens, die mich nachher noch oft in Verlegenheit brachte, weil es mein Leben lang die Regel blieb, daß mir das Selbstverständliche immer mißglückte.

Den ersten Tag über mußten deshalb die Anverwandten der Reihe nach neben meinem Korb auf Wache ziehen. Sooft ich versuchte, heimlich wieder ins Jenseits zurückzuflüchten, wurde ich herausgeholt und wie eine billige Jahrmarktuhr so lang geschüttelt, bis das schlechtgefügte Räderwerk in meinem Innern wieder für eine Weile zu ticken begann. Erst am anderen Morgen, als mir das Taufwasser gar zu reichlich in den Mund rann, entschloß ich mich endgültig, am Leben zu bleiben, aus Entrüstung vielleicht, denn ich wollte mich doch nicht hinterrücks ersäufen lassen.

Es begab sich aber auch sonst allerlei Ungewöhnliches mit mir in dieser ersten Zeit. Meine Schwester hat mir später oft mit Grausen vorgehalten, wie sie mich einmal im Korbwagen allein in der Sonne stehen ließ, damit sie sich ein wenig mit den Nachbarkindern vergnügen könnte. Und als sie wiederkam, sei ich verschwunden gewesen, aber an meiner Statt habe ein schwarzer, zottiger, Hund auf den Kissen gelegen. Näher mochte sie damals nicht zusehen, und deshalb konnte sie auch nicht sagen, auf welche Weise es nachher der Mutter

gelungen war, mir wieder zu meiner menschlichen Gestalt zu verhelfen.
Wir wohnten um diese Zeit im Dachgeschoß einer Schmiede. Das Haus klebte am Rande einem felsigen Schlucht ungeheuer hoch über dem Wasserfall von Gastein, und das ganze düstere Gemäuer zitterte immerfort vom Dröhnen des Hammers und von dem brausenden Schwall in der nebelfeuchten Tiefe. Manchmal, wenn der Bach viel Wasser führte, wuchs der Lärm so gewaltig an, daß man sich in unserer Kammer nur noch durch Gebärden verständigen konnte. Für meine Mutter und ihre behende Zunge war das eine harte Prüfung, ein Ärgernis obendrein, weil es nämlich dem Vater gar nichts ausmachte. Er war Zimmermann von Beruf und deshalb schwerhörig, wie es den meisten Leuten dieser Zunft eigen ist, nach dem unbegreiflichen Ratschluß des Schöpfers, der ja nicht selten das Stille auch noch stumm und das Laute um so lauter sein läßt.
Der Vater schätzte denn auch sein Gebrechen gar nicht für ein Übel, sondern für eine köstliche Gabe Gottes. Was immer ihn anfocht, er konnte das geräuschvollste Unheil mit einem bedauernden Achselzucken so lange hinhalten, bis es von selber darauf verzichtete, in sein verstocktes Ohr zu dringen.
Und dergleichen Unheil gab es genug, denn wir waren so arm, daß sich jede Stubenfliege hätte scheuen müssen, bei uns ihr Brot zu suchen. Die Mutter mühte sich unverdrossen ab, dem kümmerlichen Hauswesen ein wenig aufzuhelfen, aber was sie auch unternahm, die Not blieb darauf liegen wie ein tödlicher Reif. Nachts wusch sie für die fremden Gäste, und tagsüber saß sie mit ihrem Nähzeug am Fenster. Sie hatte das Schnei-

derhandwerk freilich nie ordentlich erlernt, aber wie sie alles im Leben herzhaft angriff, mit ihrem unbesorgten Mut, so nähte sie eben auch, zunächst was wir nötig hatten, einen Kittel für mich, das Feiertagshemd des Vaters, oder auch eimnal eine Schürze für sich selber. Hemd und Schürze waren aus einerlei billigem Zeug geschnitten, und dennoch hatte jedes Stück, das der Mutter aus der Hand ging, etwas Besonderes an sich. Der Vater konnte beim Kirchgang eine Hemdbrust sehen lassen, wie es keine zweite in der Gemeinde gab, und die Krause am Schürzenlatz der Mutter war wiederum ein Entzücken für die Nachbarin. Die wollte nun auch so eine Schürze haben – aus Seide, versteht sich. Aber Seide oder Kattun, am Ende machte es der Verstand, den Gott auf seine Weise verteilt, zum Glück für die armen Leute.

Weil es zu mühsam war, mich samt dem köcherartigen Behälter, in dem ich anfangs wohlverwahrt steckte, immer wieder vom Dachboden herunter ins Freie zu schleppen, behielt mich die Mutter bei sich in der Stube. Allmählich entwuchs ich den Windeln, schließlich auch dem Korb, ich kroch heraus und begann die Welt zu erkunden, eine weitläufige und abenteuerliche Welt. Ich war rastlos unterwegs auf der endlosen Weite des Stubenbodens oder im Wald der Stuhlbeine und in den dämmrigen Höhlen unter Bank und Bett. Dort nistete allerhand Getier in ungestörter Heimlichkeit, flinke Mäuse begegneten mir, bissige Ameisen und Spinnen, die mir noch am ehesten verwandt schienen, wegen ihrer Beleibtheit und weil sie auch auf acht Beinen krochen wie ich selber. Der Vater hatte mir nämlich einen Schemel geschnitzt, ein niedriges Gestell, auf dem ich

bäuchlings lag, so daß ich, unbeschwert von meinem Gewicht, Wunder an Behendigkeit verrichten konnte.
Später aber, nach diesen ersten stürmischen Wanderjahren meines Daseins, wurde ich seßhafter, das Geruhsame in meinem Wesen entwickelte sich. Ich entdeckte, daß ich dem Wunderbaren in der Welt gar nicht nachzujagen brauchte, es kam ganz von selbst zu mir, wenn ich nur still zu Füßen der Mutter auf meinem Schemel saß, ein beständiger Regen von Stoffresten und Bändern und Knöpfen. Die Mutter sang gern beim Nähen, das versuchte ich dann auch. Mitunter geschah es, daß ich aus meiner Versunkenheit plötzlich etwas ganz Unzweideutiges sagte, und dann hielt die Mutter oben erschrocken inne, im Zweifel, ob denn wirklich mein kindlicher Mund schon solcher Worte fähig sei. Das war aber nur ein unbestechliches Echo, ein Widerhall dessen, was ihr selber gelegentlich im Eifer der Arbeit entfuhr.
Wir sprachen auch gern verständig miteinander. Nebenher lernte ich, die Ziffern vom Meßband zu lesen, die Buchstaben auf den Garnspulen. Die Mutter war wohlbeschlagen mit Kenntnissen aus der Geschichte zwischen Pilatus und Napoleon. Etliches mußte ich mir ja später anders erzählen lassen, aber ich kann nicht sagen, daß ich viel dabei gewonnen hätte.
Zu den Festzeiten versammelte sich mancherlei Kundschaft in unserer engen Stube, denn die Mutter war die einzige Näherin im ganzen Tal, die sich noch darauf verstand, einen Miederleib richtig nach der alten Art zu nähen, und alles, was sonst zur Tracht gehörte. Da kamen nun seltsame Leute, ein Holzknecht etwa, der eine lange Weile verlegen auf der Truhe saß und den Hut in den Händen drehte, bis er endlich die passenden

Worte für sein Anliegen fand: es war ein Unterrock aus rotem Zeug zu bestellen, so und so lang, und für diese Dicke, ungefähr, mit der Blochzange ließ sich sein Mädchen ja nicht ausmessen.
Die Weibsleute hingegen waren weniger schämig, die streiften ungescheut alle Hüllen von sich. Vielleicht galt ich ihnen in meinem Kittel noch gar nicht als etwas Männliches, es ist ja leider so, daß mein Geschlecht die ersten Lebensjahre als ein Zwitterwesen hinbringen muß, in einem Larvenzustand sozusagen, bis sich die Mannsnatur unverkennbar deutlich entwickelt hat.
Mir will übrigens scheinen, als seien die Frauen dazumal im ganzen stattlicher gewesen als heutzutage, und sie zeigten das auch gern und prunkten mit ihrer Fülle. Darin bestand ja eigentlich die Kunst der Mutter, einen unsinnigen Aufwand von Hüllen und Falten so geschickt zu verteilen, daß für das abschätzende Augen dennoch nichts von der prächtigen Rundung des innersten Kernes verlorenging.
Es kamen aber auch Kunden, die noch weit schwieriger zu befriedigen waren. Einmal am Abend trat der Mesner in die Stube, mit zwei Roßdecken und einer Schafkeule unter dem Arm. Er gehörte zu unserer weitläufigen Vetternschaft, und die Mutter hielt große Stücke auf ihn, weil es doch immerhin nützlich war, einen Verwandten unter dem Gesinde Gottes zu haben. Und nun erklärte der Mesner umständlich, wie er allmählich in die anfälligen Jahre gekommen sei und die Lasten seines Dienstes nicht mehr recht vertrüge, das Knien auf dem Kirchenpflaster und die Zugluft in der Glockenkammer. Deshalb habe ihm der heilige Martin diese beiden Roßdekken und die Schafkeule geschenkt, weil er sein

Namenspatron und auch sonst für dergleichen Anliegen zuständig sei. Die Mutter sollte ihm einen warmen Rock aus den Decken nähen, und die Keule wollte er dafür als Machlohn dareingeben.

Nun gibt es nichts Heikleres in der ganzen Schneiderkunst, als Männergewand zu nähen. Ich weiß es aus Erfahrung, denn ich habe mich selbst darin versucht. Als ich im Felde diente, beschloß ich nämlich einmal, mich mit einer neuen Hose auszustatten. Ich dachte, wenn ich von der alten das Beste nähme und dazu meinen Mantel um eine Handbreite kürzer schnitte, bliebe mir genug Zeug dazu. Das wohl, aber der Schnitt geriet mir schlecht, oder was sonst der Grund sein mochte, jedenfalls behielt ich zuletzt nur ein paar Tuchstücke, um die Ellbogen damit zu flicken, und statt des Mantels mußte ich nun eine kurze Jacke tragen, an der zu beiden Seiten das weiße Taschenfutter baumelte, – eine wunderliche Tracht für einen kaiserlichen Fähnrich.

Die Mutter freilich kämpfte mit anderen Schwierigkeiten. Der Mesner war nicht sehr ebenmäßig gebaut, sondern schief und bucklig vom vielen Verneigen und Kreuzeschlagen, oder wovon sonst so viele Diener des Herrn krumm geraten, obwohl er sie doch alle gerade erschaffen hat. Der Vater wollte zu Hilfe kommen und einen Plan entwerfen, einen Riß mit seinem Zimmermannsblei, aber es wurde doch nur eine Art Dachstuhl daraus, nicht zu gebrauchen.

Nein, die Mutter behalf sich lieber selber. Nach einigen gewittrigen Tagen war der Rock auch wirklich fertig, ein brettsteifes Gebilde, man konnte es gleich einem Panzer in die Ecke stellen. Der Vetter, meinte der Vater,

der Mesner werde darin hängen wie der Schwengel in der Glocke.
Er kam dann auch zum Samstagabend und schloff in sein Gehäuse, schnaufend schüttelte er sich darin zurecht. Als er aber merkte, daß er nach und nach seine Glieder zu gebrauchen vermochte, war er wohl zufrieden und ging davon. Wir sahen ihm alle aus dem Fenster nach, gleich einer riesigen Schildkröte kroch er durch die Gasse hinunter.
Wegen dieses Meisterstückes geriet später unsere Familie in langwierige Händel mit der Sippschaft des Schneiders, der nach dem Urteil meiner streitbaren Mutter überhaupt der widerwärtigste unter ihren vielen Feinden war, und das nur, weil sie ihn in der Jugend als Brautwerber ausgeschlagen hatte, Gottlob, daß sie diesem Unheil entkam, es hätte ja auch mich gewissermaßen das Leben gekostet!

Später, als ich schon verständiger war und nicht mehr so unsicher auf den Beinen, durfte ich die Mutter zuweilen begleiten, wenn sie irgendwo auf Stör ins Haus gerufen wurde, um für eine Hochzeit zu nähen. Wir blieben zwar immer nur über Tag auf dem Hof, aber dennoch nahm die Mutter jedesmal feierlich Abschied von ihrem Hauswesen. Sie bekreuzigte sich und mich, die Schwester und den Vater und alles dazu, was sie seiner Lässigkeit anvertrauen mußte. Dann wurde die Nähmaschine auf den Schiebkarren geladen, ein Korb mit Werkzeug kam dazu, und obenauf ein seltsames einbeiniges Wesen, die Kleiderpuppe. Die Mutter hatte sie selber genäht und kunstvoll mit Heu ausgestopft, eine Göttin der fraulichen Üppigkeit, aber doch ein bißchen unheimlich anzusehen, weil ihr der Vater statt des Kopfes eine gläserne Gartenkugel auf den Hals gekittet hatte. So trug die Hohlköpfige alles in wunderlicher Verzerrung nach außen zur Schau, was sich sonst im Innern verbirgt, aber eben das sei für ein Gleichnis zu nehmen, meinte der Vater, so verhielte es sich mit den meisten Weiberköpfen.

Die Mutter schob den Karren, und ich lief nebenher und mußte das Ganze im Gleichgewicht halten. Es war manchmal ein mühseliges Fuhrwerk die steilen Wege hinauf. Für mich freilich gab es nichts Schöneres, ach, mir wird noch heute warm ums Herz, wenn ich an diese Zeit denke. In den drangvollen Wochen der Heuernte, im ersten Licht des Tages standen überall die Mäher in den Wiesen, es roch nach Tau und Gras, und die Vögel waren auch betrunken von der herben Süße dieses Duftes, sie stiegen hoch auf und sangen aus dem blassen Himmel herunter. Dann und wann hielt wohl einer von den Burschen inne, er betrachtete unser sonderbares Gefährt und rief etwas herüber. Aber die Mutter blieb keinem die Antwort schuldig, und was sie sagte, war von einer solchen Art, daß der Lästerer nichts mehr zu erwidern wußte. Er stellte betroffen seine Sense auf und griff an die Hüfte nach dem Kumpf, um das Blatt zu schärfen, und das war wiederum freudig anzuhören, dieser silbern singende Klang über die Felder hin.

Später am Tage durfte ich die Jausenmilch auf die Wiese bringen, oder kühlen Most im irdenen Krug. Köstlich war es, mit den Knechten im Baumschatten zu liegen und den sparsamen Reden zuzuhören, ihren saftigen Späßen, wenn dann das Weibervolk anrückte, um das Heu auszubreiten und zu wenden. Oh, mähen können, daß sogar der Großknecht weit zurückblieb, stark sein, braungebrannt! Eine haarige Brust zu haben, das hielt ich damals für das Äußerste, was ein Mensch im Leben erreichen konnte. Aber leider, nur wenige von solchen Knabenwünschen hat mir das Schicksal erfüllt.

Zum Heumachen gehört auch ein tüchtiger Wetterguß, der brachte am schläfrigen Nachmittag wieder Schwung in die Arbeit. Man spürte es schon lang vorher in allen Knochen. Eine schwelende Hitze glomm über den Feldern, überlaut zirpten die Grillen. Am flimmernden Himmelsrand zogen Wolken herauf, federweiße zuerst, dann regenträchtige mit dunkel hängenden Bäuchen. Plötzlich war auch der Wind wieder da. Den ganzen Tag schlief er pflichtvergessen in den Büschen, aber jetzt sah er die Gelegenheit, der alte Widersacher weiblicher Ehrbarkeit. Die Mägde kreischten unter seinen frechen Griffen und hatten Not, ihre aufgeblätterten Röcke zu bändigen.

Warme Schatten überflogen uns, irgendwo in der verhängten Ferne zuckte es feurig auf, und schon war der Donner zu hören, das dumpfe Räderrollen vom Wagen des wurfgewaltigen Gottes. Keine Zeit mehr zu verlieren, sogar die Mutter in der Nähstube ließ die Nadel stecken und kam mit einem Rechen auf die Wiese gelaufen.

Jetzt fuhr der Jungknecht mit dem Gespann heraus, auch die Gäule waren ungeduldig und stiegen erregt im Geschirr. Sogar ein Knirps wie ich zählte nun für einen vollen Mann. Ich durfte auf den Wagen klettern und das Fuder machen, und davon hing viel ab, nicht auszudenken, wenn es schlecht geriete und wir würfen auch noch die Fuhre um. Nebenher zu beiden Seiten keuchten die

Knechte und reichten mir ungeheure Ballen Heu auf der Holzgabel zu, haushoch wuchs das Fuder, und dabei wollte der Segen immer noch kein Ende nehmen. Im Tal war längst der letzte Sonnenfleck erloschen, Regenkühle wehte heran, schon schlugen einem die ersten Tropfen schmerzhaft ins Gesicht, – unmöglich, daß wir auch den letzten Wagen noch trocken unter Dach brachten!

Aber es gelang eben doch. Das hätte sich damals auch der geringste Knecht nicht nachsagen lassen, daß seinetwegen eine Zeile Heu verdorben sei.

Nachher saßen wir alle in der Stube beisammen. Die Kinder drückten sich in den Schoß der Frauen, es wurde finster, die ganze Welt versank in aschgrauer Düsternis. Und das Wetter brach herab. Schäumendes Wasser schlug gegen die Fenster, furchtbar, wenn das grelle Licht der Blitze in die Stube sprang, und der Donner schlug schmetternd darein, es war ungewiß, ob das Haus nicht längst schon wie eine Arche auf uferlosen Meeresfluten schwamm.

Aber nach einer bangen Weile kam der Bauer herein. Er streifte das Wasser aus dem schütteren Haar und setzte sich hin und nahm auch eins von den Kindern zwischen die Knie. Grobes Wetter, sagte er wohl, helf uns Gott! Und mit einemmal war alles nicht mehr so arg. Der Hausvater vermochte zwar auch nicht den Blitz zu bannen oder den Hagel zu beschwören, aber er war doch wieder unter uns, es geht vorüber, sagte er.

Denn es ist schon so: Nur ein erfülltes Leben gibt einem Menschen wirklich Wert und Festigkeit in seinem Wesen, nicht Bildung oder feine Lebensart oder was wir sonst noch für wichtig halten, – nur ein erfülltes Leben.

Ein Mensch muß ins Ganze wachsen wie ein Baum, der sich streckt bis zum Äußersten seiner Gestalt und keinen Zweig in seiner Krone verkümmern läßt, den ihm der Himmel zu tragen erlaubt. Was uns ansteht, will getan sein, nicht nur gedacht. Wohin führt uns am Ende alles Geschwätz über Gott und die Welt, kann es uns trösten, zufriedener machen, weiser? Heute noch, wenn ich einmal abends über die Felder laufe, mit meiner Unruhe im Leibe, und ich treffe den Nachbar unterwegs und lehne mich eine Weile neben ihm auf den Zaun, dann ist, was mir der Mann sagen kann, freilich keine Offenbarung für mich. Er hat auch nur Sorgen, er denkt an sein Korn, oder eine Kuh wird kalben, darauf läßt sich nichts Geistvolles erwidern. Und doch, es rührt mich an, es ist kein hohler Mund, der da plappert, sondern ein ganzer Mensch redet aus der runden Fülle und Breite seiner Welt. Und mit einem Male bin ich selber nicht mehr so verzagt, ich gehe heim und nehme auch meine Arbeit wieder auf.

Mir ist freilich in der Erinnerung, als hätten die Leute früher überhaupt viel unbekümmerter nach ihrer Weise gelebt. Heutzutage gilt einer ja schon für närrisch, wenn er nur das Natürlichste tut und mit sich selber redet. Ich denke etwa an meine Großmutter, die freilich von einer so abseitigen Art war, daß ihr die Leute heimlich nachsagten, sie sei eine Hexe und mit dem Teufel verlobt. Uns Kindern galt sie für bucklig und rabenschwarz von innen und außen, aber so sah sie gar nicht aus, sondern nur sehr mager und übrigens eher buntscheckig wie ein Stieglitz oder sonst ein seltener Vogel.

Im Sommer sammelte die Großmutter Kräuter und

Wurzeln, sie war weit berühmt und hatte viel Zulauf wegen der heilkräftigen Salben, die sie daraus kochte. Aber zeitlebens ging sie in keines Menschen Haus, und niemand hat je ihre eigene Hütte betreten dürfen. Sie hauste da ganz allein mit etlichen struppigen Hühnern, und obwohl sie eigentlich immer unterwegs war, quoll doch ständig ein schwarzer schwelender Rauch aus ihrem Schornstein. Einige wollten durch das Fensterloch gesehen haben, daß ihr höllischer Gespan am Herd saß und ins Feuer blies. Der eigentümlich beizende Gestank breitete sich manchmal weithin über allen Dächern aus. Sie kocht ein anderes Wetter, sagten die Leute.
Ab und zu und jedesmal unerwartet begegnete uns die Großmutter, sie huschte plötzlich irgendwo aus einem Gebüsch, und wir wagten nicht davonzulaufen, denn sie hätte uns auf der Stelle bannen und in eine Hagsäule verwandeln können. Es half nichts, wir mußten ihrem winkenden Finger folgen und kreidebleich und zitternd nacheinander in ihren tiefen Kittelsack greifen. Gewöhnlich fanden sich nur Nüsse oder Dörrbirnen darin, aber wenn man sich gar zu heftig sträubte, konnte man auch auf etwas ganz anderes stoßen, auf etwas entsetzlich Kaltes und Wimmelndes. Dann lachte die Großmutter lautlos und griff selber hinein, es war ja nichts weiter, nur wieder Pflaumen und Lebzelten in ihrer dürren Krallenhand.
Ich weiß nicht, wie das zuging und ob die Unheimliche wirklich zaubern konnte. Einmal geschah es, daß sie einen Fuhrknecht um einen Platz auf seinem Wagen bat. Der Bursche holte mit der Peitsche aus, aber das hätte er nicht wagen sollen, es reute ihn auch schnell, denn ein paar Schritte weiter scheuten ihm die Pferde

und er brach sich das Bein im Graben. Wer die Großmutter kannte, wird sich freilich nicht wundern, daß Rösser vor ihr scheuen konnten, allein, rätselhaft war diese Begebenheit doch, und daß sie nachher dem Unhold die Knochen wieder geradeheilte. Niemals nahm sie Geld für einen Dienst, die Leute legten ihr nur, was sie zum Leben brauchte, in die Fensternische. Wenn aber jemand seine Schuldigkeit vergaß und zu lange säumte, dann konnte es geschehen, daß ihm ihr falber Hahn aufs Dach geflogen kam und durchdringend zu krähen anfing.

Niemand weiß zu sagen, wann die Großmutter starb. Sie verschwand einfach und hatte kein Grab unter den gewöhnlichen Menschen. Vielleicht ist sie immer noch irgendwo unterwegs in den Wäldern, und eines Tages treffe ich sie wieder. Ich hätte ihr manches abzubitten, denn es begegnete mir seither nie wieder ein Weiberkittel, aus dem so leicht Süßigkeiten zu holen waren wie aus ihrem.

Unsere ganze Verwandtschaft, wie sie damals weit herum im Lande verstreut lebte, – wären die Vettern und Basen unversehens vom Jüngsten Gericht überrascht und vor dem Letzten Richter versammelt worden, er hätte nur wenige Gerechte unter dieser abenteuerlichen Bruderschaft gefunden und kaum einen Bußfertigen. Kein ganz schwarzes Schaf vielleicht, aber auch kein ganz weißes, sondern lauter gescheckte.

Etliche waren Handwerker wie mein Vater, oder Kleinbauern, Taglöhner die meisten. Aber jeder übte nebenbei irgendeine seltene Kunst, er verstand Brunnen zu graben oder Wetzsteine zu hauen, und davon nährte er sich nach Gelegenheit. Mitunter glückte es wohl einem,

sich auf Liebespfaden in einen Hof zu schmuggeln. Indes, nach einer kurzen Weile zerrann ihm doch wieder alles zwischen den Fingern, weil das Glück bei dieser Art von Leuten eben nie seßhaft wird. Es wirft ihnen nur ab und zu im Vorübergehen etwas in den Hut.
So lebte auch unser Vetter Veit, der ein Spielmann war. Man erzählte von ihm, es gebe kein Ding auf der Welt, das er nicht zum Klingen brächte, eine Futterrübe so gut wie ein Wagenscheit. Er war ein kleiner, behender Mensch und überall gern gesehen, obwohl er eigentlich jedermann zum besten hielt. Mag sein, daß der Narrenbalg des Vetters im Laufe der Zeit mit manch einer Feder geschmückt wurde, die ihm gar nicht zukam. Denn die Leute hatten wohl ihr Vergnügen an seinem Witz und seiner Findigkeit, aber die wenigsten merkten, daß es immer ihre eigenen Schwächen waren, womit er sie fing.
So fügte es sich einmal, als ein protziger Bürger gestorben war, daß die vornehme Leiche in der Totenkammer neben einen Armenhäusler zu liegen kam, den man dort eine Weile aufbewahrte, um ihn auch gelegentlich einzuscharren. Ob nun Veit die Bahrtücher vertauschte, oder wie er es sonst mit seiner mausgeschwinden Pfiffigkeit einrichtete, – jedenfalls hoben sechs Bürger den Armensarg auf die Schultern und trugen ihn dem Geleit voran. Unterwegs wurde zwar der Irrtum entdeckt, aber zu spät, denn man konnte doch nicht ohne Ärgernis den armen Lazarus auf halbem Wege wieder stehenlassen, um den reichen Prasser zu holen. So mußte man auch den anderen mit allem Gepränge, mit Lichtern, Fahnen und Vereinen in seine Ecke geleiten, für nichts als Gottes Lohn. Veit, der Kapellmeister, spielte ihm noch ein-

mal auf und sagte kein Wort dagegen, als der Pfarrer an der Grube erklärte, die Vorsehung gehe zuweilen wunderbare Wege, damit die Schrift erfüllt und der Niedrige erhöht werde.

Von Zeit zu Zeit besuchte uns der Vetter in der Schmiede, obwohl er da nicht eben freundlich behandelt wurde. Er saß dann geduldig und still hinter dem Tisch, während ihm die Mutter von ihrem Nähplatz her mit heftigen Worten seinen unehrbaren Wandel vor Augen führte. Ja, schon wahr, nichts als Saufgelage und Possen und Weiberhändel, traurig, daß ein Mensch seine Gaben so vergeuden mochte! Veit seufzte dazu und schüttelte den Kopf, als graute ihm selber vor dem Unrat, der bei dieser groben Wäsche zum Vorschein kam. Wenn es aber gar zu lang währte, fing er an, sich auf seine Weise zu trösten, etwa, indem er Stricknadeln in eine Tischfuge steckte, kürzer und länger in der Reihe. Und plötzlich hörte die zürnende Mutter eine leise, zirpende Musik hinter sich, – ach, es war vergeblich, den Vetter Veit zu bekehren, er gewann ihr doch wieder ein Lächeln ab.

Die Mutter lächelte nicht oft in jener Zeit. Ich weiß nicht mehr, aus welchem Grunde eigentlich unsere Familie damals immer tiefer in Not geriet. Der Armut kann ja jedes kleine Mißgeschick zum unabwendbaren Verhängnis werden. In meinem vierten oder fünften Jahr etwa mußten wir die Heimat ganz verlassen und auf die Wanderschaft gehen. Die Schwester blieb bei Verwandten zurück und verdiente sich ihr Brot, aber mich konnte niemand gebrauchen. Ich war weiter nichts als

eine ständig wachsende Plage, unstillbar gefräßig und gänzlich unnütz.
Natürlich reisten wir zu Fuß auf der Landstraße mit unserer ganzen beweglichen Habe. Der Vater schritt uns voran, er trug sein Handwerkszeug in einer Strohtasche über der Schulter wie der biblische Zimmermann. Nur der Korbwagen statt des Esels fügte sich schlecht in das fromme Bild, und noch weniger ich mit meiner wieselhaften Neugier. Mir war alles lieb, die endlose Straße und was darauf gelaufen kam, die Wiesen nebenher und das flatternde Getier und die Wälder, es gab damals noch viel mehr Wald in den Tälern, stundenweit.
Der Vater pfiff und schwang den Stock auf kunstvolle Weise, und oft, wenn ich müde wurde, ließ er mich auf seinen Schultern reiten. Soviel ich plappern mochte, der Vater war mit seiner listigen Taubheit nicht zu ermüden, und mir machte es auch wenig aus, daß Frage und Antwort nur selten einmal zusammenstimmten.
Solang der Sommer währte, besuchten wir die Verwandtschaft der Reihe nach. Es gab überall Arbeit auf der Tenne und in der Nähstube, immer für eine Woche oder zwei, bis der Gevatter anfing, unsere Milchsuppe mit hintergründigen Redensarten zu würzen. Der Vater hätte das leicht überhört, aber die Mutter ertrug es nie. Kein Unwetter und nicht die schwärzeste Nacht konnten ihren Zorn dämpfen, wir mußten augenblicklich weiterziehen. Lieber wollte sie unter der nächsten Brücke schlafen, sagte sie, wenn Gott nicht abließ, ihren Stolz zu prüfen.
Den andern Tag saß sie dann doch wieder in irgendeiner Leutestube und flickte das Lumpenzeug des Gesindes, ein wenig edrückt und beschämt, aber zufrieden.

Der Vater schlug indessen im Wagenschuppen seine Werkstatt auf. Ich ging ihm schon verständig an die Hand, und er hielt mich auch wie einen rechten Zimmergesellen und lehrte mich das Werkzeug nach der Kunst zu gebrauchen. Nie verlor er die Geduld. Wenn ich ihm ein Eisen verdarb oder wenn die Zugsäge klemmte, so schalt er nicht, sondern beriet die Sache umständlich mit mir, als wäre sie ihm selber neu. Auf diese Art kam ich dann auch dahinter, ich verfuhr ebenso schiedlich mit dem Vater und trug ihm seinen Fehler nicht weiter nach.
Ach, das liebe Leben, es war unerschöpflich reich an Abenteuern und Geheimnissen. Irgendwo in einem entlegenen Dorf traf ich den Vater Röck. Jedermann in der Gegend nannte ihn einfach so, den Vater, er war ja älter als alles Menschengedenken, und es gab niemand mehr, der ihm hätte nachrechnen können, was an Früchten seiner Jugendjahre um ihn her aufwuchs. Zu meiner Zeit war sein Blut schon lange ausgekühlt. Das Alter krümmte seine riesige Gestalt zusammen, und statt des Kopfes schwankte ein wunderliches Gebilde von Falten und Haarbüscheln auf dem mageren Hals, nur zufällig schienen wenigstens Nase und Kinn noch ungefähr auf dem richtigen Fleck zu sitzen.
Nein, der Kopf taugte nicht mehr viel, das sagte er selber gern, aber die Beine hielten noch stand. Den ganzen Tag hinkte er auf dem Hof umher und beklopfte alles mit seinem Stock, das Mauerwerk und das schwarze Gebälk. Oft liefen wir Kinder hinter ihm her und fragten ihn aus: Was tust du da, Vater, suchst du einen Schatz?
Das nicht, nein. Er wollte sich nur überzeugen, ob das

Ganze noch verläßlich stand. Der Krieg bricht wieder aus, sagte er, die Kroaten kommen.
Der Röckhof lag als ein festes, burgähnliches Gebäude weithinschauend auf dem Hang. Im Kellergewölbe gegen das Tal hinaus steckten noch die alten Kugelbüchsen in den Schießscharten, und daran hatte der Vater seine Freude. Er rieb die Läufe blank und ölte die Schlösser, und wo immer in der Gegend eine ahnungslose Kuh auf der Weide graste, er konnte sie jederzeit haarscharf aufs Korn nehmen.
Denn der Vater Röck verstand mehr vom Kriegshandwerk als die jungen Dächse dazumal, er hatte unterm Kaiser gedient und einen Feldzug mitgemacht. Oft übermannte ihn die Erinnerung, und dann sang er uns mit seiner hohen brüchigen Stimme das Lied der Jäger vor, wie sie bei Santa Lucia an der Kirchhofmauer stehen, von drei Seiten von dem Feind umringt, und wie die Feuerschlünde speien, die Kugel saust und die Granate springt. Noch lange hielt ich Granaten für etwas Hasenartiges, das hinter einem her hüpfte, so daß man nur noch Hals über Kopf um das Leben laufen konnte.
Der Vater Röck trug noch die älteste Tracht, an Werktagen zur gewalkten Joppe eine lange Lederhose, die angenähten Stiefelröhren unten offen und die Naht herauf mit einem Silberstreifen verziert, als sei ihm eine Schnecke über den Hintern gekrochen. An Feiertagen kam noch der grüne langschößige Haftelrock dazu und beim Kirchgang ein hoher Hut, wie er früher auch zur Frauentracht gehörte.
Warum aber heutzutage die Weiberhüte nur noch drei Finger hoch sind, das wußte der Vater Röck genau zu erklären. Man muß wissen, daß einmal eine Magd hier-

zulande lebte, die bildschön und bettelarm war, und obendrein auch noch überaus stolz, wie denn, wo Schönheit und Armut beisammen wachsen, der Teufel nicht selten die Hoffart dazusät. Lange stand der Magd kein Freier an, und als sich endlich der Rechte gefunden hätte, half es auch wieder nicht viel, denn er war selber nur ein armer Knecht.

Aber eher wollte sie ihr Seelenheil einbüßen, sagte die hochmütige Braut, als in einem schlechten Kittel zur Hochzeit gehen.

Diese frevelhafte Rede kam dem Teufel zu Ohren. Er putzte sich also und besprengte sich mit Rosenwasser, und dann machte er Besuch bei der Braut, um ihr einen Handel anzutragen.

Er wollte ihr ein Brautgewand stiften, so prächtig, wie noch keine Hochzeiterin eines getragen habe, alles aus reiner Seide versteht sich, der Höllische arbeitet ja von jeher nur für vornehme Leute. Und das Ganze sollte trotzdem beinahe gar nichts kosten, nur ein geringes Pfand bäte er sich aus, der Ordnung halber. Ihre Seele müßte die Magd verpfänden, aber das bedeute auch nichts weiter, sie brauchte nur darauf zu achten, daß sie unterwegs auf dem Kirchgang nichts verlöre, kein Nägelchen vom Schuh und kein Fädchen vom Gewand, nicht das geringste.

Nun, es gaben schon manche ihr Seelenheil für weniger hin, darum besann sich auch die Magd nicht lange. Dem Teufel freilich wurde die Arbeit sauer. Es saßen ja genug Schneider in der Hölle, aber keine solchen, die eine Brauttracht zu nähen verstanden. Die hatten alle ihre Sünden schon bei Lebzeiten abgebüßt. So blieb dem Leibhaftigen nichts übrig, als selber ans Werk zu gehen.

Nächtelang saß er und stach sich die Klauen wund, und doch war dem eitlen Mädchen nichts gut genug, immer noch fehlte ein Säumchen oder eine Krause hier und dort. Und als endlich gar kein Wunsch mehr offenblieb, war ihr doch der Hut zu niedrig, nein, er sollte wenigstens um zwei Zoll höher sein als der höchste Hut im ganzen Land.

Gut, auch das noch. Nun war alles zur Hochzeit bereit, aber als die Magd den kostbaren Brautschmuck anlegte, überkam sie doch ein Grausen. War der Weg nicht zu steinig für ihre silberbeschlagenen Schuhe, blies der Wind nicht zu heftig in das Fransentuch?

So wunderschön war sie anzuschauen, als sie nun blaß und in sich gekehrt im Brautzug ging, daß es ein jedes Wesen rühren mußte, nur die Weiber ausgenommen, die fauchten vor Neid.

Aber alle Steine legten sich flach in den Weg, damit die Braut kein Nägelchen vom Schuh verlöre, die Büsche zogen ihr Gezweig zurück, und der Wind hielt den Atem an, damit er ihr kein Fädchen vom Halstuch zupfte. Alles konnte noch gut ablaufen und der Teufel wäre betrogen worden, hätte sich nicht plötzlich wieder der alte Hochmut im Herzen der armen Magd geregt, als sie die feindseligen Nachbarinnen unterm Kirchentor warten sah. Gleich vergaß sie alle Vorsicht, stolz und hoch aufgerichtet wollte sie durch die Gasse der Bosheit gehen.

Aber der Hut, seht ihr, der Hut war um zwei Zoll zu hoch! Er streifte oben an den Türbalken und fiel und war nicht mehr aufzuhalten.

Und da half dann auch kein Stoßgebet, von der Kirchenschwelle weg holte die Magd der Teufel. Mit einem

Male sah der Bräutigam nichts mehr neben sich als ein blasses Wölkchen Rauch.
Man sollte meinen, diese grausige Begebenheit hätte künftig allen eitlen Frauenzimmern eine Warnung sein müssen. Aber nein, sie tragen seither nur die Hüte niedriger und binden sie hinten mit breiten Bändern fest, sonst ist alles beim alten geblieben. So hat mir der Vater Röck die Geschichte erzählt, – hüte dich! sagte er eindringlich. Es ist nichts als Hinterlist an den Frauenzimmern, schon daß sie ihre natürliche Gestalt verleugnen und Röcke tragen, muß man ihnen übel anrechnen. Jeder Weiberkittel ein lockender Köder, schlau zugerichtet, und doch immer das gleiche Schlageisen darunter! Goldene Worte waren das, aber man mußte so jung sein wie ich oder so alt wie der Vater Röck, zwischen hinein nützten sie keinem.
Gegen den Winter hin wurde unsere Wanderschaft mühsamer. Oft kämpften wir uns stundenweit durch das Schneegestöber nach der nächsten Herberge, und dann fanden wir doch nur eine Scheune und hatten wieder eine bitterkalte Nacht zu überstehen. Die Mutter schwieg und klagte nicht, aber bisweilen gewahrte ich, daß sie weinte. Ich sah die Tropfen auf das Bettzeug im Wagen fallen, und da lief ich neben ihr her und fing in meiner Herzensangst zu beten an, Gereimtes und Ungereimtes durcheinander, bis sie mir antwortete und nicht mehr so verzagt war.
Einmal, in einem ganz fremden Dorf, nahm mich die Mutter mit sich auf den Friedhof. Eine Weile suchte sie an der Mauer entlang und fand endlich ein verwaschenes Kreuz, einen flachen Hügel, der ganz von Unkraut überwachsen war. Da fing sie nun an, das erfrorene

Gras zu jäten und die harte Erde aufzulockern. Ich lief umher und brachte Immergrün und Efeu von den anderen Gräbern, wir flochten sogar einen Kranz aus den Ranken, zuletzt sah sich alles recht hübsch und freundlich an. Und da fragte ich in die stille Arbeit hinein, wer denn eigentlich hier liege, unter diesem namenlosen Kreuz?
Dein Bruder, sagte die Mutter.

Um die Festzeit kehrten wir heim, ohne Hoffnung freilich, nur damit es wenigstens nicht in der kalten Fremde mit uns zu Ende ginge.
Aber unversehens wendete sich das Glück, über Nacht, als hätte es die ganze Zeit nur auf uns gewartet. So schwer es den Vater ankommen mochte, er gab sein Handwerk gänzlich auf und nahm die Stelle eines Briefträgers bei der Post. Mir gefiel er recht wohl in seiner stattlichen Tracht, mit der Ledertasche und einer blauen Dienstmütze auf dem Kopf, und auch die Leute gewöhnten sich bald daran, daß das blinde Schicksal nun auch noch einen tauben Boten hatte. Anfangs durfte ich den Vater oft auf seinen Wegen begleiten, als Dolmetsch, als ein zweites Paar Ohren sozusagen, daran fehlte es mir ja nicht.
Auch sonst sorgte ich emsig für unser neues Hauswesen. Die Mutter war schon wieder zu klagen aufgelegt, sie plagte uns gern ein wenig mit Vorwürfen, wir wüßten nicht einmal Küchenholz zu beschaffen, und so schleppte ich denn im Handumdrehen eine Unmenge Holz herbei, einen ganzen Lattenzaun nach und nach, bis mich ein paar Ohrfeigen belehrten, daß zwischen

dem, was man braucht, und dem, was einem gehört, ein Unterschied zu machen sei.

Das gerühmte Bad hatte damals noch wenig Ansehen, es hieß ja auch das Wildbad, weil der Ort so düster in der unwirtlichen Einöde lag. Aber von Jahr zu Jahr schossen die Häuser höher empor, der Wald wich zurück, und die fremden Gäste fuhren vierspännig auf der breiten Straße durch das Tal herein. Es kam eine glanzvolle Zeit, Fürsten und Grafen stiegen ab, großmächtige Leute. Allein, wenn sich der Dienerschwarm verlaufen hatte, dann zeigte sich auch, wie schnell Prunk und Würden verblassen konnten, und daß es wenig ausmachte, ob sich die Hinfälligkeit des Menschen auf silberne Krücken stützte oder nur auf einen Haselstecken wie bei den Leuten aus dem Armenspital.

Für mich waren vor allem die Frauen ein unergründliches Geheimnis. Sie trugen in dieser Zeit Hüte von der Größe eines Wagenrades; und was ihnen in der Leibesmitte an Fülle fehlte, das drängte sich hinterwärts um so mächtiger unter Spitzenzeug und Seide zusammen. Unirdische Wesen waren sie, so zart, daß sie weder Regen noch Sonnenschein vertrugen und ständig ein Dach über sich halten mußten. Es war nicht zu erkunden, ob sie überhaupt auf Füßen liefen oder nur engelhaft über den Boden hinschwebten, getragen von den kleinen Staubwölkchen, die sie mit ihren langen Schleppen aufwirbelten. Außerdem rochen sie auch noch wunderbar, ich lief stundenlang hinter ihnen her, um die Wolke von Düften einzuatmen, die sie verschwenderisch von sich gaben.

In einem der neuen Häuser diente meine Schwester als Stubenmädchen. Gelegentlich erzählte sie der Mutter, es sei nun eine Prinzessin angekommen, aus königlichem Geblüt, wie sie sagte. Aber die hohe Dame mochte vielleicht an einer schweren Krankheit leiden oder sonst an einem unheilbaren Kummer. Jedenfalls bewohnte sie das Zuhaus ganz allein mit ihrer Dienerschaft, und niemand sonst durfte sich in ihrer Nähe zeigen.

Diese Geschichte beschäftigte mich sehr. Ich besaß ein dickes Buch voll von aufregenden Berichten über Prinzessinnen und ihre dunklen Schicksale. Es gab welche, die verzaubert in Schlössern saßen, von argwöhnischen Drachen bewacht, und andere waren durch mißgünstige Verwandte ins Elend gebracht worden, bis endlich ein beherzter Mensch Kopf und Kragen daransetzte und das Unheil zum Guten wendete. Freilich geriet der Retter nicht selten hinterher von neuem ins Gedränge, weil er die Prinzessin heiraten sollte, aber etliche waren schlau genug und zogen dennoch einigen Vorteil aus dem Handel. Schweinehirten hatten auf diese Art ihr Glück gemacht, warum sollte es also mir nicht gelingen, ich war doch immerhin Briefträger.

Am frühen Morgen kroch ich unterm Zaun hindurch in den Garten, der das Haus umgab. Hinter den Stauden legte ich mich auf die Lauer, ich wußte ja nicht recht, was nun eigentlich geschehen sollte, und es geschah auch nichts, außer daß ich erbärmlich fror, während ich im taunassen Grase hockte und ängstlich nach dem stillen Haus hinüberäugte. Dabei entging mir ganz, daß schon die längste Zeit jemand hinter mir stand, eine schwarzgekleidete Frau, ich überschlug mich fast vor Schreck, als sie mich plötzlich mit dem Finger anstieß. Sie sah aus dunklen Augen zürnend auf mich herab und

begann sogleich ein arglistiges Verhör, – was ich hier suche und ob ich nicht wisse, daß niemand in diesen Garten kommen dürfe?
Demnach wollte es also das Verhängnis, daß ich gleich an die Unrechte geraten war, an die böse Stiefmutter, und weil ich nun doch nichts Gutes mehr zu hoffen hatte, sagte ich es ihr auch auf den Kopf zu. Sie möge sich nur hüten, erklärte ich, und beizeiten ihre Hexenkunst lassen, sie werde ein schreckliches Ende nehmen, wenn der Prinzessin nur das Geringste zuleid geschähe. Das alles geriet mir ein wenig durcheinander in meiner zornigen Rede, die fremde Frau wollte lange nicht verstehen, was ich mit den glühenden Schuhen meinte und warum sie darin werde tanzen müssen.
Aber dann lächelte sie plötzlich und sah mit einem Male ganz verändert aus. Ich sei ein gutes Kind, sagte die Frau, und was die Prinzessin beträfe, so sei sie wohlauf, ich sollte mir keine Sorgen machen, – ob ich sie denn sehen möchte? Warte ein wenig, flüsterte sie und lief in das Haus zurück.
Es währte nicht lang, da öffnete sich oben ein Fenster, und es erschien dasselbe schwarzäugige Wesen, aber in einen weißen Mantel gehüllt, so wie es in dem Buche beschrieben stand, über die Maßen schön. Sie trug auch ein blitzendes Krönchen im Haar, ein Diadem, wie es die Mutter später nannte. Und indessen stand ich allein unten auf dem breiten Kiesweg, strohhaarig und barfuß in meinen zwiefarbenen Hosen, und wieder einmal völlig wirr in meinem Kopf. Ach, wie sehr hatte ich ihre Hoheit verkannt, und wie gnädig verfuhr sie trotzdem mit mir! Sie schickte eine Zofe unten aus dem Tor, und die stopfte mir alle Taschen voll mit Backwerk und Zuk-

kerzeug. Die Mutter schalt mich hinterher wegen meines Ungeschickes, sie zeigte mir genau, wie ich hätte mit dem Fuße hinter mich schleifen und den Hut artig schwenken sollen, – ja, zu spät!
Viel zu spät, nach Jahren erst kam ich selber in das Land, in dem die Prinzessin zu Hause war. Aber da fand ich sie gar nicht mehr. Inzwischen war ihr doch ein Leid geschehen.

Zugegeben, in höfischen Bräuchen fehlte es mir an Erfahrung, aber in anderen Geschäften zeigte ich mich um so anstelliger, das wußte die Mutter nur nicht. Ich mochte mit meinesgleichen wohl überhaupt eine rätselhafte Plage für die Leute sein, besonders für arglose Kurgäste, die allerorten in unsere Fallstricke liefen. Wo immer sich auf den Promenaden ein verträumtes Paar entdecken ließ, krochen wir dahinter in die Büsche und schreckten es mit einem Pfiff von der Bank. Weil aber Liebesleute, wenn sie verscheucht werden, gewöhnlich etwas liegen lassen, brauchte man nur hinterherzulaufen, um Handschuhe und Taschentuch abzuliefern und einen Groschen dafür einzuheimsen.
Die Mutter klagte oft über mein wildes Wesen, und daß sie seinerzeit eigentlich vorhatte, ein Mädchen zur Welt zu bringen, etwas Sanfteres, was ihr nicht so schnell entwüchse. Aus gutem Willen setzte ich mich dann einmal wieder zu ihr auf meinen alten Schemel und kramte das Spielzeug aus der Kiste, die verblasene Mundharmonika und meinen glatzköpfigen Bären. Aber das geschah nur noch zum Schein, zum Trost für die Mutter, damit sie nicht immer so allein und verlassen am Fenster sitzen mußte.

In Wahrheit führte ich ein ganz anderes Leben, ich war ungemein rührig und für alles zu gebrauchen. Jeder Kutscher konnte mich sorglos zu seinen Pferden stellen, während er sein Bier in der Schenke trank, und immer einmal rief mich ein Dienstmädchen beim Kirchgang zu sich und vertraute mir eine heimliche Botschaft an. Das hatte mitunter rätselhafte Folgen. Eine Weile später mußte ich auch noch nach einer Halskette suchen, die das kopflose Frauenzimmer verloren hatte, und nicht etwa in der Kirche, sondern daneben in den Stauden.
So prächtig gediehen mir Handel und Wandel, daß ich es früh zu einer gewissen Wohlhabenheit hätte bringen können, wäre nicht der ganze Segen wieder durch meine Gefräßigkeit aufgezehrt worden. Ich weiß mich keines Ereignisses aus der Kindheit zu entsinnen, daß mir nicht sogleich und vor allem einfiele, wie hungrig ich war. Um mich meinem Laster ungestört hingeben zu können, schleppte ich einen Gemüsekorb in den Wipfel einer hohen Fichte, Holzwolle und einen Bettvorleger als Dach darüber. In diesem behaglichen Nest sammelte ich wie ein Eichhörnchen alles, was mir der mühsame Werktag einbrachte. Nach Feierabend aber stieg ich hinauf und genoß die Früchte meines Fleißes, vom Wind geschaukelt und von Krähen umflattert, glückselig kauend und schlingend, Rosinen und Zuckerbrezen und hinterher noch einen Wecken Brot, denn das andere war doch nur Näscherei gewesen.
Viel Muße durfte ich mir ja nicht gönnen, weil ich sonst fürchten mußte, das Abendessen zu versäumen. Der Vater hielt dafür, man müsse mich streng zu regelmäßigen Mahlzeiten nötigen, damit es mir besser anschlüge. Oft betrachtete er mich sorgenvoll und schob mir noch

den Rest in der Nockenschüssel zu. Es sei vielleicht das Wachstum, meinte er, was an mir zehre, so daß ich kein Fett ansetzen konnte, nichts als Knochen unter meinem fleckigen Fell.

Immerhin, ich war dabei, mir das Dasein nach und nach gemütlich einzurichten. Aber nun warf mich ein rätselhaftes Ereignis unversehens wieder aus der Bahn.
Die Mutter wurde plötzlich krank. Ich wußte mir das nicht zu erklären, denn sie war in der letzten Zeit förmlich aufgeblüht und von Tag zu Tag behäbiger und stattlicher geworden. Aber es stand wohl sehr schlimm mit ihr, man konnte sie in der Schlafkammer stöhnen hören, und trotzdem durfte man nicht mehr zu ihr gehen. Auch der Vater rannte nur schaufend zwischen Tür und Fenster hin und her und war wieder einmal völlig taub gegen meine angstvollen Fragen.
Obendrein machte sich ein fremdes Frauenzimmer bei uns zu schaffen, als ob wir uns nicht zur Not hätten selber behelfen können. Mir war die gleich zuwider und verdächtig, weil sie so abscheulich roch, wie der Doktor, der mir einmal heimtückisch einen Zahn entrissen hatte. Nun lief diese Frau geschäftig bei uns aus und ein und kochte auf dem Herd, aber nichts als Wasser, und schließlich, um den Jammer voll zu machen, brachte die Unselige mitten in der Nacht auch noch ein schreiendes Kind in die Stube. Sie schreckte mich damit aus dem Schlaf und zeigte es schadenfroh herum. Gott, erklärte sie heuchlerisch, der Allmächtige, habe mir eine Schwester beschert. Geschenkt, sagte sie, als ob ich ihn je um etwas dergleichen gebeten hätte.
Ich beriet mich sofort ernstlich mit dem Vater und gab

ihm zu überlegen, ob wir denn dieses Kind auch wirklich behalten müßten. Vielleicht konnte man es gleich wieder weiterschenken, oder ich wollte es dem Pfarrer heimlich in den Beichtstuhl legen, wie das unlängst einmal geschehen war.

Aber seltsam, der Vater nahm es gar nicht so schwer. Er wendete das Kind um und um und besah es von allen Seiten, – möglicherweise, meinte er, mit der Zeit konnte es ein ganz hübsches Mädchen werden, und wir wollten es also Elisabeth nennen.

So ließ ich ihn denn in Gottes Namen gewähren. Damals ahnte ich ja noch nicht, daß sich dieses mißfarbene Geschöpf zu einer furchtbaren Plage für mich auswachsen werde.

Zwar, die fremde Frau verschwand wieder, sobald sich die Mutter ein wenig erholt hatte, aber es enttäuschte mich sehr, daß auch sie auf keinen vernünftigen Vorschlag hören wollte, was die andere Heimsuchung betraf. Im Gegenteil, sie warf sich förmlich auf dieses Kind und betreute es Tag und Nacht mit einer zärtlichen Geduld, wie sie ihr sonst nicht eigen war. Der Korbwagen wurde vom Dachboden geholt und auf das prächtigste mit Federkissen und Decken ausgestattet, und in der Küche fand man sich kaum noch zurecht zwischen einem Netzwerk von ausgespannten Schnüren, an denen Windelzeug und Tücher hingen, als hausten wir auf dem Deck eines Segelschiffes.

Immerfort wurde Elisabeth mit dem Löffel gefüttert und aus einer Flasche getränkt, aber soviel man auch hineinschüttete, alles verwandelte sich fast im Augenblick wieder in Wasser und anderen Unrat. Dann mußte das tropfende Gewächs von neuem aus seinen zahllosen

Hüllen gewickelt und gesäubert werden. Zweimal am Tage wurde es sogar gebadet, das gönnte ich ihm von Herzen.

Wenn das Kind nicht trank oder schlief, dann schrie es, vor allem in der Nacht und mit einer so durchdringenden Gewalt, daß zuweilen sogar der Vater erwachte und sich besorgt erkundigte, ob Elisabeth etwa krank sei. Ihm war, als habe er sie seufzen gehört.

Allmählich aber verwandelte sich die Schwester, sie wuchs ein wenig und wurde menschenähnlich, wenn man gewisse Anwandlungen von Heimtücke so auslegen wollte. Einmal beugte ich mich gutwillig über sie, weil die Mutter behauptete, Elisabeth habe lachen gelernt. Aber das tat ich kein zweitesmal, denn sie schlug mich mit einem Kochlöffel mörderisch auf die Nase. Und obendrein durfte ich ihr diese Kainstat nicht vergelten, es sei unglaublich viel für ihr Alter, meinte die Mutter entzückt.

Damit das Schwesterchen noch besser gediehe und vor allem seine mehlwurmartige Blässe verlöre, mußte es an die Sonne gebracht werden. Von Stund an war ich gleichsam mit einem fleischgewordenen Fluch beladen, mit einer quälenden Last, die mir unentrinnbar anhing, wie dem Sträfling die eiserne Kugel am Bein, schlimmer noch, denn seine Kugel war wenigstens stumm.

Anfangs konnte ich mitunter einen Spielgefährten überreden, daß er mir Elisabeth für fünf Kreuzer eine Weile in Obhut nahm. Aber weil den dieses Geschäft auch bald sauer ankam, verhandelte er das Kind um drei Kreuzer an den Nächstbesten weiter, und so fort, bis es der letzte in der Reihe einfach in Wind und Wetter liegenließ. Ich durfte von Glück sagen, wenn ich die

Schwester überhaupt noch wiederfand, ehe sie ganz von Fliegen und Ungeziefer aufgezehrt worden war.
Bei alledem schlug ihr meine Pflege gut an. Sie wurde nun nicht mehr in ein Kissen geschnürt, sondern mit Hemd und Kittel ausgestattet. Damit war freilich nichts gewonnen. Denn als ich endlich die Kunst erlernt hatte, die Halbscheid ihrer Froschgestalt so unter den Arm zu klemmen, daß sie mir nicht mehr entschlüpfen konnte, erfand Elisabeth eine neue Teufelei. Plötzlich, während ich sie arglos und keines Unheils gewärtig hin und wieder trug, fing sie zu schreien an, aber nicht stoßweise und zornmütig wie bisher, sondern mit einem einzigen durchdringenden Ton, und wenn sie endlich den allerletzten Hauch vergeudet hatte, sank sie mir leblos hintenüber vom Arm.
Mit diesem Kunststück brachte sie mich jedesrnal zu völliger Verzweiflung. So grausig war sie anzusehen, blau im Gesicht und bis zum Platzen aufgebläht, daß ich sie einfach irgendwo ins Gras legte und davonlief. Wenn ich aber nach einer bangen Weile wieder geschlichen kam, damit ich der Mutter doch wenigstens die entseelte Hülle nach Hause bringen konnte, war die Schwester durchaus nicht tot, sondern sie lag da wie das selige Himmelskind und krähte mir fröhlich entgegen. Es war alles nur Spiegelfechterei gewesen, damals wußte ich noch nicht, daß die weibliche Natur fähig ist, auch mit Hilfe der Wahrheit zu trügen.
Unsägliche Mühe wendete ich daran, der Schwester das Laufen beizubringen; sie wollte nicht einsehen, daß es für einen Menschen schicklicher sei, nur zwei von seinen vier Gliedmaßen für diesen Zweck zu gebrauchen. Ein paar Augenblicke lang stand sie wohl schwankend auf

ihren krummen Beinen, aber die vielen Ausladungen ihres Leibes brachten sie gleich wieder zu Fall, und schließlich kroch sie doch lieber auf Händen und Füßen davon, mit einer unbegreiflichen Geschwindigkeit. Mehr als einmal verschwand sie mir spurlos unter den Augen, ich knüpfte sie zuletzt an eine lange Schnur wie ein Hündchen. Alles, was ihr in die Finger kam, steckte sie sofort in den Mund, Erdbeeren so gut wie Asseln, und obendrein war sie auch noch diebisch in ihrer Habgier. Einmal ließ sie meine schönste Glaskugel, die ich ihr ahnungslos geliehen hatte, auf die gleiche Art verschwinden, und weil kein Zureden half, mußte ich bis in ihren Hals hinein mit dem Finger nachbohren, um mein Eigentum zurückzuholen.
Immerhin, wir gewöhnten uns mehr und mehr aneinander, ich empfand schließlich sogar eine gewisse Zuneigung für dieses hintergründige Wesen. Die Schwester war indessen ein hübsches Kind geworden, freilich auch so überaus beleibt und gewichtig, daß ich sie kaum noch schleppen konnte. Ich half mir, indem ich sie in eine Schlinge setzte, die ich schärpenartig quer über die Schulter knüpfte, und wenn ich dann noch ihre Beine in meinen Hosenbund steckte, sahen wir wie ein ungleiches Paar zusammengewachsener Zwillinge aus.
Weit umher in der ganzen Gegend kannte uns jedermann. Mildtätige Frauen winkten mich an das Fenster, um mir ein Stück Kuchen zuzustecken, wenn ich schnaufend unter meiner Zentnerlast vorüberwankte, – ein Schaubild brüderlicher Liebe. Eine Zeitlang gesellte sich auch ein zottiger Hund zu uns, der sich herrenlos herumtrieb. Von nun an zogen wir gleich einem Trupp fahrender Zirkusleute auf den Promenaden von Bank zu

Bank. Elisabeth hatte nichts weiter zu tun, als niedlich auszusehen. Ich schmückte sie mit Bändern und Schleifen und flocht ihr Blümchen in die schwarzen Locken, so gelang es ihr leicht, das gaffende Volk zu entzücken. Der Hund wiederum konnte aufwarten und tanzen, auch er zeigte sich als ein ungewöhnlich kluges und erfahrenes Tier. Ich selber aber stand dem Ganzen vor, ich sorgte unermüdlich für Abwechslung in unseren Darbietungen und behielt die Zuschauer achtsam im Auge, damit uns kein unredlicher Zaungast um den Groschen betröge.

Das hätte so bleiben können. Allein, nun war ich unversehens in mein siebentes Jahr geraten und mußte zur Schule gehen. Mir graute unsäglich vor diesem Ereignis. Zwar konnte ich längst lesen und an den Fingern rechnen und zur Not ein Schimpfwort an den Zaun schreiben, aber nach allem, was ich von der Mutter hörte, war dergleichen für nichts zu achten, solang es mir an der schwierigsten aller Künste fehlte, nämlich das Lernen zu erlernen.

Es begann damit, daß ich eines Morgens frühzeitig aus dem Bett geholt und erbarmungslos gewaschen wurde. Als gälte es, meine bisherige Erscheinung völlig auszurotten, schnitt mir die Mutter auch noch das Haar am Rand einer Schüssel entlang. Ich mußte in einen neuen Rock schlüpfen, zu groß für eine Jacke, zu kurz für einen Mantel, und dann führte sie einen unkenntlichen Wechselbalg statt ihres Sohnes durch den ganzen Ort bis in das Schulhaus vor den Tisch der Lehrerin.

Den langen Vormittag hockte ich verstört in der ersten Bank, gepeinigt von der Angst, daß die Lehrerin meinen

Schluckauf hören könnte, und tief bekümmert im Herzen, weil die Mutter so traurig Abschied nahm. Sie hatte mir viel zärtlicher als sonst ihre drei Kreuze auf Stirn und Mund und Brust gezeichnet, als müßte sie mich nun einem ganz ungewissen Schicksal überlassen.

Aber die Stunden vergingen, die ersten Tage sogar, und es geschah noch immer nichts Erschreckendes. Die Lehrerin zeigte sich über alle Begriffe sanft und freundlich. Gleich zu Anfang, als sie mich fragte, wie ich hieße, und es antwortete ihr ein schnalzender Kobold aus meinem Mund, da zürnte sie gar nicht, sondern sagte, »Huck« sei ein lustiger Name, viel schöner als Karl.

Übrigens hatte sie genug zu tun, unermüdlich lief sie von Bank zu Bank und brachte ihre Schäfchen ins Trokkene, sooft sie von Tränen oder sonstwie überflossen. Zwischendurch schrieb sie allerlei Zeichen an die große Tafel, Kreuze und Kreise, die sollten wir mit dem Griffel sauber nachmalen. Ich faßte allmählich den Verdacht, daß ihr das meiste selber neu sei. Denn wie sonst war es zu erklären, wenn sie uns eine ganze Zeile lang nur Striche zeichnen ließ und dann der Reihe nach Punkte drüber, und plötzlich, wie von einer Erleuchtung überkommen, verkündete sie, was ich ihr gleich hätte sagen können, daß uns ein i zu schreiben gelungen war.

Es währte nicht lang, da verdroß mich dieses Getue, ich trachtete, ein wenig Kurzweil von meinem Platz aus zu verbreiten. Vor allem bei den Mädchen konnte ich mühelos ein unaufhaltsames Kichern wachrufen, indem ich hübsche Dinge aus Papier faltete, Himmel und Hölle etwa, oder einen Vogel, der mit den Flügeln schlug, wenn man ihn am Schwanz zog. Für die näheren Nachbarn wiederum malte ich Gesichter auf die Nägel

meiner Daumen, ich setzte ihnen Hüte auf, und dann begegneten sie einander an der Banklehne und führten ein stummes Gespräch, das mit vielen Verbeugungen begann und mit einer großartigen Rauferei endete.
Es gefiel allen sehr wohl, was ich zum besten gab, außer dem Fräulein. Aber immer setzte sie nur ihre milde Geduld gegen meine erfinderische, statt mich, wie ich es von der Mutter her gewohnt war, mit einem Kopfstück wieder auf den rechten Weg zu bringen.
Nun ist es mir eigen, daß ich gewisse Gegensätze nicht auseinanderhalten kann, mein und dein noch zur Not, links und rechts nur auf gutes Glück. Als uns die Lehrerin einmal beim Turnen erklärte, wir müßten beim Ausschreiten, je nachdem wir die Beine setzten, den einen oder den anderen Arm nach vorn schwingen, da entdeckte ich zu meiner Bestürzung, daß es mir auf keine Weise gelingen wollte, das Gehen zu erlernen. Was ich auch anstellen mochte und wie sehr ich mich abmühte, ich hüpfte nur um so hilfloser voran und flatterte dazu mit den Armen wie ein gelähmter Vogel. Für die anderen war das ein Spaß, aber die Lehrerin mußte es für reine Bosheit halten. Sie verklagte mich bei der Mutter, und damit erst entflammte sie mein sonst eher gutartiges Gemüt zu besinnungsloser Wut, weniger wegen des Strafgerichtes, das sie heraufbeschwor, sondern weil mir Unrecht geschehen war.
Am anderen Morgen, als sie mir begütigend ihre Hand unter das Kinn schieben wollte, biß ich sie heftig in den Daumen.
Es tat mir ja gleich wieder leid. Wir weinten beide ein wenig und schlossen zuletzt einen Frieden, derart, daß

ich zur Sühne für meine Bluttat und zur Sicherheit für das Fräulein in die Eselsbank gesetzt wurde.
Dort war mir um vieles wohler, inmitten einer Schar von ungeschlachten Riesen, die, in ihr unbegreifliches Schicksal ergeben, Jahr um Jahr darauf warteten, daß sie Gott endlich aus ihrer schuldlosen Gefangenschaft erlösen möchte. Vielleicht war ihre Einfalt dem Schöpfer sogar besonders lieb, wie alle Armut im Geiste, seit sich herausgestellt hatte, daß die Menschen um so schlimmer mißrieten, je mehr sie Gott ähnlich sein wollten. Wie die Schnecke in ihr Haus, so steckte er sie in den undurchdringlichen Panzer der Unwissenheit, damit ihr weiches Gemüt innerhalb keinen Schaden litte, und so verdämmerten sie selig ihre Zeit, stundenlang schlafend oder kauend oder in die Betrachtung ihrer eigenen Finger versunken, wie sie auf dem Pult lagen und sich langsam bewegten.
Etwas von dem entrückten Wesen meiner Nachbarn übertrug sich allmählich auch auf mich, aber das schlug mir übel an. Denn aus der Traumwelt, in der ich mehr und mehr versank, nährte sich eine wunderliche und gefährliche Neigung, die mir eingeboren ist, nämlich der Drang, zu lügen, Einbildung und Wirklichkeit unentwirrbar zu vermengen. Was immer mir begegnete, der harmloseste Vorfall blähte sich im Erzählen zum Abenteuer auf. Ich gewahrte mit leisem Grauen, aber auch mit heimlicher Lust, wie sich die Dinge verwandelten, während ich sie nannte, wie sie zu Bildern wurden und vor meinen Augen deutliche Gestalt annahmen, bis mich endlich selber nichts mehr daran wunderte, außer dem Umstand, daß mir meine Zuhörer nicht glauben wollten.
Die Mutter, als sie voll Entsetzen diese neuen Laster in

meiner Seele aufkeimen sah und sogleich daranging, die Höllensaat mit Strenge wieder auszurotten, die bekümmerte Mutter wußte nicht, daß sie auf diese Weise das Übel nur noch förderte, weil sie mich zwang, um so sorgfältiger zu lügen, je schärfer sie mich prüfte. Noch weniger ahnte sie freilich, daß diese widerwärtige Kunst später einmal hinreichen würde, ihren mißratenen Sohn zu ernähren.

So sehr mir die Mutter mißtraute, bisweilen gelang es mir doch, auch ihren Argwohn zu täuschen. In den Sommerwochen, wenn viele fremde Gäste eintrafen, vermieteten wir manchmal auch unsere Schlafstube. Nun hatten wir eben eine ältliche Dame im Quartier, die uns allen zuwider war, weil sie an schwachen Nerven litt und keinerlei Geräusch hören wollte, das sie nicht selber erzeugte. Eines Morgens aber erhob sich ein Aufruhr nebenan. Unsere empfindsame Nachbarin brach förmlich durch die Küchentür herein und schrie, es sei ihr eine kostbare Busennadel aus dem Koffer gestohlen worden.

Während die beiden Frauen verhandelten, immer hitziger von Wort zu Wort, saß ich still daneben, und der Lügenwurm regte sich wieder in meiner Brust, hob den Schlangenkopf und begann zu flüstern. Ich weiß nicht, wollte ich nur die entrüstete Dame ärgern oder der Mutter zu Hilfe kommen, als ich sie voll Zorn in ihre Schürze weinen sah, jedenfalls stand ich unversehens auf und sagte, ich hätte die Nadel genommen. Ja, so und so, es war eine verworrene Geschichte, aber seltsam, diesmal zweifelte die Mutter keinen Augenblick. Sie blickte schweigend auf mich herab, wachsbleich mit einemmal, im Innersten getroffen. Wortlos holte sie ihr Tuch aus

der Lade, und dann nahm sie hart meine Hand und führte mich selbst auf die Wache, um mich der irdischen Gerechtigkeit zu übergeben, weiter blieb nichts mehr zu tun.
Dort, vor dem Richterstuhl gleichsam, mußte ich mein Geständnis wiederholen. Da halfen keine Ausflüchte, denn sobald ich versuchte, meine Lügen zu bekennen, fiel mir die Mutter unerbittlich ins Wort und log für mich um der gerechten Wahrheit willen.
Dem Wachtmeister schien die ganze Sache nicht recht geheuer zu sein, er kannte mich ja und war mir sonst wohlgesinnt. Vielleicht konnte man alles noch einmal gut sein lassen, meinte er, wenn ich doch nur gleich sagen wollte, wo die Nadel zu finden war.
Ja, wo denn nur in aller Welt? Wie gern wäre ich dem guten Mann gefällig gewesen, – eine Maus mochte mir das Kleinod entführt haben oder vielleicht ein diebischer Vogel? Als nichts dergleichen verfangen wollte, geriet mir auch noch ein Italiener in meine Geschichte, der an der Straße mit Zitronen handelte. Dieser Mann wurde nun auch eilends herbeigeholt und peinlich befragt, er schäumte gleich über von Schwüren und Flüchen, und es war nur gut, daß ihn niemand verstand, auch der Himmel nicht, den er um einen Blitz für mein ruchloses Lügenhaupt anflehte.
Zuletzt, in der äußersten Bedrängnis, kam uns der Vater zu Hilfe. Die Nadel hatte sich inzwischen an einem Kleide steckend gefunden. Aber obgleich sich nun meine Unschuld von selber bewies, die Strafe ereilte mich dennoch, den ersten Räuber vielleicht, der von der Obrigkeit ein Kopfstück dafür empfing, daß er keiner war.

Dieses schreckliche Erlebnis hing mir noch lange nach. Im Kindesalter durchwandert ja jede Menschenseele ein ungewisses Zwischenreich ihres Daseins, bis das Bewußtsein sich gleichsam einwärts wendet und plötzlich seiner selbst gewahr wird. Aber es ist möglich, daß in mir das Geisteslicht nie hell genug strahlte, um alle Winkel meiner Seele auszuleuchten. Deshalb wohnt auch mein Verstand nicht eben behaglich in seinem Gehäuse, wie bei anderen Leuten, sondern sozusagen auf einem dämmrigen Dachboden unter allerhand Gerümpel aus entlegener Zeit, ihm selber zuweilen ein bißchen unheimlich, ich kann es nicht leugnen.

Seit der Vater Postbote geworden war und ein festes Einkommen hatte, kam unsere Familie allmählich zu einem gewissen Ansehen. Die Mutter konnte es schon sehr übel bemerken, wenn sie im Kramladen nicht höflich genug begrüßt und bedankt wurde, als ob wir noch zu den ganz armen Leuten gehörten. Auch die Stuben füllten sich mit neuem Hausrat. Wir aßen jetzt nicht mehr in der Runde aus einer Schüssel, sondern jedes für sich aus einem bunten Teller. Meiner war mit blauen Blümchen bemalt, und ich verbrannte mir täglich den Schlund mit der Brennsuppe, weil ich es nicht mit ansehen konnte, daß sich ein flatternder Vogel auf dem Grund der heißen Brühe ertränkte.

Alle diese vornehmen Dinge hatten zudem die Eigenheit, daß man sie nicht nach Belieben gebrauchen durfte, sie entzogen sich ihren Pflichten, indem sie ihre Kostbarkeit hervorkehrten. Selbst der Vater hockte jetzt auf der harten Bank und schob das samtene Kissen von sich, weil er es nicht wagte, auf einer Mondlandschaft zu sitzen.

Dieser ganze Kram war mit einer verhängnisvollen Hinfälligkeit behaftet, aber er zerbrach nicht etwa nur, er wurde zerbrochen, und das seltsamerweise nur von mir. Denn sooft der Mutter ein Henkel in der Hand blieb, hatte ich es zu büßen, weil ich ihr im Wege stand, oder auch nur, weil offenbar schon mein bloßes Dasein unheilvoll auf den Lauf der Dinge wirkte. Und was die Schwester betraf, so zählte sie ja gewissermaßen selbst zu den Kostbarkeiten, es war nur natürlich, daß man auch ihre Sünden auf meine Rechnung setzte.

Um die Zahl meiner Heimsuchungen vollzumachen, nähte mir die Mutter um diese Zeit ein neues Feiertagsgewand. Unbegreiflich, wie es Matrosen fertigbrachten, in solchen Anzügen das wilde Weltmeer zu befahren, während ich sogar auf trockenem Lande keine Viertelstunde darin wandeln konnte, ohne etliche von den goldenen Knöpfen einzubüßen oder durch eine böswillige Schwalbe aus heiterem Himmel verunstaltet zu werden. An Sonntagen nämlich, wenn das Mittagessen ohne ein tieferes Zerwürfnis überstanden war, führte der Vater die Seinen nach Bürgerbrauch auf der vornehmen Promenade in ein Gasthaus. Er vergnügte sich dort eine Weile beim Kegelspiel, und indessen saß die Mutter mit uns Kindern im Garten, um Kaffee und Kuchen zu verzehren. Aber auch diese Genüsse waren trügerisch. Unsichtbar, auf leisen Sohlen, schlich das Verhängnis um den Tisch und übte seine Bosheit. Zuerst schoß es der Schwester eine Fliege ins Auge. Dann ließ es plötzlich den Klappsessel unter ihr zusammenbrechen. Aber während ich mich noch heimlich daran ergötzte, sprang das Unheil mir selber ins Gesicht. Es kitzelte mich plötzlich in der Nase, und das weiß jeder, was geschieht, wenn man mit vollem Munde auf ein weißes Tischtuch niest.

Kam der Vater endlich zurück, so fand er die Familie zerrüttet und in Tränen aufgelöst, er mußte alle Künste seiner Taubheit daran wenden, den Frieden wiederherzustellen. Aber er blieb ja selber nicht ganz unangefochten. Einmal wehte ihm auf dem Heimweg ein heftiger Windstoß seinen Sonntagshut in den Bach. Das war nun ein betäubendes Unglück. Als ich den Hut, wie durch Zaubermacht in ein Schiff verwandelt, plötzlich auf den Wellen tanzen sah, besann ich mich keinen Augenblick. Ich lief hinter ihm her in das spritzende Wasser und erjagte ihn auch glücklich. Aber die Steine waren schlüpfrig, auf halbem Wege glitt ich aus und fuhr kopfüber zu Grunde.

Dem Vater erging es nicht besser, als er seinerseits hineinstieg, um mit dem Stock nach mir zu angeln. Auch er konnte sich nur auf allen vieren zur Not über Wasser halten. Da schürzte denn die Mutter selbst am Ufer ihre Röcke und stieg beherzt in den Bach, entschlossen, wenigstens den Ernährer zu retten. Aber freilich, so weit kam sie gar nicht, weil Elisabeth in ihrem Unverstand dachte, wir wollten vielleicht nur einen kürzeren Weg einschlagen. Sie stolperte getrost hinter der Mutter her, und natürlich wurde sie augenblicklich von den Fluten verschlungen.

Es währte geraume Zeit alles in allem, bis wir, gezählt und zum Trocknen aufgereiht, wieder am Uferrain in der Sonne sitzen konnten. Hinterher schickte mich die Mutter zum heiligen Nepomuk mit einer Kerze für die wunderbare Rettung, sehr zu Unrecht, wie mir schien. Denn wir wären ja gar nicht in Wassernot geraten, hätte der Heilige nur auch die vier Winde besser in der Zucht gehalten.

Seit ich für den Sohn ansehnlicher Leute zu gelten hatte, wurde mein Leben zusehends mühsamer, es gelang mir kaum noch einmal, dem engmaschigen Netz von lästigen Pflichten zu entschlüpfen. Auch Elisabeth enttäuschte mich mehr und mehr. Sie war eben doch ein Mädchen, und der schlimmste unter allen Wesenszügen ihres Geschlechtes entwickelte sich am frühesten, eine verräterische Geschwätzigkeit.

So blieb mir eigentlich nur noch die Schule als letzte Zuflucht, mein abseitiger Platz zwischen den wiederkäuenden Riesen. Das Fräulein gab sich gern zufrieden, wenn ich nur gelegentlich das Einmaleins im Chore mitsang und weiter keinen Unfug trieb. Ich las damals viel, nicht in der Fibel natürlich, sondern in den Büchern und Heften, die vergeßliche Kurgäste manchmal auf den Bänken liegenließen. Wenn die Mutter einen solchen Fund aus meiner Schultasche räumte, verschloß sie ihn gleich in der Nählade, damit ich nicht daran verdürbe. Aber ich hatte das Buch ja längst gelesen, und sie wunderte sich nicht wenig, wie ich ihr Fortgang und Ende gleichsam weissagen konnte, wenn ihre eigene Neugier noch kaum über die ersten Seiten hinaus war. In den meisten dieser Geschichten wurde von Leuten berichtet, die sich das Dasein auf absonderliche Weise schwer machten. Obwohl sie doch alle jugendschön und ohne Sorgen auf ihren Adelsschlössern leben konnten, quälten sie einander mit einer unbegreiflichen Verstocktheit zu Tode, die Frauen, indem sie bei der geringsten Anfech-

tung in Ohmmacht fielen, und die Männer, weil sie darauf kopflos davonliefen, statt den ganzen Handel mit ein paar deutlichen Worten zu schlichten.
Herzensnöte waren es, die sie so durcheinanderbrachten, und demnach mußte die Liebe wohl eine Art Irrsinn sein, ein anrüchiges Leiden, vor dem man sich beizeiten zu hüten hatte, aber wie? Es war nichts Genaueres darüber zu erfahren, auch meine ältere Schwester verdrehte nur die Augen und seufzte aus tiefer Brust, wenn ich sie befragte.
Dann und wann bei gutem Wetter versteckte ich mein Schulzeug in einer Hecke und gönnte mir einen freien Tag. Der Bahnbau brachte viel fremdes Volk in unser Tal, Arbeiter aus dem Süden, die in den Wäldern ihre Hütten aufschlugen und zu graben begannen, lauter dunkelhäutige und wildgelockte Leute. Es war aber nicht so, wie die Mutter sagte, daß sie gleich Zigeunern mit Messern warfen und gebratene Katzen verzehrten. Sie meinten durchaus nichts Böses, wenn sie ihre Augen rollten und die weißen Zähne zeigten, und was ihre Kost betraf, so aßen sie nur Zwiebeln und köstlich scharfen Käse aus der Hand oder lange Nudeln, die sie mit großer Kunst aus der Luft in den Schlund hineinfädelten. Das lernte ich auch und noch manches dazu, was einem Steinmetz anstand, maßgerecht zu spucken und geläufig in zwei Sprachen zu fluchen und die Hosen so unter dem Bauch festzubinden, daß man sie nur mit Hilfe einer schwierigen Bewegung der Hüften in der Schwebe halten konnte.
Schon damals war mir keine Arbeit zu schwer, wenn sie nur nicht nach Pflicht und Nutzen schmeckte. Unmenschlich plagte ich mich und schleppte mit wankenden

Knien Wasser oder schweres Bohrzeug zur Feldschmiede. Dafür durfte ich dann wieder im Steinbruch sitzen und selber einen Meißel führen. Die Leute schwatzten und sangen sorglos bei ihrer Arbeit, und doch traf der Hammer jedesmal haargenau mit einem sausenden Schwung. Man mußte den Stahl der Prellung wegen im richtigen Augenblick locker halten und gleich wieder fassen, um die Schneide zu lüften und ein wenig zu drehen.

Gegen Mittag kam der weißköpfige Sprengmeister, wir kletterten in den Felsen umher und luden die Löcher. Weil ich bessere Zähne hatte als er, überließ er es mir, gleichsam den Tod in den Finger zu beißen, in die Sprengkapseln nämlich, um sie auf diese Weise am Ende der Zündschnur festzuklemmen. Wenn alle Ladungen gehörig verdämmt waren, blies ich ins Horn, die Leute suchten ihr Werkzeug zusammen und verschwanden im Wald. Wir beide aber mußten von Loch zu Loch hasten und die Schnüre anzünden, das glückte nicht immer schnell genug. Überall um uns her zischten Rauchschlangen aus dem Boden, mit knapper Not erreichten wir noch die nächsten Bäume, ehe der erste Schuß sich löste und die Splitter pfeifend durch die Äste fuhren. Mitunter verzählten wir uns. »Undici!« sagte der Meister. Nein, zwölf, behauptete ich rechthaberisch und war meiner Sache gewiß, bis mich ein letzter Donnerschlag wieder in mein Versteck zurückscheuchte.

Im Herbst, sagten meine leichtblütigen Freunde, im Spätherbst wollten sie mich mit nach Hause nehmen, in ihr Heimatland. Sie priesen es überschwenglich mit feurigen Worten und Gebärden, – dort schien im Winter die Sonne warm vom ewig blauen Himmel, und auch das Meer war ebenso blau bis ans Ende der Welt hinaus. Es gab süße Feigen und Weintrauben in Fülle, und die Bäume trugen köstliche Frucht das ganze Jahr über, nicht bloß herbe Vogelbeeren und Fichtenzapfen wie hierzulande.

Ja, wunderbar, das alles lockte mich sehr. Aber die Mutter? Konnte ich sie einfach so verlassen, mußte ihr nicht das Herz brechen vor Kummer um den verlorenen Sohn? Sie ahnte ja nichts von solchen Anfechtungen. Manchmal wunderte sie sich, weil sie immer wieder mehligen Staub in meinen Taschen fand, und dann schnitt sie mir das Jausenbrot ein wenig reichlicher zu, damit ich es nicht nötig hätte, mich heimlich beim Bäkker herumzutreiben.

Im Frühsommer, als sich niemand mehr dessen versah, wurde uns Besuch in der Schule angesagt. Ein hoher Herr käme eigens aus der Stadt, um uns zu prüfen, erklärte das Fräulein, aber es stünde dahin, ob wir in Ehren würden bestehen können. Zum mindesten sollten wir artig sitzen und unser Weniges im Kopf beisammenhalten. Was aber die Eselsbank beträfe, – für mich und die Riesen wisse sie keinen Rat. Am besten, wir blieben ganz stumm und zogen nur die Köpfe ein, vielleicht dachte dann der Herr, wir seien nur Schaustücke, tot und ausgestopft wie Fuchs und Igel auf dem Kasten.

Eines Morgens schlüpfte der Gast auch wirklich in die Schulstube, ein beleibter, kahlköpfiger Mann, der nicht weiter gefährlich aussah. Ungemein flink auf seinen kurzen Beinen lief er hierhin und dorthin zwischen den Bänken, und das Fräulein immer hinter ihm her, es sah

aus, als versuchte sie, einen entwischten Garnknäuel wieder einzufangen.
Indessen sagten die Auserwählten ihr Bestes her, und unser Gast hörte geduldig zu. Es wäre auch alles gut abgelaufen, hätte ihm nicht das Lied vom Männlein im Walde zuletzt noch einen seltsamen Gedanken eingegeben. Er sehe wohl, sagte er, daß wir fleißige Leute seien, nun aber wolle er noch prüfen, ob wir denn auch Verstand im Kopfe hätten. Deshalb werde er uns Rätsel zu raten geben, und wer die Lösung fände, sollte dafür eine Nuß aus seiner Hosentasche bekommen.
Begreiflich, daß mich ein solches Angebot sofort aus meiner stummen Rolle fallen ließ. Aber wenn dieser Herr meinte, er könne sich die Sache mit Kalenderscherzen leicht machen, etwa mit dem Vogel, der weder Federn noch Flügel hatte, so irrte er. Gleich war der Spaßvogel durchschaut und mußte sein erstes Ei in meine Hand fallen lassen. Eine zweite Nuß büßte er für den Knecht ein, der keinen Lohn bekommt, den Stiefelknecht. Gut soweit. Wußte ich etwa auch, was nur ein Toter verzehren konnte, aber kein Lebender, ohne daran zu sterben?
Das war schwierig, auch das Fräulein schüttelte nur heimlich den Kopf.
Nichts essen die Toten, sagte der Mann und steckte eine Nuß in seine Tasche zurück. Freilich verlor er sie im Handumdrehen wieder für den Kartenkönig ohne Land, und das verdroß ihn sehr. Erst beim nächstenmal glückte es ihm wieder besser, weil ich mich verwirren ließ und nicht daran dachte, daß ein Loch natürlich kleiner wird, wenn man zugibt, und um so größer, je mehr man wegnimmt.

Drei Nüsse also auf jeder Seite, und nun sollte es ums Ganze gehen, alle sechs oder keine! Was ist das, hörte ich fragen: es schlägt und hat doch keinen Stock! Ich wußte gleich, daß er die Wanduhr meinte, aber klang das nicht gar zu billig? Unschlüssig schielte ich nach der Lehrerin hinüber, und als ich sah, wie sie mir zunickte und dabei ihre Hand vor dem Gesicht hin und her bewegte, da war es nicht mehr schwierig, der Falle auszuweichen. Das ist unser Fräulein, sagte ich siegesgewiß. Daraufhin konnte sich die Lehrerin nur eben noch an die Wand lehnen, und der Mann zerbarst beinahe an seinem Gelächter. Die sechs Nüsse zahlte er mir redlich aus, und damit Gott befohlen. Weiter wollte er sich auf nichts mehr einlassen.

Damit die schulfreien Sommerwochen nicht ganz unnütz vergeudet würden, entschloß sich die Mutter, mich zu meinem Taufpaten zu führen und ihn zu bitten, er möchte mich für einen Laufburschen in seine Dienste nehmen. Der Pate war ein vornehmer Mann und so unermeßlich reich, daß es ihn beinahe um den Verstand brachte. Er betrachtete mich lange schweigend mit einer angewiderten Miene, als hielte er es für unmöglich, daß er jemals auch nur zum Scheine mitgewirkt haben könnte, einem so kümmerlichen Gewächs ins Leben zu helfen. Aber gottähnlich auch in seiner Großmut, erbarmte er sich endlich doch, ein stummes Kopfnicken reichte hin, mich mit einer prachtvollen Uniform auszustatten, wie sie meiner neuen Würde angemessen war, himmelblau und mit zweiunddreißig silbernen Knöpfen verziert.
Aber dieses Prunkgewand war nur das erste Glied in

einer langen Kette der Trübsal. Es begann damit, daß ich das Frühstück für den Oberkellner aus der Küche bringen sollte. Leicht gesagt, schon auf der halben Treppe entschlüpfte mir die Buttersemmel. Ich fing sie zwar gleich wieder ein und klemmte sie unter den Arm, aber das Flüssige war nicht so einfach zu bändigen. Je ängstlicher ich in die Tasse starrte, desto schneller entleerte sie sich über meinen verbrühten Daumen, und als ich endlich ans Ziel gelangte, wollte wiederum der Oberkellner seinen Kaffee nicht vom Teller schlürfen, er schaffte das ganze Unheil kurzerhand mit einer Ohrfeige aus der Welt.

Nachher stellte man mich am Eingang hinter die Flügeltür. Es wurde mir aufgetragen, sie mit einer Verbeugung zu öffnen, sobald jemand das Haus betreten oder verlassen wollte. Aber auch dieses Geschäft glückte mir nur selten. Entweder scheuten die Gäste erschrocken zurück, weil ich ihnen plötzlich meinen Kopf in den Magen bohrte, oder ich beförderte sie zu rasch, indem ich ihnen die Tür auf die Fersen fallen ließ.

Dabei fand ich keinen Augenblick Ruhe, jedermann schalt mich, jeder rief nach mir. Ich rannte die Treppen auf und ab und verirrte mich auch noch in den weitläufigen Gängen, und so verwunschen fühlte ich mich nach und nach, so bis in den Grund hinein verzweifelt und elend, daß ich zuletzt in die tiefste Tiefe des Hauses flüchtete und in den Gemüsekeller kroch. Dort durfte ich endlich mein Herz in bitteren Tränen ausschütten, ich wollte überhaupt nur noch sterben. Nicht augenblicklich vielleicht. Eine Weile konnte ich ja noch von den Rüben zehren, bis mich die Mutter fand und auf

den Armen nach Hause trug, wie sie es früher manchmal getan hatte, wenn mir ein Leid geschehen war.
Nun, die Mutter kam freilich nicht, eine Küchenmagd entdeckte mich hinter Körben und Fässern. Um diese Zeit war mir aber schon wieder viel wohler, denn es gab nicht nur Rüben im Keller. Die Magd zog mich heraus und sprach mir freundlich zu, während sie mich schneuzte und säuberte, sie wußte gleich Bescheid. Das ginge alles vorüber, meinte das Mädchen, es sei nur anfangs so schlimm, später nicht mehr, und sie sagte mir auch ihren Namen, als ob es ein Trost für mich sei, daß sie Anna hieß.
Aber es war wirklich ein Trost. Seit ich nur einen vertrauten Menschen im Hause wußte, entdeckte ich allmählich, daß mir eigentlich auch alle anderen nicht übelwollten. Denn im Grunde hatten wir alle das gleiche zu fürchten: einen gemeinsamen Feind, den Gast. Wie Ameisen in ihrem Bau, so liefen wir Tag und Nacht durcheinander und umsorgten diese vielgestaltigen und doch so einförmigen Wesen. Unablässig mußten sie gefüttert und getränkt und gebadet werden, in die Sonne gebettet und gleich wieder in ihre Kammern zurückgeschleppt, sobald sich ein leisestes Windchen regte. Das geschah aber nicht etwa aus zärtlicher Neigung, sondern nur, um ihnen etwas zu entlocken, was sie nur bei guter Laune von sich gaben, Ausschwitzungen von Silber sozusagen, die sogleich versiegten, wenn sie in Aufregung gerieten.
Manche unter den Gasten waren wirklich krank, die kauerten stundenlang im Rollstuhl, erbärmlich mager und welk, und nur in den Augen brannte noch eine matte Glut. Es lag etwas unheimlich Saugendes in ihrem

Blick, Argwohn vielleicht oder Angst. Andere humpelten ruhelos auf ihren Stöcken umher, oder sie standen auch wieder lange still und blickten hinter sich und dankten mit einem traurigen Lächeln, wenn man ihnen sagte, daß es nun doch schon viel besser ginge. Ja, freilich, wieder ein paar Schritte mehr, aber wozu eigentlich, wohin?

Es gab welche, die niemals klagten und trotzdem viel nachlässiger behandelt wurden als solche, die uns ständig in Atem hielten, weil sie gleichsam mit dem Sprengpulver ihrer Langeweile geladen waren und plötzlich wie Knallfrösche zu toben begannen. In solchen Fällen erschien der Pate persönlich, um den Aufruhr zu dämpfen. Er winkte mich unterwegs mit dem Finger zu sich, und was immer der Grund sein mochte, eine fleckige Tapete oder ein verspäteter Brief, ich wurde dem Gast als Sühneopfer angeboten. Es lag allein bei ihm zu entscheiden, ob ich auf der Stelle entlassen oder wegen meiner aufrichtigen Zerknirschung noch einmal begnadigt werden sollte. Gewöhnlich schlug dann der Handel zu meinen Gunsten um. Ernstlich ermahnt, aber mit einem Silberstück wieder aufgerichtet, durfte ich ein besseres Leben beginnen.

Weil ich mich so anstellig zeigte, und damit er mich immer zur Hand hätte, übertrug mir der Pate das Amt, den Aufzug zu bedienen. Dieses Gerät besaß ein empfindsames Gemüt und seinen eigenen launischen Willen, wie alle Maschinen in jener Morgenzeit ihrer Erfindung. Meinen Vorgänger, der das Unglück hatte, ihm zu mißfallen, quälte der Aufzug mit der Unversöhnlichkeit eines Elefanten zu Tode. Immer einmal raste er krachend und splitternd gegen die Decke, oder er verspreizte sich im Schacht und überließ es ungerührt der Feuerwehr, die Fahrgäste vor dem Verhungern zu retten. Wenn man aber seine Zuneigung gewann, fügte er sich fromm und willig jedem Wink des Leitseiles, man konnte selig, wie ein Cherub auf der Wolke, zwischen Himmel und Erde auf- und niederschweben.

Von nun an war ich den ganzen Tag in meinem Prunkgerät aus Gold und Samt unterwegs, unzugänglich erhaben in meiner Würde und ohne Mitgefühl für meinen Nachfolger, der jetzt seinen Leidensweg mit der Kaffeeschale antreten mußte. Nur wenn wir uns im Flur versammelten, um einen Gast zu verabschieden, stellte ich mich immer noch als letzter in der langen Reihe an die Flügeltür, und das mit gutem Grund. Wenn nämlich die Quelle des Trinkgeldes vom Oberkellner herab bis zum geringsten Stubenmädchen zusehends spärlicher in die vorgestreckten Hände tropfte und schließlich ganz zu versiegen drohte, dann bewirkte ein unmerkliches Zögern meinerseits, ein Räuspern, ein seidenglattes und heuchlerisches »Auf Wiedersehen«, daß auch der Hartdhörigste noch einmal innehielt und sein Letztes in allen Taschen zusammensuchte, um nur endlich aus der Tür zu kommen.

Oh, ich war nicht mehr ganz unerfahren und für mancherlei zu gebrauchen. Einmal rief mich der Pate zu sich in sein innerstes Heiligtum. Wir, sagte er, als sei ich gar kein Ich, sondern nur ein Anhängsel, ein nebensächlicher Bestandteil seiner selbst, – wir säubern uns jetzt die Fingernägel, und dann melden wir uns auf Nummer 33 zum Vorlesen!

In diesem Zimmer wohnte ein Gast, den wir nur den Geier nannten, wegen des zerzausten Pelzes, den er

ständig trug, und weil er mit seinem mageren Hals und den hämisch funkelnden Augen über der ungeheuren Hakennase wirklich wie ein riesiger Vogel aussah.
Der Geier wies mich also wortlos in einen Stuhl am Fenster, er legte mir ein gewichtiges Buch auf die Knie, und ich begann ungescheut meine Kunst zu üben. Aber nach einer Weile unterbrach er mich – was war das, fragte er, wie sagtest du eben?
Nun, so und so, deutsch oder welsch, ich hielt dafür, daß man den Buchstaben so nehmen müsse, wie er gedruckt stand, einerlei, ob die Sache dann auch zu begreifen war, das lag bei Gott. Der Geier hingegen fand von einer ganz anderen Seite her Gefallen an meiner Art, die Schrift auszulegen. Er umflatterte mich krächzend und sträubte sein Gefieder vor Entzücken darüber, daß es meiner Einfalt so leicht gelang, einen Weisen dieser Welt zum Narren zu machen. Ich konnte ja seine Heiterkeit nicht durchaus teilen, aber noch jahrelang war ich der Meinung, es habe einst einen Mann namens Kant gegeben, der dicke Bücher voll der unterhaltsamsten Späße schrieb.
In der stillen Mittagszeit oder am späten Abend besuchte ich Anna, um ihr ein wenig bei der Arbeit zu helfen. Ich spülte Silberzeug und Geschirr, dafür schob sie mir zu, was die Gäste auf den Tellern liegen ließen, Kuchen und Bratenreste durcheinander, Süßes und Saures. Wählerisch war ich nicht, und was die Menge betraf, so wartete die Freundin vergeblich auf einen Seufzer der Befriedigung. Sie sah nur mit Grausen, wie sich nach und nach die Knöpfe an meiner Jacke zu spreizen begannen, und dann schickte sie mich wieder fort, aus Angst, ich könnte vor ihren Augen zerplatzen.

Aber ich setzte dennoch kein Fett an. Mein rastloser Lebenseifer zehrte an mir, und zudem eine erste heimliche Leidenschaft, weil ich mich in ein überaus häßliches, dünnbeiniges Mädchen verliebt hatte. Dieses Geschöpf verwirrte mich unsäglich mit seinen Launen. Ich haßte es inbrünstig, weil es so hochmütig war, so boshaft und unberechenbar, und dennoch versank ich sogleich in einer seligen Betäubung, wenn ich es nur von weitem hörte. Wir konnten freilich nie miteinander reden. Mein beklommenes Herz war keiner Worte fähig, und was mein Mädchen sagte, verstand ich nicht, dieses seltsame Gezwitscher in seiner fremden Sprache. Aber ihm zu Gefallen fuhr ich den Aufzug fast zuschanden, und einmal kaufte ich für teures Geld eine Korallenkette beim Uhrmacher, ein gänzlich nutzloses Ding, das sich nach und nach in meiner Hosentasche zerkrümelte.
Es kam der Herbst, Nebel und Kälte vertrieben die letzten Gäste. Sowie die prunkvollen Portale mit Brettern veschlagen wurden, mußte auch ich mein blaues Gewand ausziehen und wieder in meinen alten Röhrenhosen zur Schule gehen. Im stillen hoffte ich, daß es mir glücken werde, unbemerkt in meiner Ecke sitzen zu bleiben, aber dem war nicht so, wir zogen alle in eine neue Schulstube, und dort gab es überhaupt keine Eselsbank. Der Lehrer meinte, es sei nur dem lieben Gott und der unbeseelten Kreatur vorbehalten, nichts zu lernen, wir anderen müßten trachten, uns mit Fleiß und gutem Willen in der Mitte zu halten.

Ungefähr aus dieser Zeit ist eines von den Bildern erhalten geblieben, die der Vater von Jahr zu Jahr herstellen

ließ, vielleicht um sich seine bewegte Familie einmal übersichtlich geordnet vor Augen zu führen. In der Mitte steht er selbst, die Hand auf ein Marmorgeländer gestützt, den sanften Blick nachdenklich in die Ferne richtend, als suche er sich zu besinnen, auf welche Weise wir wohl in einen fremden Schloßpark geraten sein mochten. Die Mutter neben ihm, in einem Polstersessel thronend, hält Elisabeth auf dem Schoß, sie lächelt zwar, aber sehr müsham und wie gefroren, denn das Kind hängt bedenklich vornüber, es ist offenbar schon wieder der Auflösung nahe.
Und dahinter lehnt noch jemand, den ich gar nicht erkennen würde, wenn ich nicht sicher wüßte, daß ich es selber bin. Vielleicht war ich wegen des Vögelchens, das der Meister angekündigt hatte, im entscheidenden Augenblick so gänzlich außer mir, anders wüßte ich es nicht zu deuten, warum sozusagen Tür und Tor in meinem Gesicht offenstehen. Sooft ich dieses Bild betrachte, bewegt mich ein brüderliches Gefühl von herzlicher Rührung im Anblick meiner Ungestalt, und von Dankbarkeit, weil es doch nicht völlig dabei geblieben ist.
Aber eigentlich brachte ich es wohl in keinem Lebensalter zu einem deutlichen Begriff meiner selbst. Wenn ich es so ausdrücken könnte, wie ich es meine, würde ich sagen, daß ich die Jahre her wohl allmählich mit der Welt bekannt wurde, jedoch immer nur zufällig und nach Gelegenheit. Mein inneres Wesen hat sich dabei kaum verändert. Ich helfe mir noch heute mit Einsichten, die ich schon auf Kindesbeinen erwarb, und ebenso oft entdecke ich alte Irrtümer, die mich längst um mein ganzes Ansehen hätten bringen müssen, wenn ich es

nicht mit Hilfe meiner eingeborenen Verschlagenheit immer wieder so einzurichten wüßte, daß mich die Leute für schwierig halten, wo ich nur unsicher bin, oder für hintergründig und verschlossen, während ich in Wahrheit nur schweige, weil ich durchaus nichts zu sagen weiß. Alles in allem habe ich freilich auf solche Art weit mehr von meinem natürlichen Erbteil vergeudet, als ich dazugewinnen konnte, und es wäre übel um mein Alter bestellt, käme nicht auch mir ein Umstand zustatten, der eigentlich wohl unser ganzes unseliges Geschlecht vor dem verdienten Untergang rettet: daß der Mensch, der furchtbare Verwüster, selber so unverwüstlich ist.

Über den Sommer war ich wohlhabend geworden. Ich denke noch des Tages, an dem ich zum Postamt ging und meinen ersparten Schatz durch den Schalter schob, die Silberstücke alle blank geputzt, die Geldscheine sauber gebügelt und mit einem seidenen Zopfband umschnürt. Der Beamte tat seine Arbeit sorgfältig, es lag eine feierliche Achtung in der Art, wie er die Summe abzählte und die größeren Scheine gegen das Fenster prüfte, nicht, weil er mir zutraute, daß ich mich gelegentlich ein wenig mit Falschmünzerei befaßte, sondern, damit sich kein geringster Zweifel und kein Zufall in unseren Handel schliche, ehe er die Ziffern in das Sparbuch schrieb. Dann reichte er auch mir die Feder heraus und zeigte auf die Stelle, wo ich, Bürger des Vaterlandes, meinen Namen neben das amtliche Siegel setzen durfte. So war es denn beschworen und verbrieft. Von nun an, dachte ich, würde der kaiserliche Adler gleich einem brütenden Vogel auf meinen Gulden sitzen, damit sie sich wunderbar vermehrten. Und wenn ich die

nächsten zwanzig Jahre, je länger, je besser, keinen Finger mehr rührte, dann mußten mir Zins und Zinseszinsen ganz von selber über den Kopf wachsen.
Der Vater freilich legte die Sache nicht so aus. Es sei schon recht, meinte er, wenn ich nun dieses Sparbuch hätte. Aber für mich und meinesgleichen liege der Segen des Geldes eigentlich darin, daß es die anderen Leute hätten.
Das war nun wieder einer von den wunderlichen Sprüchen, die sich der Vater gelegentlich ausdachte, während er mit der Brieftasche von Tür zu Tür ging. Es war ja immer still in seinem Kopf, niemand, nicht einmal ein Vogel konnte ihm dazwischenschwatzen, wenn er sich Gedanken machte. Manches dergleichen habe ich lang behalten, ohne es zu verstehen, nur weil es so sonderbar klang, und oft erst nach Jahren entdeckte ich, daß es ein Spaß gewesen war, aber ein hintergründiger. Ein anderes Mal wieder entzündete sich plötzlich ein solches Wort in einer dunklen Stunde und leuchtete mir als ein tröstliches Licht, wie jenes vom Sterbenmüssen, das mir erst wieder einfiel, als ich einmal auf den Tod krank war und Geduld und Mut verlor: Der Mensch lebt, solang es ihn freut.
Also mag vielleicht wohl auch in seinem Scherz vom Segen fremden Reichtums eine Wahrheit stecken. Vermöchte ich sein Wort recht auszulegen, könnte ich überhaupt erklären, wie es zuging, daß mein Vater zeitlebens so arm und dabei doch so fröhlich blieb, beides aus Bestimmung, oder eins durch das andere, – wüßte ich das, so wüßte ich mehr. Vielleicht lag das Geheimnis seiner Lebenskunst einfach darin, daß er seine Arbeit liebte. Der Vater war unermüdlich tätig, aber er nahm

seine Pflichten nicht wie ein Kreuz auf sich, wie eine quälende Last, die der Arme schleppen muß, um dafür dem launischen Himmel ein wenig vom Glück des Müßigganges abzunötigen. Für ihn lag das Glück in der Arbeit selbst. Mühsam und schwierig wurde ihm das Leben erst, wenn er einmal nichts zu tun hatte.

Heutzutage legt man das alles anders aus, versteht sich, mein Vater war kein Mann des Fortschritts. Niemand kann einen goldenen Braten essen, sagte er. Er sah das Heil nicht darin, Recht zu fordern, sondern recht zu tun. Nach der Meinung des Vaters konnte ein Mensch auf zweierlei Art ums Leben kommen, einmal, wenn er starb, außerdem aber auch, indem er unehrlich wurde, und das war in seinen Augen ein weit schrecklicherer Tod als der leibliche. Nicht, daß der Vater einen so gestorbenen Menschen verachtet hätte, aber er betrauerte ihn und sprach von ihm nur noch wie von einem Abgeschiedenen. So bitter ich es beklage, daß ich ihn so früh verlor, eines tröstet mich doch daran: er hat die Schande seines Sohnes nicht erleben müssen, und nicht die Zeit, die dem Wahn Gewalt gibt, das Heilige geringzuschätzen und wie in Pestzeiten Tote und Lebendige durcheinander zu begraben.

Indessen aber, ehe ich dem Teufel der Habsucht ganz verfallen konnte, griff die Vorsehung nach mir, um meine Seele zu retten.

Ich sollte zum ersten Male zur Beichte und zum Tisch des Herrn gehen.

Bis dahin dachte ich mir Gott ungefähr meinem Paten ähnlich, nur daß er irgendwo jenseits wohnte und mir nie eindeutig zu verstehen gab, ob ihn mein Wandel

erfreute oder ärgerte. Nach der Meinung des Kaplans war ich einst bei der Taufe mit dem Engelsgewand der Unschuld beteilt worden, aber es war kein dauerhaftes Kleid gewesen, und ich hatte es die Jahre her nicht sehr schonen können. Als der Kaplan nun meiner Seele gleichsam das Hemd über den Kopf zog, um es vor mir auszubreiten, da zeigte sich, daß kaum noch ein guter Fleck daran zu finden war. Es stand dahin, ob es gelingen konnte, dieses geschändete Gnadenkleid noch einmal rein zu waschen und auszubessern, im heißen Wasser der Reue, wie der Kaplan sagte, und mit dem endlosen Faden der Geduld Gottes, wenn anders ich überhaupt durch die Langmut und nicht eher infolge einer gewissen Nachlässigkeit des Schöpfers bisher seiner Gerechtigkeit entgangen war.
Das alles bewegte mich sehr, wenn ich um die Abendzeit neben den anderen Sündern im Kirchenstuhl saß, während der Kaplan mit hallenden Schritten hin und wider ging und die Tafeln des Gesetzes auslegte. Zwar, unter den Zehn Geboten gab es einige, an denen ich zur Not vorbeischlüpfen konnte. Ich brauchte sicher keinen Ehebruch zu bekennen und keinen Mord, wenn Gott nicht etwa auch seine Schmetterlinge und Regenwürmer nachgezählt hatte. Aber das Gestrüpp der Laster wucherte ja unabsehbar. Nicht genug an den sieben schweren Sünden, es gab auch noch neun fremde, die man gar nicht selber zu verüben brauchte, und fünf weitere zählte die Kirche dazu. Wie konnte ein schwacher Mensch auch nur den Hut rücken, um den Nachbar zu grüßen, ohne ein wenig Hoffart oder Neid hineinzumischen? Und wenn er es ganz bleiben ließ, dann geschah es vielleicht aus Zorn oder aus Trägheit, so daß

er noch über der letzten Todsünde straucheln mußte. Aber selbst wenn es gelang, den verborgensten Unrat im Herzen aufzustöbern, am Ende war doch alle Mühe vergebens angesichts der himmelschreienden Sünden. Hatte ich etwa niemals jemandem den schuldigen Lohn vorenthalten? Konnte nicht sogar meine leibliche Schwester in dieser Sache gegen mich zeugen? So betrachtet, zählte ich zu jenen Unglücklichen, die im Sack und Asche nach Rom pilgern mußten, weil nur noch der Papst selber genug Macht hatte, sie aus dem Bann zu lösen.

Fürs erste, der besseren Übersicht halber, schrieb ich meine Sünden nach Rang und Gewicht auf einen Streifen Papier. Das war ein langwieriges und schweißtreibendes Geschäft. Bis in den Schlaf hinein fischte ich in dem trüben Tümpel meines Gewissens, immer wieder glückte mir ein Fang. Dann lief ich eilends und verschwand mit meinem Zettel durch eine gewisse Tür, jene einzige, die auch ich hinter mir zuschließen durfte. Die Mutter sah meine Bußgänge mit Sorge, sie hielt dafür, man müsse diesem zehrenden Übel mit etwas Stopfendem beikommen, mit Brennsuppe oder getrockneten Heidelbeeren. Und nicht genug damit, zuletzt spielte ihr mein Unstern auch noch das ganze Verzeichnis in die Hände. Anders als die Kirche, meine geistliche Mutter, wollte die leibliche durchaus kein Beichtgeheimnis gelten lassen, nicht einmal die Regel, daß jedem Reumütigen vergeben wurde, ehe er zu sühnen hatte. Sie prüfte meine Rechnung und beglich sie auch sofort, nicht mit Vaterunsern, sondern mit Kopfstücken.

So mußte ich am Tage des Gerichtes ohne jeden Behelf in den Beichtstuhl treten. Aber es war ein mildes

Gericht, das schnell vorüberging. In der dämmrigen Nische kniend, gewahrte ich das gute, faltige Gesicht des Pfarrers, ich sah, wie mein hastiger Atem das weiße Haar an seiner Schläfe bewegte, und seltsam, da war mir schon leichter ums Herz. Er nickte aufmunternd zu allem, was ich sagte, fast beifällig, wenn ihm eine besonders fette Sünde ins Ohr geschlüpft war, und zuletzt hob er einfach die Hand und löschte meine Schuld mit einer einzigen segnenden Gebärde aus, Geheucheltes und Gelogenes und gestohlene Rosinen und alles miteinander. Ich spürte wirklich, wie es der Kaplan verheißen hatte, eine überirdische Leere und Leichtigkeit im Kopf, ein zwiespältiges Gefühl behaglicher Verklärtheit, ähnlich jenem, das mich auch befiel, sooft die Mutter daranging, von außen her mit Seife und Reisbürste den Menschen bloßzulegen, der ich eigentlich sein sollte.

Diesmal freilich, von beiden Seiten her gesäubert, förmlich ausgelaugt und durchsichtig, geriet ich in einen Zustand von derartiger Hinfälligkeit, daß mich allein schon meine Schwäche vor allen Anfechtungen schützen mußte. Obendrein lag ich die halbe Nacht schlaflos, nicht wie sonst mitunter, weil ich auf das Frühstück wartete, sondern im Gegenteil, weil mich die Sorge quälte, ob es mir gelingen würde, ohne Milchsuppe bis zum Mittag am Leben zu bleiben. Denn man erzählte sich grausige Geschichten von Leuten, die böswillig oder nur aus Nachlässigkeit nicht gänzlich nüchtern zum Tisch des Herrn traten und auf der Stelle gerichtet wurden, selbst einer verschluckten Mücke wegen, oder weil sie ein paar Regentropfen unterwegs von den Lippen schlürften.

Dergleichen sollte mir nicht zustoßen. Vom grauen Morgen an saß ich achtsam auf meinem Schemel, gerüstet mit Kerze und Gebetbuch, mit Schwert und Schild gewissermaßen, wie die Schrift sagt: wachet und betet! Und als mir der Versucher in Gestalt Elisalbeths die Schleife von meinem geweihten Wachslicht zog, überwand ich meinen gerechten Zorn und verzieh es ihr, bis zum Abend. Denn an diesem einen und einzigen Tag war ich wirklich von ganzem Herzen gut und gottselig fromm und auch willens, es zu bleiben. Ich weiß nicht, weshalb es mir dann doch nicht gelang und warum ich seither den Garten meines Kinderglaubens nicht mehr wiederfinden konnte. Nur ödes Land, wohin ich mich wende, voll von dem bitteren Kraut des Zweifels.

Gleich einer Frühlingsau prangte die Kirche mit zartem Birkenlaub und einer Fülle von Blumen. Die Orgel säuselte lind dazu, und hinter uns unter der Empore schluchzten verhalten die Mütter, als der Kaplan sagte, auch wir seien Blüten, dürstend nach dem Himmelstau, oder sonst etwas rührend Unschuldiges, die Mädchen zumindest, diese schneeweiße Lämmerschar zur Rechten.

Mir freilich folgte auch in dieser Stunde jenes rätselhafte Verhängnis, das mich schon in der Wiege anfiel und wahrscheinlich noch ins Grab begleiten wird. Denn als ich vor dem Speisgitter kniete und als der Pfarrer die weiße Scheibe aus dem Kelche hob, um sie behutsam auf meine Zunge zu legen, da erschreckte mich plötzlich der Gedanke, daß es mir vielleicht nicht gelingen werde, das heilige Brot ungekaut zu schlucken. Und wahrhaftig, was mir sonst am geläufigsten war, mißglückte in diesem Augenblick. Irgendwo im Halse blieb die Hostie kleben, und ich mußte ihr mit dem Finger weiterhelfen, um nur das Ärgste zu verhüten, der Kaplan sah es mit Entsetzen.

Hinterher lief ich zum Pfarrer und klagte ihm mein Unglück. Vielleicht, schlug ich ihm vor, mußte ich geräuchert werden, oder er fand sonst ein kräftiges Mittel, um den Frevel noch eimnal zu sühnen. Aber der gute Mann lächelte nur und meinte, der liebe Heiland habe seinerzeit viel Ärgeres erdulden müssen, er werde mir gewiß nichts weiter nachtragen und trotzdem in meinem Herzen wohnen mögen, wenn er es nur sonst sauberer fände als meine Finger.

Nun, ich zweifelte trotzdem noch lang, ob man diese Sache so leicht nehmen durfte. Das lag nur in der Art des Pfarrers, daß er seinen Hirtenstab nicht wie einen groben Stecken handhabte, um den Wölfen damit zu wehren, sondern daß er ihn eher wie einen Ölzweig des Friedens unter die Leute trug, – laßt es gut sein, war sein zweites Wort. Deshalb galt er auch nicht eben viel in der Gemeinde. Ein wenig glich der Pfarrer dem hölzernen Heiligen, der an der Kirchenmauer in einer Nische stand, fast unbeachtet und ohne jeden Einfluß hüben und drüben. Man wußte nicht eimnal, wie er hieß und welchen Beruf er ausgeübt hatte, ehe ihm das Werkzeug aus den vorgestreckten Händen fiel, Kette oder Beil, denn mehr als ein Märtyrer mochte er wohl nie gewesen sein. So genoß er nur bei Spatzen und Eidechsen noch ein wenig Zutrauen, wie der Pfarrer bei Kindern und ganz alten Leuten.

Aber immerhin war der alte Herr noch behend auf den Beinen, Tag und Nacht unterwegs und beschäftigt, Streit zu schlichten und Frieden zu stiften. In dieser Hinsicht hatten die Leute ihre liebe Not mit dem Herrn

Pfarrer. Wo immer sich ein Ehepaar in den Haaren lag, gleich kam er dazwischengerannt, und was er sagte, war von einer solchen Einfalt, so gänzlich verkehrt und fehl am Ort, daß Mann und Frau auf der Stelle schworen, sich wieder zu vertragen, nur damit sie den Pfarrer loswürden.

Vollends nach Märkten oder Hochzeiten, wenn beim Tanz endlich die ersten Bierkrüge an die Wand flogen, sah man immer auch den Pfarrherrn im Gedränge. Liebet einander, schrie er und bohrte hartnäckig seinen weißen Kopf in den Knäuel. Stuhlbeine unterlief er im Schwung und gebot der Gewalt, einfach, indem er ihr überall zugleich im Wege stand. So sehr man darauf achtete, die geistliche Friedenstaube zu schonen, ganz unbeschädigt blieb sie selten. Etliche Tage hinkte der Pfarrer ein wenig, und wenn er einem Holzknecht für seinen Gruß dankte, dann zeigte sich mitunter, daß sie beide eine Beule unter dem Hut zu verbergen hatten.

So war denn der Pfarrer durchaus kein Vorbild, sondern eher ein Ärgernis, weil im gemeinen Leben das Gute gleich übel ausschlagen kann wie das Böse, wenn man nicht maßzuhalten weiß. Die Gemeinde wäre bald zu einer Bande von Tagedieben und Verschwendern herabgesunken, hätten sie sich genau an das Beispiel ihres Hirten halten wollen.

Die Schwester des Pfarrers führte ihm die Wirtschaft, sie beklagte sich oft bei meiner Mutter, wie schwierig es war, mit dem Bruder hauszuhalten. Hochwürdig sei er nur von Amts wegen, insgeheim aber verschlagen und diebisch wie eine Elster. Obwohl sie Kisten und Kasten sorgfältig verschloß und die Schlüssel alle an ihrer Hüfte trug, an einer Stelle also, die noch nie eine fremde

Hand berührt hatte, so fehlten dennoch immer einmal ein Dutzend Eier oder eine Speckseite aus der Speisekammer. Der Pfaffer, sagte die Köchin erbittert, würde die Glatze von seinem Kopf verschenkt haben, wenn er nur jemand hätte finden können, der sie haben wollte. Die Woche über glückte es ja, ihn in Gewahrsam zu halten. Am Sonntag jedoch begehrte der Pfarrer auszugehen, nur um ein Glas Bier zu trinken, wie er heuchlerisch behauptete. Es half nichts, man mußte ihm wohl oder übel Hut und Regenschirm und einen guten Rock ausfolgen, damit er nicht in seinem geflickten Talar ein Gespött der Leute würde. Abends kam er dann zurück, barhaupt nicht selten, sogar in Hemdärmeln, und die Schwester konnte nur noch eilig von einer Keusche zur anderen laufen und zusehen, daß sie etliches von dem wieder einsammelte, was der Pfarrer sorglos unterwegs vergeudet hatte.

Damit sich mein Entschluß, künftig ein frommes Leben zu führen, nicht gar zu schnell wieder verflüchtigte, ließ es die Mutter zu, daß mich der Mesner in die Schar der Meßbuben aufnahm. Aber weil alles Erhabene sogleich seinen Glanz verliert, wenn es in die Nähe des Menschen gerät, deshalb verblaßten mir auch die geheimnisvollen Vorgänge am Altar zu gewöhnlichen Diensten und Handreichungen, seit ich nicht mehr neben der Mutter im Kirchenstuhl saß, sondern selber das Chorhemd und den roten Kragen trug und ungescheut im allerheiligsten Bereich herumstolpern durfte. Anfangs stiftete ich noch einiges Unheil mit dem Meßgerät, das wir nach gewissen Regeln ständig hin- und herzutragen hatten. Der Kaplan beklagte sich heftig, weil er es nie dort fand, wo er es brauchte, er meinte, ich werde wohl erst beim Jüngsten

Gericht, und dann zu meinem Schrecken, erfahren, wie links und rechts zu unterscheiden sei. Aber dann stellte mich der Pfarrer mit dem Rauchfaß in die Mitte, auf diese Weise gelang es ihm, mein Gebrechen wenigstens bei feierlichen Ämtern unschädlich zu machen.

Manchmal durfte ich den Pfarrer bei Versehgängen begleiten. Dieses Geschäft zählte zu den begehrtesten, denn es war Brauch, daß der Geistliche und sein Gehilfe hinterher reichlich bewirtet wurden, wenn es ihnen gelang, den Sterbenden noch bei Lebzeiten anzutreffen. Sonst freilich konnte es geschehen, daß schon das ganze Trauerhaus in Tränen schwamm und daß niemand mehr daran dachte, Krapfen oder Buttermilch aufzutragen.

Deshalb eilten wir aus Leibeskräften über Stock und Stein, mit gleichem Eifer, wenn auch mit ungleichen Zielen, denn der Pfarrer hatte die ungetröstete Seele vor Augen, ich aber die volle Schüssel. Oft, wenn dem alten Herrn der Atem zu versagen drohte, vergaß ich alle Ehrerbietung und schob ihn gewaltsam vor mir her, so daß er gewissermaßen vierbeinig und im Galopp am Sterbebett eintraf.

Hinterher, wenn alles getan war und der lebensmüde Mensch getröstet und zufrieden auf seine Stunde warten konnte, dann zeigte sich der Pfarrer von einer ganz anderen Seite. Auf dem Heimweg liefen wir stundenweit durch Halden und Wälder, und erst, wenn wir wieder auf gebahnte Wege kamen, ließ sich der Pfarrer von Moos und Nadelstreu säubern, und wir trösteten einander wegen der Vorwürfe, die wir beide daheim zu erwarten hatten.

Ihm verdanke ich es, wenn ich noch heute jeden Pilz und jedes Kraut beim Namen nennen kann, obgleich mir vieles, was ich damals sah, später nie wieder vor Augen kam. Denn der Pfarrer besaß obendrein die wunderbare Gabe, den Tieren ihre Scheu zu nehmen. Er konnte Eidechsen dazu bringen, daß sie in seine hingelegte Hand schlüpften, und wenn wir im Beerenkraut lagen, geschah es, daß sich plötzlich eine blaue Wolke auf ihn herabsenkte, unzählige Schmetterlinge, die den Schweiß seiner Stirne wie Nektar trunken. Einmal, als wir hoch über dem Wald an einem Quelltümpel rasteten, rauschte es gewaltig zu Häupten, und ein Adler stand rüttelnd über uns in der Luft, so nahe, daß ich die rote Glut seiner Augen sehen konnte, die furchtbaren Dolche an den Fängen. Er tat uns aber nichts zuleide. Mit einem heiseren Laut breitete er die Schwingen aus und warf sich wieder in den Wind. Den Pfarrer kannte er wahrscheinlich, und ich mochte wohl überhaupt nicht für eine königliche Tafel taugen.

Geschöpfe begegneten uns, die es nur noch vom Hörensagen gab, einmal auch eines, das wie ein riesiger Igel aussah. Es zottelte geruhsam über den Weg und schnüffelte so lange nach dem Pfarrer hin, bis er die Hand hob, um es zu segnen.

Darauf erst verschwand es befriedigt im Gesträuch, und der ganze Vorgang wäre um nichts wunderbarer gewesen, wenn sich das Tier auch noch bekreuzigt hätte. Die Mutter wollte nicht glauben, daß ich wirklich einen Dachs gesehen hatte, er war mir ja auch inzwischen zur Größe eines Bären herangewachsen.

Ich dachte, der Pfarrer wisse vielleicht um einen Zauber, mit dem er jedes Wesen an sich locken konnte. Aber wie immer ich es anstellen mochte, etwas Lebendes zu beschwören, es gelang mir nicht, sogar die Hühner flüchteten Hals über Kopf vor meinem Segen. Ich mußte noch ein halbes Leben daran wenden, um einzusehen, daß sich die Waage des Daseins nur im Gleichgewicht halten läßt, wenn man zweierlei in die Schalen legt: Geduld und Liebe.

Nun ging ein Gerücht in der Gemeinde um, und schließlich galt es für wahr und gewiß, daß der Kaiser kommen wollte, um die Eisenbahn zu eröffnen.

Seit Wochen schon übten die Vereine auf den gemähten Wiesengründen. Hundertmal und wieder senkten die Fähnriche das heilige Tuch ihrer seidenen Banner vor der noch unsichtbaren Majestät in den Staub, und die Männer erstarrten zu Erz und zitterten nur noch ganz wenig mit den Schnurrbartspitzen, wenn das scharfe Kommando ihrer Hauptleute erscholl.

Überall auf den Dachböden und in den Scheunen saßen die Musikanten von der Bürgerkapelle, sie versuchten sich unermüdlich in Läufen und Trillern, denn es haftet ja immer etwas Ungewisses, Zufälliges an dieser Kunst. Unser Nachbar bediente die große Trommel und das Becken. Es war schauerlich anzuhören, wenn er ganz allein in der Waschküche das Kaiserlied spielte, eine geisterhafte Musik, aus lauter Blitz und Donner gemacht. Oft sah ich ihn lange stehen und flüsternd den Takt vom Notenblatt lesen, und plötzlich, wie auf einen unhörbaren Anruf, holte er wieder aus und hieb gewaltig in das Fell.

Sogar den Vater konnte man zu dieser Zeit vor dem Spiegel überraschen, wie er seine glänzenden Stiefel in den richtigen Winkel brachte und ab und zu blitzschnell die Hand hob, um sie an die Krempe seines Federhutes zu legen. Denn er war Korporal bei den Veteranen, er

durfte eine seidene Schärpe tragen und als erster in der Reihe am Flügel stehen.
Indessen aber ereilte mich selbst das Gedränge. Ich war ausersehen worden, einen Vers zu lernen und vor dem Kaiser aufzusagen, um damit als Vertreter der geringeren Untertanen, als Herold des Volkes, wie der Lehrer meinte, das erhabene Herz zu rühren.
Der Bürgermeister, dem ich deswegen gezeigt wurde, der Kaiserliche Rat meinte zwar, er habe sich eigentlich etwas Gefälligeres vorgestellt, ein hübscheres Kind. Aber einerlei, wenn ich nur sonst meine Sache gut verrichte, würde man vielleicht höheren Orts keine Sommersprossen bemerken wollen.
Was mich jedoch vor allem erregte, war der Gedanke, meine Worte könnten den Kaiser derart erschüttern, daß er sich auf der Stelle entschlösse, mir eine besondere Gnade zuzuwenden. »Mein Sohn«, würde er vielleicht sagen, »sprich einen Wunsch aus, er soll dir gewährt sein, und wenn es die Hälfte meines Reiches wäre!«
Aber nun kam es darauf an, sich beizeiten vorzusehen, denn die Gunst des Augenblicks ist schnell verscherzt. An Wünschen fehlte es mir freilich nicht, allein, welcher war der Macht des Kaisers angemessen, der Kron- und Wurzelwunsch sozusagen, durch den alle übrigen von selber reiften? Wenn ich meine Sorgen überschlug, so schien es mir, als sei zuallernächst an etwas Nahrhaftes zu denken, an eine Leibrente von Würsten oder Lebkuchen auf Lebenszeit. Aber war es nicht etwa klüger, den Kaiser zu bitten, er möge seine Gnade gar nicht mir, sondern dem Vater zuwenden und ihm ein ansehnliches

Amt verleihen, vielleicht die Oberaufsicht über alle Briefträger und Postboten in den Erblanden?
Jedenfalls, der große Morgen, der schlaflos erwartete, brach an. Alles Volk war auf den Beinen, noch im entlegensten Winkel wurde ein unziemlicher Mauerfleck unter Kränzen verborgen oder eine letzte Fahne aus dem Fenster geschoben, als ob zu erwarten sei, daß der Kaiser auch in die Hinterhöfe laufen und nach jeder Dachluke schielen würde. Alle Straßen wurden noch einmal gekehrt und gesprengt, durch Wasserlachen und Staubgewölk marschierten schon die Vereine mit hartem Tritt und klingendem Spiel, um ihr kriegerisches Heerlager auf dem Platz vor dem Bahnhof zu beziehen. Mannesmut gerät leicht von selbst in Brand, wenn er sich in einem Haufen sammelt, und so fehlte nicht viel, daß die Bruderschaften gleich hitzig gegeneinander rückten und mit Waffengewalt entschieden, wem der beste Platz zustand, der Feuerwehr, weil sie gleichsam Tag und Nacht für das gemeinsame Wohl unter Gewehr stand, oder den Veteranen, deren etliche noch die letzten Feldzüge mitgemacht hatten und also erwarten konnten, daß sie ihr Oberster Kriegsherr sogar wiedererkennen würde, wenn er nachher die Front abschritt. Im letzten Augenblick erst, als sich die Hauptleute schon zum Zweikampf gegenüberstanden, schlichtete der Kapellmeister den Streit, indem er das Kaiserlied anstimmte, so daß sie stillstehen und das letzte vernichtende Wort hinunterwürgen mußten.
Von der bekränzten Pforte weg bis zu den Geleisen hatte man einen roten Teppich ausgebreitet und mit weißgekleideten Mädchen eingesäumt. Jedes preßte einen Arm voll Blumen an sich, damit sie nachher dem Kaiser

etwas vor die Füße zu werfen hätten. Ich selber aber stand in einem Gehölz von Tannenwipfeln verborgen. Im rechten Augenblick, wenn der Lehrer gegenüber mit dem Taschentuch winkte, sollte ich hervortreten und ungescheut laut werden lassen, was mich im Innersten bewegte.

Im Innersten, – ach, der Lehrer ahnte ja nicht, wie es dieserhalb mit mir bestellt war. Die Mutter hatte mir noch schnell ein rohes Ei eingeflößt, damit sich meine Kehle klären sollte, und nun kam der ungewohnte Bissen nicht zur Ruhe, er rumorte vernehmlich in meinen Eingeweiden und stieg mir immer wieder in den Hals herauf. Und nicht genug der Drangsal, obendrein entdeckte ich plötzlich, daß mir der Anfang des Gedichtes entfallen war. Bisher konnte ich es jederzeit wie das Vaterunser hersagen, schlafend oder wachend, nun aber fand sich kein einziges Wort mehr in meinem wirren Kopf. Wie, in allen Himmeln, hieß der Heilige, der Nothelfer, der einem in solchen Fällen beizuspringen vermochte? Denn ein Wunder mußte geschehen, anders war das Verhängnis nicht mehr aufzuhalten. Ich sah mich schon stumm vor dem Kaiser stehen, – möglich, daß es mir wenigstens gelang, das Ei irgendwo im Schlunde einzuklemmen, aber auch dann würde die Majestät nichts weiter vernehmen als ein unziemliches und aufrührerisches Grollen aus der Tiefe meines Leibes.

Und schon krachten die Böller ringsum auf den Hügeln, von fernher ließ sich ein seltsames Schnauben und Stampfen hören. Die Musik schlug ein mit aller Gewalt, die Leute schrien und schwenkten Hüte und Tücher, und hinein in diesen großartigen Lärm rollte wirklich

der bekränzte Zug und hielt mit einem alles überheulenden Pfiff.
Es gelang freilich nicht, das Eisenroß genau an der richtigen Stelle zum Stehen zu bringen, und deshalb entstand eine kleine Verwirrung im Gefolge des Bürgermeisters, weil man nicht wußte, ob man nun den Kaiser zum Teppich oder den Teppich zum Kaiser bringen sollte. Aber der gütige Monarch, wohlerfahren in solchen Zufällen, entschied sich ganz von selber für den richtigen Weg.
Ich erkannte ihn sofort, obwohl er keine Krone trug, wie ich es erwartet hatte, und keinen Hermelin, nur den gleichen himmelblauen Waffenrock wie seine Begleiter hinter ihm.
Durch den Nebel meiner Verwirrung gewahrte ich das weiße Tuch des Lehrers, wider Willen trat ich aus dem Gehölz und stand plötzlich allein vor der hohen Gestalt des Kaisers. Das bärtige Gesicht sah ich über mir, das vertraute Angesicht unter dem grünen Federhut, aber die blauen Augen blickten nicht streng auf mich herab, sondern es glomm ein kleiner Funken von gelassener Heiterkeit darin. Und mit einem Male, mir selber unerwartet, löste sich meine Zunge, mit einem unsäglichen Glücksgefühl hörte ich, wie mir die Worte leicht und laut von den Lippen kamen.
Ja, Treue und Liebe, ewig und immerdar, es war freilich ein falscher Eid, den ich damals vor dem Kaiser schwor, Gott weiß es, aber mein Herz glühte im Feuer der Hingabe, und als ich geendet hatte, hob der Erlauchte seine Hand und klopfte mir sacht und freundlich die Schulter. Zu einer anderen Zeit hätte das genügt, mich zum Ritter zu schlagen, ich hätte fortan den doppelten Adler im

Wappen führen dürfen, oder vielleicht eine Nachtigall. Aber ehe der Kaiser auch nur den Mund öffnen konnte, kam mir der Bürgermeister dazwischen. Er schob mich einfach zur Seite und fing seinerseits zu reden an, auf so schändliche Weise wurde ich um meinen Sängerlohn gebracht, um Adelstitel und Gnadensold und alles.
Gleichwohl konnte ich mich an diesem Tag über jedermann erhoben fühlen. Denn der Kaiser hörte zwar auch seinen Herrn Rat geduldig an und die übrigen Würdenträger der Reihe nach, er sagte wohl auch ab und zu ein Wort dazwischen, daß es schön sei und wie sehr ihn das Ganze freue, aber so gnädig verfuhr er mit keinem mehr wie mit mir. Auch der Vater meinte, es sei so gut wie ein Orden, eine unvergeßliche Ehre für mein ganzes Leben. Und das ist wahr. Ich wüßte heutzutage niemand mehr in der Welt, der mich dadurch auszeichnen könnte, daß er mich auf die Schulter klopft.

Etliche Wochen später, als noch immer keine Brücke eingestürzt und kein Dampfkessel zerborsten war, ließ sich die Mutter überreden, mit uns eine Fahrt durch das Tal hinaus zu wagen. Wie jedesmal, wenn etwas Ungewöhnliches herankam, wurden wir alle den Abend zuvor gebadet und bis ins Innerste gesäubert, denn wir sollten wenigstens, was die Hälse und Füße betraf, nicht zuschanden kommen, falls uns der Zug über das Ziel hinaus in Jenseits beförderte.
In jener frühen Zeit hielt man noch darauf, dem ungewohnten Neuen ein vertrautes und gefälliges Ansehen zu geben. Deshalb sahen die Wagen alle wie Postkutschen aus, und auch die Maschine war kein seelenloses Ungeheuer, sondern ein fast zierliches Wesen, unver-

kennbar weiblichen Geschlechtes mit ihren beiden glänzenden Messinghöckern, sie hieß ja auch Rosa. Gleichsam in ein träumerisches Selbstgespräch versunken, leise summend und zischelnd, stand sie auf dem Geleise in der Sonne. Dann und wann entschlüpfte ihr ein Wölkchen weißen Dampfes aus irgendeinem Rohr, aber auch das stand ihr nicht übel.

Der Vorstand kam herbei, um sie aufzuwecken, nicht nach Menschenart natürlich, mit groben Worten, sondern mit einem zärtlichen Triller aus seiner Pfeife. Sie antwortete ihm sogleich, und im selben Augenblick warf uns ein unerwarteter Stoß in die Sitze zurück.

Mir war nicht wohl ums Herz. Gegenüber sah ich die Mutter sitzen, sie hielt sich zwar aufrecht wie immer, aber sie schloß die Augen, nur ihre Lippen bewegten sich lautlos. Und was sich vor den Fenstern zutrug, war nicht weniger unheimlich. Es schien, als bewegten wir uns gar nicht von der Stelle, als würden wir nur von Geisterhand hin- und hergerüttelt, während draußen die Bäume und Stauden in wilder Flucht davonliefen.

Täuschung, sagte der Vater. Er zog mich an das Fenster, und nun sah ich, was später auch die Wissenschaft entdeckte: daß es im Grunde einerlei ist, ob man selber läuft oder die Dinge laufen läßt.

Es war köstlich, den scharfen Wind zu spüren, das Wasser schoß mir in die Augen, und meinen Hut mußte ich mit beiden Händen festhalten. Dem Zug voran eilte Rosa, sie riß uns sozusagen über Stock und Stein mit sich in ihrem fröhlichen Ungestüm, durch Wald und Wiesen, und von Zeit zu Zeit pfiff sie einmal durchdringend, weil es ihr auch Vergnügen machte, wenn die Kühe auf der Weide ihre Schwänze zum Himmel warfen und beinahe Purzelbäume schlugen vor Entsetzen. Plötzlich wich die Erde unter uns, und wir stürzten in eine tiefe Schlucht, – nein, stürzten nicht, sondern Gott ließ uns eben noch auf Haaresbreite die Brücke erhaschen. Einen Augenblick sah ich tief unten das Wasser blinken, ein Fahrzeug quer über der Straße, alles winzig klein, ein paar Gäule, die wie Käfer mit den Beinen strampelten. Aber so laut konnte nicht einmal ein Kutscher fluchen, daß man es bis zu uns herauf hörte.

Indessen zwängte sich Elisabeth neben mir in das Fenster, um auch hinauszuschauen. Bisher hatte sie still neben der Mutter gesessen, das gute Kind. Nach ihrer Gewohnheit wartete sie unbewegt und wachsam, bis sich eine Gelegenheit fand, ihr einziges Kunststück zum besten zu geben. Nun brauchte sie natürlich nur einen Augenblick ihre Knopfnase in den Wind zu halten, damit ihr gleich ein Rußkorn ins Auge flog. Es war erschütternd zu sehen, wie sie darauf in den Armen der Mutter hinstarb, während der Zug unaufhaltsam weiterraste. Diesmal wußte man wirklich nicht, was man dem Kind zunächst wiedergeben sollte, die Atemluft oder das Augenlicht.

Zum Überfluß kam auch noch der Schaffner herein und wollte prüfen, ob wir richtig für die Reise bezahlt hätten. Es half nichts, daß die Mutter beteuerte, sie wolle die Fahrkarten sogleich aus dem Kittelsack holen, wenn nur erst ihre Tochter wieder am Leben sei. Der Unmensch bestand auf seiner Pflicht, niemand durfte ohne Fahrschein auf der Eisenbahn reisen, auch kein sterbendes Kind. Er lauerte aber doch vergebens mit seiner Zange, denn unversehens hielt der Zug, und der jähe Ruck brachte auch ihn aus dem Gleichgewicht. Wir waren am

Ziel. Hals über Kopf mußten wir das Nötigste zusammenraffen und aus dem Wagen klettern.
Hinterher standen wir noch eine Weile auf dem Bahnsteig beisammen, alle ein wenig verwirrt und atemlos, Elisabeth ausgenommen, sie allein fühlte sich wieder wohl und guter Dinge. War es nicht doch nur Blendwerk gewesen, Betrug und Hexerei, wie die Mutter meinte? Keine zehn Vaterunser hatte die Fahrt gedauert, und schon fanden wir uns an das Ende der Welt verschleppt und mußten stundenweit nach Hause gehen. Der Vater sagte freilich, das sei uns nur von Nutzen. Auf diese Weise begriffen wir das Wunder wenigstens mit den Füßen, wenn schon nicht mit dem Kopf.
Der Vater glaubte mit unbeirrbarer Zuversicht, daß die Menschen insgesamt doch stetig zum Besseren fortschritten. Er setzte mir oft im Gespräch auseinander, daß alles Übel in der Welt eigentlich gar nichts Wirkliches, sondern nur etwas weniger Gutes sei, so wie der Frost nur ein geringeres Maß von Wärme. Und wie vertriebe man den Frost, sei er etwa ein Ding, das man mit Händen greifen und durchs Fenster werfen könne? Nein, nein, man dürfe das Gute und das Schlechte nicht für zweierlei nehmen, als ob Gott beides nebeneinander zuließe. In Wahrheit wüchse das Böse niemals aus eigener Wurzel. Wir seien nur nachlässige Arbeiter im Garten des Herrn, und deshalb müsse das Gute immer wieder so kläglich verkümmern.
Die Mutter freilich wollte die Schuld an dem jämmerlichen Zustand der irdischen Dinge lieber dem Teufel als sich selber aufhalsen. Sie wußte nicht recht, wie es zu deuten war, wenn ihr der Vater entgegenhielt, auch der Leibhaftige sei ja nicht eigens erschaffen worden, und

wer ihn im Leibe habe, könne nicht hoffen, ihn mit Gewalt auszutreiben, er müsse trachten, ihn allmählich zu bekehren, damit er wieder würde, was er anfangs war, ein Engel.

Aber so weit verstieg sich der Vater nur selten mit seinen Gedanken. Er war ja kein gelehrter Kopf, sein Handwerkerverstand hielt sich immer an das Allernächste im Gefüge der Dinge. Etwas von dieser einfältigen Art des Betrachtens ist wohl auch mir selber eigen, und das gefährdet mein Ansehen bei den klugen Leuten. So überaus einfach erscheint mir die Welt zuweilen, daß ich jedem Wirrkopf dankbar sein muß, der sie mir wieder durcheinanderbringt.

Ständig war der Vater auf der Jagd nach Beweisstücken für seinen Glauben an das künftige Glück der Menschheit. Ein neuartiger Mauerhaken entzückte ihn, der Zentnerlasten hätte tragen können, wäre er nicht vorzeitig aus der morschen Mauer gebrochen, oder ein Hosenknopf, der den Besitzer des Fluchens enthob, weil man ihn nicht mehr anzunähen brauchte.

Alle diese wunderlichen Dinge brachten etwas Unberechenbares, Abenteuerliches in unser Hauswesen. Ich erinnere mich an eine Mäusefangmaschine, die uns lange zu schaffen machte. Das war ein weitläufiges Gebäude mit Gängen und Schleusen und Falltüren, derart scharfsinnig angelegt, daß selbst eine Maus, ein so schlaues Tier, die Hälfte ihres Lebens hätte aufwenden müssen, den Tod darin zu finden. Und ein anderes Mal schenkte mir der Vater eine Füllfeder, die mir auch nichts weiter einbrachte als etliche Kopfstücke, weil sie eigentlich nur ein nackter Neger ungefährdet handhaben konnte.

Nie war dem Vater ganz zu trauen, seinem Hang zu

kindlichen Späßen, die Mutter wußte es wohl, und trotzdem gelang es ihm, sie immer wieder zum besten zu halten. Wahrscheinlich lebte dieser seltsame Mann in sich selber, in seinem eigenen Gemüt wie in einem heiteren Garten, umhegt von der sicheren Mauer seiner Taubheit. Bisweilen trat er hervor und verschenkte die krausen Gewächse aus seiner Einsiedelei an jedermann, gleichviel wie es ihm anstehen mochte. Aber wenn etwas Ungutes drohte, wenn er ins Gedränge kam, wich er zurück und schloß die Türe hinter sich. Geschwiegen ist nicht gelogen, sagte er mir zur Lehre.

Um jene Zeit, unmerklich für mein sorgloses Alter, widerfuhr mir eine weit ins Zukünftige wirkende Wandlung. Es begann damit, daß plötzlich unser alter Lehrer starb. Des Morgens saß er noch dick und träge auf seinem Stuhl, er begann sein Tagewerk wie immer damit, daß er eine Reihe von Gegenständen vor sich auf dem Tisch zurechtlegte, den ledernen Tabaksbeutel, die kurze Pfeife und etliche andere Dinge, die nach der Jahreszeit wechselten, Fichtenzapfen im Sommer, Pflaumenkerne im Winter. Das waren Wurfgeschosse, tagsüber schleuderte er sie mit der Geschicklichkeit eines Kunstschützen nach unseren Köpfen, wenn er uns aufrufen oder zurechtweisen wollte. Mitunter reichte der Vorrat nicht aus, und dann mußte er hinterherschicken, was irgend in der Nähe greifbar war, Kreide, Rechenbuch und Schwamm, bis er endlich, aller Lehrmittel entblößt, den Kopf auf die Arme legte und einschlief.
Diesmal aber mochten ihn Überdruß und Verachtung des Daseins heftiger als gewöhnlich befallen haben. Er sah uns lange starren Auges an, und endlich sank er mit

einem Seufzer vornüber. Es währte geraume Zeit, bis man entdeckte, daß er diesmal willens war, überhaupt nicht wieder aufzuwachen.
Es flossen keine Tränen seinetwegen, man legte die Ungestalt in einen faßartigen Sarg und begrub sie. Der Schnapsteufel hatte den Lehrer geholt, sagten die Leute. Aber vielleicht sah es Gott anders an, als diese arme Seele vor ihm erschien, einmal völlig ausgeschlafen und nüchtern. Vielleicht kleidete er sie nur neu und schickte sie wieder auf die Erde zurück, damit sie ihre Arbeit noch einmal und besser verrichte. Jedenfalls blieb der Stuhl des Lehrers nicht verwaist, wie wir gehofft hatten, sondern es ließ sich ein leibhaftiger Engel darauf nieder. Mir erschien dieses unirdische Wesen zuerst, als ich in der staubdurchwölkten Schulstube rücklings über einer Bank lag. Mein Todfeind kniete auf meiner Brust, ein letztes Mal drehte ich die Augen über mich, und da sah ich den Engel, weiß gewandet und gleichsam schwebend, und seine Augen blickten voll milder Trauer auf mich herab. Der Atem versagte mir vollends, denn ich dachte, ich sei unversehens gestorben und es stünde schon mein Schutzengel bereit, der ja verpflichtet war, mein unsterbliches Teil ins Jenseits zu begleiten.
Aber mein Widersacher hatte die gleiche Erscheinung. Das himmlische Gespenst hob sich erst hinweg, nachdem wir eilig den Knäuel unserer Gliedmaßen entwirrt hatten. Es saß plötzlich auf dem Stuhl des Lehrers und zielte von dorther nach uns, nicht mit Pflaumenkernen zwar, aber mit Blicken aus flammendblauen Augen. Ich heiße Johanna, erklärte der Engel nach einer bangen Weile. Es war über uns weggesagt wie eine Verkündigung, wie aus der Schrift gelesen. Hernach begann das Zauberwesen,

uns der Reihe nach aufzurufen. Es blätterte dabei in einem zierlichen Buch und schrieb unsere Namen hinein, als hielte es ein geheimnisvolles Gericht und schiede auf das bloße Ansehen hin die Sünder von den Gerechten. Ich sah mit Beklemmung, daß mein Name auf dem allerletzten Blatt verzeichnet wurde, und also war ich wohl von Anfang an verworfen.

Es währte auch gar nicht lang, bis ich mit dem Engel Johanna in Händel geriet. Ich hatte noch zu Lebzeiten des Lehrers ein unterhaltsames Spiel erfunden. Wenn ich nämlich den Federhalter unter das Pult steckte und auf eine gewisse Weise anstieß, so erzeugte er ein sonderbares, heftig schnarrendes Geräusch. Der Lehrer fuhr dann aus dem Schlaf und fragte verstört: »Was ist das?« Darauf erhob ich mich, zeigte zum Fenster hinaus und antwortete ernst: »Das ist ein Specht!« »Richtig«, sagte der Lehrer jedesmal überrascht und zugleich befriedigt.

Aber der Engel Johanna wußte offenbar in der Welt der Geflügelten besser Bescheid, denn als ich aufstand, um auch ihm meinen wunderbaren Vogel zu zeigen, schwebte er zürnend herab und gab mir eine so irdische Ohrfeige, daß ich gleich wieder zu sitzen kam.

Was aber dann geschah, vergaß ich zeitlebens nicht mehr. Der Engel schritt mit vorgestreckter Hand zum Waschbecken, goß Wasser hinein und wusch sich. Dieser unheimliche Vorgang erschütterte mich so sehr, daß ich hemmungslos zu weinen begann. Wahrscheinlich dachte der Engel, ich hätte irgendeinen Leibesschaden erlitten, aber so war es nicht, eine Maulschelle machte mir wenig aus. Ich verstehe selber nur dunkel, was mir eigentlich so zu Herzen ging, wenn nicht doch die bit-

tere Einsicht, daß ein feineres Wesen sich waschen muß, sobald es meinesgleichen angerührt hat.
Von diesem Tage an spürte ich einen quälenden Drang, mich dem Engel Johanna bemerkbar zu machen. Was immer er von uns hören wollte, ich meldete mich auf jede Frage. Aber gewöhnlich wußte ich gar nichts zu antworten, und dann ließ ich mich in seliger Verwirrung einen Dummkopf schelten. Eine Weile später heckte ich doch wieder etwas Neues aus, um die Himmlische an mich zu locken. Der Engel Johanna hatte die Gewohnheit, lautlos von einem zum andern zu schweben, wenn er unsere Arbeit in den Schreibheften überwachen wollte, und weil er ein wenig kurzsichtig war, wie es die meisten Engel zu sein scheinen, die hier auf Erden beschäftigt sind, beugte er sich dabei tief über den Schreibenden. Ich entdeckte bald, daß man den Engel am sichersten mit Klecksen im Heft herbeiziehen konnte. Er gab dann Seufzer und leise, klagende Laute von sich, während er versuchte, den Schaden gutzumachen. Ich aber schmiegte mich indessen schauernd und beseligt in seine Umarmung, und dabei verhalf mir der Engel Johanna zu Einsichten, die eigentlich einer viel späteren Zeit meines Lebens angemessen waren. Ich will nicht schwören, daß ich jetzt die Augen schlösse, wenn sich wieder ein Engel über mich beugte, um nachzusehen, ob mir das Schreiben immer noch nicht besser von der Hand geht. Aber ich kann sagen, daß mir die Engel heutzutage sehr zu Unrecht weniger trauen als damals.
So wie ich beschaffen war, gelang es mir jedenfalls leichter, den Ärger als das Wohlwollen der Angebeteten auf mich zu lenken. Ich genoß beides mit der gleichen würgenden Seligkeit, ein lobendes Wort ebenso wie das

Glück, in der Ecke zu stehen oder sonst eine von den wunderlichen Strafen abzubüßen, die sie über mich verhängte.

Oft lauerte ich bis in den Abend hinein vor dem Hause, in dem der Engel Johanna hinter einem Gewölk von weißen Gardinen wohnte. Sobald er aus der Türe trat, grüßte ich venehmlich und wurde mit einem zerstreuten Lächeln beschenkt, oder einem flüchtigen Erstaunen, wenn ich den Weg flink unterlief und eine Weile später noch einmal auftauchte.

An schönen Abenden spielte die Musik auf dem Hauptplatz für die Badegäste. Dort saß dann auch Johanna in der ersten Reihe, über alle Begriffe schön angetan, mit Spitzenhandschuhen, die nur bis zur halben Hand reichten, so daß man die rosigen Finger sehen konnte, wenn sie den Fächer öffnete, um sich ein wenig Kühlung zu schaffen. Sooft ein Stück zu Ende war, klatschte der Engel, aber nicht grob und laut wie die anderen Leute, sondern unhörbar, mit einer zierlichen, gleichsam bittenden Gebärde. Dann verneigte sich der Kapellmeister vor ihr, er warf seine schwarze Locke aus der Stirn und legte den Taktstock auf das Pult, als sei er jetzt erst ganz mit sich zufrieden.

Ich kannte den Kapellmeister gut, denn er war unser Zimmerherr. Aber wir mochten ihn alle nicht leiden, weil er sich so hochfahrend trug, auch die Mutter sagte, daß er ein Schwätzer sei, ein Windmacher, wenn nicht etwas Schlimmeres.

Nach dem Konzert kam der Kapellmeister jedesmal herbeigeschwänzelt und entführte den Engel. Ich ließ das Paar nicht aus den Augen, mochten seine Wege noch so verschlungen sein. Was der Kapellmeister sagte, konnte ich nur selten verstehen, jedenfalls plagte er Johanna unablässig mit seinem Geflüster, so daß sie zuweilen mit dem Fächer nach ihm schlagen mußte wie nach einer Wespe. Aber sie zürnte ihm nicht wirklich. Einmal lachte sie so sehr, daß sie sich dabei verschluckte. Gleich sah der Bursche die Gelegenheit, er klopfte ihr den Rücken, und weil das nicht helfen wollte, umschlang er die Wehrlose und nahm sie völlig in die Arme. Das aber war nicht mehr zu ertragen, ich steckte zwei Finger in den Munde und schickte einen warnenden Pfiff aus dem Gebüsch. Damals konnte ich messerscharf pfeifen, mit Hilfe einer Zahnlücke, die ich leider nicht mehr besitze.

Bald darauf ersann der Kapellmeister eine neue Gaukelei. Er klebte einen Zettel an die Haustür, auf dem zu lesen stand, daß er Konzertmeister sei und fähig, jedermann das Geigenspiel zu lehren.

Jedermann, jawohl. Aber zunächst fanden nur Damen Gefallen an seiner kurzweiligen Schule, leider auch Johanna. Sie kam freilich nicht untertags wie die anderen, mit einem Geigenkasten unter dem Arm, sondern verstohlen in der Dämmerung. Vielleicht schämte sie sich, noch in die Lehre zu gehen, oder sie wollte nur in etlichen besonders schwierigen Kunstgriffen unterwiesen werden. Gleichviel, jedenfalls verstand sich der Meister jetzt nicht mehr so gut mit ihr wie früher. Sein Geigenspiel verstummte bald ganz, das Gelächter auch, mitunter hörte man durch die Wand, wie er schalt und schrie, und einmal sah ich den Engel Johanna weinend aus der Tür schlüpfen. Als ich die Mutter deswegen befragte, fuhr sie mich heftig an. Ich sollte Gott bitten, sagte sie, daß er mich dereinst ein ehrbares Handwerk lernen

ließe. Und das schwor ich ihr auch, was immer mir bestimmt sein mochte, Kapellmeister wollte ich niemals werden.
Am andern Morgen schrieb ich auf die große Schultafel, daß unser Zimmerherr ein Windmacher sei. Ich war sogar besonders sauber gewaschen, wegen der Ohrfeige, die ich zu erwarten hatte. Aber es geschah mir nichts. Der Engel Johanna löschte meine Inschrift schweigend wieder aus, er sah nur einmal forschend nach mir hin, und später strich er im Vorübergehen mit der Hand durch mein Haar, ich fühlte es beglückt.
Indessen schritt der Sommer voran, die Ferien begannen, und ich sollte wieder meinen Geschäften nachgehen. Aber der Pate war unzufrieden mit meinem säumigen Dienst, und sogar der Vater machte sich Sorgen, – was ist das mit dir, fragte er, wo treibst du dich herum? Nun, ich suchte nach dem Engel, vergeblich auf allen Wegen, er blieb verschwunden. Auch bei der Abendmusik saß eine fremde Dame auf dem Stuhl in der ersten Reihe, vor ihr verbeugte sich der Kapellmeister jetzt, es machte ihm weiter nichts aus.
Eines Mittags aber fand ich Johanna unversehens wieder. Sie saß allein auf einer Bank und rief mich an. Ob ich etwas für sie besorgen möchte, fragte sie, einen Brief? Ich sollte ihn dem Herrn zustellen, der bei uns wohnte, aber nur ihm selbst, und vielleicht würde ich gleich auf die Antwort warten können.
Ich lief also eilends und traf den Kapellmeister auch richtig in seinem Zimmer. Er stand eben vor dem Spiegel und bestäubte sich aus einer Flasche. Ein Brief? sagte er, – gib ihn her!
Da hielt er das rosige Kleinod in der Hand und drehte

es um und um, er roch daran wie ein Affe, und dann warf er den Brief auf sein Bett. Es ist gut, brummte er, als ob er jeden Tag Engelsbotschaften empfinge. Aber dann besann er sich doch und schenkte mir ein Nickelstück aus seiner Westentasche.

Ich stahl mich wieder aus dem Hause und lief in den Park zurück, um den Hergang zu berichten. Nein, der Kapellmeister las den Brief nicht gleich, er legte ihn auf das Bett, es sei schon gut, sagte er. Aber weil der Engel daraufhin so blaß und verhärrnt vor sich niedersah, wollte ich noch etwas Freundliches hinzufügen. Es lagen ja noch mehr solcher Briefe dort, erklärte ich, vielleicht wollte er sie später alle der Reihe nach lesen?

Das war freilich nur zum Trost erfunden, es half auch nicht viel. Johanna sagte kein Wort mehr, plötzlich stand sie auf und ging weg. Mich selber kam es bitter traurig an, als ich sie so den Weg entlanggehen sah, langsam und ein wenig schwankend, als ob sie plötzlich erblindet wäre. Unbegreiflich war das alles, so dunkel und bedrükkend. Unterwegs auf der Wehrbrücke schleuderte ich das Nickelstück in den Weiher, es sprang weithin über das Wasser und versank.

In der folgenden Woche geschah allerlei Seltsames. Der Kapellmeister packte plötzlich seinen Koffer und verschwand, obwohl der Sommer ja noch lange währte. Tags darauf kam der Wachtmeister zu uns, er durchsuchte Kisten und Kasten in der Schlafkammer, und die Mutter scheuchte mich aus der Tür, als ich mich auch ins Gespräch mischen wollte. Am gleichen Abend erzählte der Vater bei Tisch, die junge Lehrerin sei vom Wehr herunter in den Teich gesprungen, man habe sie aber zur Not noch herausziehen und retten können.

Dieses schreckliche Ereignis ging mir arg zu Herzen. Zum erstenmal in meinem Leben hatte ich ein ahnendes Gesicht von der gnadenlosen Gewalt des Schicksals, die geheimnisvoll zwischen den Menschen wirkt. Von Stund an befiel mich eine heftige Krankheit, die wohl schon eine Weile in mir gesteckt haben mochte. Schon bewußtlos, mußte ich in das Spital gebracht werden, und die Mutter zog mit mir, des festen Glaubens, daß wir nun alle sterben und verderben würden.
Es ging mir hart ans Leben. Aber sooft ich aus den Ängsten meines Dämmerschlafes erwachte, fand ich die Mutter neben meinem Bett, sie saß wohl Tag und Nacht auf diesem harten Stuhl, und wenn mich das Fieber wieder anfiel, legte sie ihre kühle Hand um meine Stirn, wie man ein schwaches Flämmchen schützt, damit es nicht erlischt. Ich wurde sehr von schrecklichen Träumen geplagt, von Erscheinungen, die sich unheimlich mit der Wirklichkeit vermengten. Ich sah die Wände meiner Krankenstube, sah das Gesicht der Mutter tröstlich nah über mir, aber zugleich rauschte draußen wildes Wasser, es schwoll und stieg, und der Engel Johanna erschien hinter den Fensterscheiben und rief mir zu, daß er nun in den Teich springen müsse, um das Goldstück zu holen, das ich hineingeworfen hatte. Und soviel ich schreien mochte, daß es ja ein Nickelstück gewesen sei, ein armseliger Groschen, der Engel schüttelte nur den Kopf und wollte mir nicht glauben.
Und das währte wochenlang. Einen Tag um den anderen lag ich nur schwach und fadendünn unter der Decke, unsäglich müde und so still, daß die Mutter oft erschrocken auffuhr und nach meinem Atem horchte.
Jeden abend besuchte uns der Vater. Er ging dann eine

Weile in der Stube hin und her und schnaufte und sah kummervoll nach mir hin, aber alles, was er mir zuliebe tun wollte, mißglückte ihm. Er verschob das Bett und streifte das Wasserglas vom Tisch, nein, das war nichts für den Vater, dieses ganze zwielichtige Wesen im Spital, er machte es lieber kurz und ging wieder. Dafür kam der alte Pfarrer mit der Wegzehrung für meine Himmelsreise, er brachte mir auch eine Traube von seinem Weinstock, und darüber wunderte ich mich sehr. War es denn schon Herbst geworden; Ja freilich, Herbst! Worauf wartete ich eigentlich noch?

Aber dann geschah es, daß der Engel Johanna leibhaftig in das Zimmer trat. Vielleicht erschien er ungeheißen, vielleicht bestand auch längst ein heimliches Einverständnis zwischen den Frauen. Weißgekleidet und himmelsschön schwebte der Engel heran, ich sah seine Augen über mir, und dann küßte er mich sogar. Es ging schnell vorüber. Die Mutter, aufrecht, wie sie sich immer hielt, meine Mutter nahm den weinenden Engel an sich und führte ihn wieder hinaus. Nein, erklärte sie später auf mein ängstliches Fragen, sie kommt nicht wieder. Gott straft den Leichtsinn, sagte sie ernst.

Bald darauf wurden wir aus dem Spital entlassen. Der Vater in seiner Freude trug mich selber auf den Armen die Treppe hinunter und ins Leben zurück. Er hatte einen ganzen Gulden für ein zweispänniges Fuhrwerk verschwendet, und auch der Doktor meinte, das sei redlich verdient, ein Begräbnis wäre schließlich weitaus teurer zu stehen gekommen.

Unterwegs war der Vater merkwürdig gesprächig. Wir würden staunen, sagte er, und unsere Stube gar nicht

mehr wiedererkennen, blitzsauber alles und frisch ausgeweißt! – Wieso dem, fragte die Mutter argwöhnisch dazwischen, warum neu gemalt? Nun, das hing mit dem Herd zusammen, mit dem Ofenrohr eigentlich. Es war nämlich herausgefallen, aber gleich zu Anfang, später nie mehr. Elisabeth habe das Aufräumen besorgt, der Vater selber die Küche, diese Einteilung bewährte sich großartig. In der ersten Zeit hatte es sogar Krapfen gegeben, manchmal Butternocken, aber das war eine zu üppige Kost gewesen. In den letzten Wochen habe der Vater nur noch Mus gekocht, weil ihm das doch am besten gelang und weil man es auch gleich aus der Pfanne essen konnte, als es keine Teller mehr gab.
Darauf sagte die Mutter nichts mehr. Du lieber Himmel, was mochte mit ihrem Hauswesen geschehen sein? Wie würde überhaupt die Welt aussehen, wenn es nur Mannsleute darin gäbe, – die Halbscheid genügte ja schon, sie in einen Zustand zu bringen, dem Gott mit seiner ganzen Allmacht nicht mehr abzuhelfen wußte.
Der ganze Winter ging noch vorüber, ehe ich wieder ein wenig zu Kräften kam. Ich gefiel mir dabei aber sehr wohl in meiner Hinfälligkeit. Je schwächer ich mich zeigte, desto höher häuften sich die milden Gaben der Nachbarinnen um mein Lager, Äpfel und Zuckerzeug, und nachts, wenn alles schlief, zehrte ich behaglich von meinen Vorräten. Am liebsten wollte ich lebenslang sterbenskrank sein, nur immer so liegenbleiben, so warm und wohlig unter meiner Decke. Gegenüber brannte das Ewige Licht in einem roten Glas zu Füßen der Mutter Gottes, die in ihrer Nische aus Muscheln und Tuffsteinen stand, es schien mir, daß sie sich im flackernden Dämmerschein auch gern einmal streckte und ein wenig

gehenließ. Mitunter, wenn mir in der friedvollen Stille ein Laut des Behagens entschlüpfte, stand die Mutter auf und kam an mein Bett, um mich zu trösten. Es ging ihr sehr nahe, daß ich immer so schlaflos lag und duldete, und das ohne ein Wort der Klage, weil ich den Mund voll Rosinen hatte. Ihre heimliche Sorge war, es möchte sich vielleicht ein unheilvoller Rest der Krankheit in mir festgesetzt haben, dort, wo ich nach ihrer Meinung schon von jeher nicht ganz heil gewesen war, nämlich in meinem Kopf.

Aber der Doktor wollte das nicht gelten lassen. Im ersten Frühjahr, als es ein wenig wärmer wurde, holte er mich unbarmherzig aus dem Bett. Ich war selber meines Siechtums schon überdrüssig und dachte die Mutter mit einem Auferstehungswunder zu überraschen, gleichsam die Krücken von mir zu werfen und davonzuhüpfen wie der Jüngling in der Schrift. Aber das mißlang mir völlig. Zu meinem Schrecken merkte ich, daß ich wirklich lahm war und nicht mehr auf den Beinen stehen konnte.

Jetzt vergalt Elisabeth, was sie mir an Werken geschwisterlicher Liebe schuldete. Während des Winters waren meine Gliedmaßen ungeheuer in die Länge gewachsen. Wenn sich nun Elisabeth mit ihrer käferartigen Rundlichkeit vor den Leiterwagen spannte, um mich durch den Garten zu ziehen, sah es aus, als schleppte sie einen riesigen Weberknecht hinter sich her. Wie ich mit ihr in vergangenen Tagen, so mühte sie sich nun ab, mir wieder das Gehen beizubringen. Aber wenn ich zu schwanken begann, weil mir plötzlich die Schwäche schwarz in die Augen stieg, dann lief auch sie davon und ließ mich irgendwo im Kartoffelkraut liegen, bis ich von selber wieder aus meiner Ohnmacht erwachte. So jämmerlich sah ich aus, daß sich einer von unseren Vettern erbot, er wolle mich den Sommer über auf seiner Alm halten, nur damit ich den Leuten aus den Augen käme. Es sei ja eine Schande, sagte er, ein derartiges Gespenst in der Verwandtschaft zu haben.

Sogar die Sennin bekreuzigte sich fürs erste, als mich der Vater vor der Hütte von den Schultern lud. Aber dann erbarmte sie sich doch und nahm mich getrost in ihre Pflege, wie sonst ein mißratenes Kalb.

Die Sennin hieß Martha, sie war ein ungefüges Frauenzimmer, nicht eben häßlich, nur übermäßig groß und grob gewachsen. So vorsichtig sie ihre Knochen bewegte, es geriet ihr wider Willen alles ins Ungeheure, und auch was sie sagte, jedes freundliche »Helf Gott« kam ihr mit dem Gepolter eines Bergsturzes von den Lippen. In ihrer Jugend mochte sie ein stattliches Mädchen gewesen sein und noch nicht so ganz unzugänglich. Jedenfalls hatte irgendein Waghals das Herz besessen, ihr etwas Menschliches zuzutrauen, aber das Kind war ihr im letzten Winter plötzlich gestorben. Ein Mädchen in meinem Alter und im übrigen genau so schwach, so verdächtig durchscheinend wie ich. Aber das, meinte sie, sollte ihr kein zweites Mal zustoßen, daß ihr jemand unter den Händen an der Auszehrung stürbe. Von der ersten Stunde an warf sie sich mit einer gewaltsamen Zärtlichkeit auf mich, niemals durfte ich ihr anders als kauend und schluckend begegnen.

Unsere Alm war freilich keine von den fetten, die von Milch und Honig überflossen. Die Hütte stand inmitten einer winzigen eingezäunten Wiese, und rundherum war nichts als blaue Luft über nackten Felsen, die Tiere mußten wie Gemswild in die Wände klettern, um sich ihr Futter aus dem Geröll zu rupfen. Es gab auch nur ein einziges Bett, eigens für Martha in die Wand gezimmert und so geräumig, daß es die ganze Kammer ausfüllte. Der alte Knecht Andreas schlief auf einem Heusack über dem Stall, manchmal auch auf dem Herd unter dem Käsekessel, wenn die Nächte gar zu kalt waren. Mich selber nahm die Sennin zu sich in ihre Kammer.

Abends beteten wir ein Vaterunser mitsammen, während sie in ihrem groben Hemd vor dem Talglicht stand und die fadendünnen Zöpfe einflocht, und dann schob sie sich in der ächzenden Bettlade behutsam an meine Seite. Anfangs scheute ich mich ein wenig vor ihr, aber ich kam bald dahinter, wie behaglich und warm man sich in den weitläufigen Buchten und Mulden ihres Leibes einrichten konnte. Ihr Atem wiegte mich sanft in den Schlaf, und weil sie so gut nach Milch und Heu roch, träumte mir auch von lauter friedvollen Dingen, – daß ich irgendwo auf der Halde im rauhen Grase läge, und die Schafe trügen alle schneeweiße Hemden und ich flöchte ihnen Zöpfchen in ihre Wolle.

Arbeit gab es für mich so wenig wie für den alten Andreas.

Sobald er eine Mistgabel in die Hand nehmen wollte, gleich kam die Sennin gelaufen und tauschte sie gegen ein Butterbrot ein, sie konnte das nicht sehen, Werkzeug in anderer Leute Händen. Andreas schneuzte sich dann über seinen Bart weg durch die Finger, als habe ihn ein widriger Wind in die Nase gekitzelt. Wir suchten uns einen Sack und stiegen in das Kar hinauf, um nach Wurzeln zu graben.

Es war die Zeit, in der die ganze Alm blühte, unabseh-

bar, mit einer dunkel glühenden Röte, es quoll durch den Fels und floß die Hänge herab, als blute der Berg aus allen Klüften. Was wir suchten, war die Wurzel vom gelben Enzian. Dieses köstliche Kraut wuchs da und dort verstreut im niedrigen Gestrüpp, und wer sich darauf verstand, konnte den blassen Schimmer seiner Blüten schon von weitem gewahren. Man mußte sorgsam graben und so viel von der fingerstarken Wurzel in der Erde lassen, daß es der Pflanze nicht ans Leben ging. Das ganze Gewächs roch und schmeckte würgend bitter, es ließ sich damit jede Krankheit aus den Eingeweiden jagen, sogar die Pest, aber gottlob, ich hatte nichts im Leibe, was man so gewaltsam vertreiben mußte.
Manchmal stieg ich mit dem Alten bis auf den Kamm des Berges hinauf, dort rasteten wir im Windschatten und hatten unsere Kurzweil mit den närrischen Dohlen, die in den Wänden nisteten. Auch die Schafe kamen herbei und bettelten um Salz. Nebenher rupften sie ein wenig von dem kümmerlichen Gras und kauten lange daran, oder sie vergaßen gleich wieder, daß sie es kauen wollten, weil sie so viel nachzudenken hatten. Lauter Schafsgedanken natürlich, aber freundlich gemeint, ihr verträumtes Geblöke.
Ach, es war ja so überaus einfach, zu leben, hier in der guten Sonne, in dieser geräumigen Welt. Der alte Andreas konnte mir alle Berge beim Namen nennen. In der Nähe hatten sie noch deutliche Gestalt, aber es gab ihrer unzählige in der Runde, immer noch höhere und fernere, bis sie in der flimmernden Weite verdämmerten. Und dennoch, sagte Andreas, ganz draußen am Himmelsrand gab es keine Berge mehr, dort lag das Land flach ausgebreitet.

Das konnte ich gar nicht begreifen, ebene Erde. Mußte da nicht der Himmel einfallen, worauf stützte er sich denn? Und was sah man, wenn man umherblickte, – nichts? Aber dann konnte man doch auch nirgends sagen, man sei daheim, es war ja einerlei, ob man hier oder dort blieb oder immerfort weiterlief, und was dann?

Ja dann! sagte Andreas. Das sei schon richtig, es werde einem bald traurig zumute in dieser Gegend. Einmal war er selber draußen, in seiner Jugend, man hatte ihn zu den Soldaten geholt. Nicht, daß er klagen durfte, sie hielten ihn großartig mit der Kost und dem Quartier. Aber die Luft, oder was es sonst sein mochte, jedenfalls war er nach etlichen Wochen irr im Kopf wie ein versprengter Hirsch. Und dann lief er einfach davon und rannte Tag und Nacht, bis er wieder in seiner Keusche auf dem Stroh liegen konnte.

Es half aber nichts, sie holten ihn noch einmal zurück. Und das nicht etwa, weil sie ihm brauchten, sondern sie sperrten ihn nur ein, damit er zur Vernunft käme, wie sie meinten. Es traf sich dann nach Jahr und Tag, daß der Kaiser einen Krieg anfangen mußte, und da ließen sie ihn gnadenhalber mitlaufen. Krieg ist ein wunderliches Geschäft, sagte Andreas. Es war so, daß sie ein paar Monate lang in einem fremden Land hin und her zogen und Höfe niederbrannten und das Korn zertraten. Ab und zu schossen sie wohl ein wenig, aber auch das ohne Verstand. Dort rührte sich nichts, wohin sie zielten, oder es war viel zu weit für ein sicheres Abkommen. Einmal trafen sie dann auf einen Haufen Leute in einem Dorf, die sollten der Feind sein. Es gab ein Gedränge wie auf einem Kirchtag, kein Mensch wußte, wohin er eigentlich wollte, hinein oder hinaus. Andreas geriet an einen baumlangen Kerl, aber mit dem war auch nicht zu reden, der schlug ihn nur auf den Kopf und lief davon. In der ersten Wut rannte Andreas hinterher und immer weiter über die Felder. Nach einer guten Weile erwischte er ihn auch und beglich den Handel, aber dann konnten sie beide weit und breit keine Menschenseele mehr finden.

Erst am andern Tag stand er wieder vor seinem Hauptmann. Er führte den Gefangenen hinter sich an einem Riemen und dachte, daß man ihn jetzt gleich wieder einsperren würde, weil er doch abermals davongelaufen war. Aber weit gefehlt! Dieses Mal hatte er auf seiner Fahnenflucht einen Oberst gefangen und das ganze Gefecht entschieden. Dafür machte ihn der Hauptmann auf der Stelle zum Korporal, und später wurde ihm noch eine goldene Medaille an die Brust geheftet. Andreas trug sie immer noch, sooft die Veteranen ihren Jahrtag feierten.

Aber der Krieg? Hatte ihn der Kaiser gewonnen? Das wußte Andreas nicht, – wahrscheinlich. Er selber war nur froh gewesen, als er den blauen Rock wieder ausziehen durfte. Zwölf Gulden hatte er sich erspart, beinahe eine Kuh. Er hätte gut bei den Kaiserlichen bleiben können, man trug es ihm sogar an. Aber die Stadt, erklärte Andreas, du verstehst das vielleicht noch zu wenig. Diese himmelhohen Häuser, und nicht so viel Land dazwischen, daß nur einer aus dem ganzen Leutehaufen seinen Laib Brot davon haben könnte. Alles unnütz.

Das sagte die leibhaftige Armut neben mir, in ihrem geflickten Rock, dieser alte Knecht, der mühselig sein Gnadenbrot kaute.

Ein wenig verachtete ich ihn darum, denn damals flog mein Herz noch hoch hinaus. Oh, ich wollte ja selber das Glück versuchen und den Rock der Ehren nicht vorzeitig für einen Brotlaib eintauschen wie er!
Es gelang mir nachher wohl einiges, aber auch das nur beinahe. Schließlich bin ich doch auch wieder heimgekehrt. Seither habe ich meine Freude und mein Genügen an jedem grünen Halm, der in der wüsten Welt noch wachsen mag, und nehme mein Almosen dankbar aus Gottes Hand.

An jedem Sonntagmorgen durfte ich die Sennin zum Kirchgang in das Dorf begleiten. Sie steckte mir eine Nelke an den Hut und sich selber eine ans Mieder, und in ihr Kopftuch mit der Wegzehrung knüpfte sie einen blanken Gulden, nur des Ansehens halber, nicht um ihn auszugeben. Für diesen Zweck hatte ich etliche Kreuzer in meiner Hosentasche zu verwahren, denn es gehörte zum Anstand, daß der Bursche im Wirtshaus die Zeche bezahlte.
Jedesmal kehrten wir zuerst bei mir zu Hause ein. Martha hielt darauf, daß ich anklopfte und im Vorangehen artig den Hut abnahm, als träten wir bei ganz fremden Leuten ein. Eine Weile saßen wir ernst und gesittet nebeneinander auf der Bank, bis uns Kaffee und Milchbrot vorgesetzt wurden, und dabei mußte ich auf die Fragen der Mutter mit den herkömmlichen Ausdrücken antworten, – ja, ich war wohlauf und gesund, ich hoffte dasselbe von ihr und der ganzen achtbaren Familie.
Es kostete mich jedesmal einige Überwindung, einen Schluck in der Tasse und das halbe Brot auf dem Teller zurückzulassen, damit niemand denken sollte, wir seien

hungrig wie Bettelleute auf der Wanderschaft, und auch das Kupferstück reute mich bitter, das ich der Schwester Elisabeth als Gastgeschenk überreichen mußte. Dann brachen wir auf, wir waren ja schon viel zu lange geblieben. Martha beteuerte zum Abschied noch, daß Gott die genossenen Wohltaten vergelten müsse, wir vermöchten es nie, und so vornehm hielten wir uns, daß mir die Mutter wirklich nicht die Hand geben wollte, ohne sie vorher an der Schürze abzuwischen.

Wir hörten Messe und Predigt in der ersten Bank, als sei das alles eigens für uns bestellt. Beim Krämer kaufte die Sennin ein Wachslicht, ein wenig Tabak für Andreas und einen Lebkuchen für mich, ich überschlug die Rechnung und holte widerwillig die Kreuzer dafür aus der Tasche, wie das bei den Mannsleuten Brauch ist.

Nachher besuchten wir das Grab des Kindes auf dem Friedhof. Wir gingen durch die Reihen und lasen die Namen der Toten von den Tafeln, es war immerhin ein Trost, daß auch andere Leute hatten vorzeitig sterben müssen. Bei einem der Gräber verhielt Martha jedesmal ein wenig länger, dort lag ein Mann mit Namen Christof, Forstgehilfe bei Lebzeiten. Sie gab ihm Weihwasser, und dann ordnete sie irgend etwas auf dem Hügel mit heftigen Griffen, als sei dieser Mensch noch in der Grube für unverläßlich und liederlich zu halten.

Um so sauberer war aber das Kind gebettet. Es hatte auch Martha geheißen, – mit zwölf Jahren, stand auf dem Kreuz zu lesen, im Engelsalter rief es Gott zu sich in den Himmel. Das schmale Geviert war mit grünen Flaschenböden eingefaßt und ganz von einem blau blühenden Rasen aus Gedenkemein überwachsen. Martha zündete das Licht an, sie steckte unsere beiden Nelken

davor in ein Glas und dann weinte sie auch ein wenig in ihre Schürze, aber nur die gemessene Zeit.
Sie erzählte mir, daß sie vorhätte, ihr Erspartes für einen Grabstein aufzuwenden. Es sollte eine Engelsgestalt in Marmor sein, die an einer geknickten Säule lehnte, und darunter der Name und ein Vers in vergoldeten Buchstaben.
Dieser Gedanke entzückte mich sehr. Ich entwarf ein solches Grabmal auf dem Kalenderdeckel und sparte nicht mit köstlichen Einfällen, nach und nach wurde eine Art Tempel daraus, ein weitläufiges Monument, ähnlich dem, das für den Kaiser auf der Promenade stand, aber noch viel großartiger, weil ich auch ein Türmchen mit einer Glocke angebracht hatte.
Und was den Vers betraf, so sollte es auch daran nicht fehlen. Ich hatte mich freilich vorher noch nie in dieser Kunst versucht. Etliches an Reimen konnte ich aus dem Kopf hersagen, das Lied vom Wildschützen und das andere vom braven Mann, aber nichts darin eignete sich für einen Grabvers. Nein, ich mußte etwas ganz Neues erfinden, und dabei stieß ich auf eine Schwierigkeit, die mich später noch oft erschreckte, daß nämlich fast immer nur der Unsinn gut zusammenklang. Offenbar dachte der Schöpfer anfangs nicht daran, könnte jemals einem Menschen einfallen, Verse zu machen. Sonst hätte er es, als er Adam die Sprache eingab, in seiner Güte gewiß so eingerichtet, daß sich die Dinge, die zusammengehörten, auch gleich von selber reimten.
So aber reimte sich durchaus nichts in meinem Gedicht, wohin ich mich auch wenden mochte. Das dehnte sich nur formlos wie zäher Teig und zerfloß mir wieder. Ich fühlte wohl, worauf es ankam, etwas Schwebendes lag

mir im Ohr, ein köstliches Auf und Ab im Fluß der Worte. Eine Blume wollte ich schildern, eine zarte Menschenblüte, die der Reif versengt hat oder ein Sturm geknickt und die aus Himmelshöhen verklärt herniederblickt, so ungefähr.

Was mir in solcher Art zuflog, schrieb ich hastig und mit pochendem Herzen auf meinen Zettel, aber wenn ich später die Zeilen wieder überflog, dann fand ich in meinen Worten nichts mehr von dem berückenden Glanz, der mich vorher so überwältigt hatte. Ich geriet in eine unsägliche Verwirrung, was war das nur, was geschah mit mir?

Damit ich doch nicht ganz zuschanden käme, las ich mein Machwerk einmal abends am Herdfeuer vor, und da erlebte ich ein anderes Wunder: daß schon ein schwacher Funke genügt, um eine Flamme zu entzünden. Martha fing sofort zu schluchzen an, – ach, es war ihr alles aus der Seele gesprochen, genau wie sie es empfand! Und selbst Andreas konnte seine Rührung nicht ganz verbergen, es sei eine seltene Gabe, sagte er, wenn einer die Worte so zu setzen vermöchte. Dergleichen Leute hätten es mitunter weit gebracht, in früheren Zeiten wenigstens. Bei lebendigem Leibe hatte er nie einen angetroffen, sondern nur gestorben und gleichsam versteinert, so stünden ihrer etliche auf den Plätzen in der Stadt.

Nun, das Grabmal hat Martha nicht bauen können, und deshalb blieb mir der Ruhm versagt, daß schon mein erster Vers in Marmor gehauen überliefert wurde. Es war freilich auch nachher keiner mehr dieser Ehre wert. Aber damals klang mir wie eine Verheißung, was der alte Andreas sagte, und obwohl ich seither nicht viel geschickter in meiner Kunst wurde, nur erfahrener, hoffe ich noch immer unverdrossen, daß es gelingen könnte, die geheimnisvolle Kluft zwischen mir und der Welt zu überbrücken und das befreiende Wort zu finden, vor dem die Mauern fallen. Vielleicht wird es wohl erst das allerletzte sein, jenes dunkle Siegelwort, das jedes Menschen Mund verschließt.

Es kam ein früher Herbst. Vom Schnee überrascht zogen wir vorzeitig zu Tal, und gleich darauf wurde ich von neuem krank. Ein ganzes Jahr oder mehr verdämmerte mir nur so in Fieber und Schwäche. Der Doktor meinte in seinem Ärger, er wolle eher einen ganz neuen Menschen manchen, als mit einer so jämmerlichen Flickarbeit zurechtkommen, aber er gab es doch nicht auf und versuchte immer wieder seine Kunst an mir. Zuweilen brachte er seinen Sohn mit sich, einen stillen Knaben. Es tat mir seltsam wohl, wenn er, dieses großäugige Wesen, an meinem Bett stand und versonnen auf mich niederblickte. Nie sagte er ein Wort, aber manchmal schob er mir beim Abschied schnell etwas Wunderliches in die Hand, eine Vogelfeder oder eine Scherbe von buntem Glas.
Wider Erwarten genas ich dann doch allmählich, und der Doktor nahm mich für eine Weile ganz zu sich in sein Haus, dem Sohn zu Gefallen, wie er sagte, damit er einen Gefährten habe. Mein neuer Freund hing mir innig an, obwohl er meine bäurische Sprache schlecht verstand, und bei allem, was wir unternahmen, durch sein Ungeschick zu Schaden kam. Aber er vertraute mir dennoch blind, und seine scheue Zuneigung brach oft unerwartet hervor, mit einem Ungestürn, das mich sehr

erschreckte, weil ich nicht daran gewöhnt war, plötzlich umarmt zu werden.
Auch sonst begegneten mir allerlei Anfechtungen in diesem Hause. Es gab eine Magd, die offenbar eigens dazu bestellt war, mich den ganze, Tag und bis ins Bett hinein mit Seife und Handtuch zu verfolgen. Ich fror vor Sauberkeit, und trotzdem glaubte man mir nie, daß ich eben erst gewaschen worden sei. Mein Gefährte ertrug dergleichen mit unwandelbarer Geduld. In unserer Stube standen breite Truhen voll mit Spielzeug, wie ich es nie zuvor gesehen hatte. Er ließ mich ungerührt die wunderbarsten Dinge herauskramen, Baukästen und eine Eisenbahn oder ein ganzes Puppentheater, – gefällt dir das? fragte er wohl, willst du es haben?
Aber als ich einmal zufällig im Garten darauf verfiel, eine Weidenpfeife zu schneiden, eine von denen, die höher oder tiefer klingen, wenn man das Kernholz verschiebt, da geriet er außer sich vor Entzücken. Ich sah ihn glückselig auf dem Rasen liegen und vernahm mit Staunen, wie er sogleich ein ganzes Liedchen auf der Pfeife zu blasen verstand, jedes, das ich zu hören wünschte. Sogleich lief ich und schnitt noch andere Pfeifen, dicke und dünne, damit er nur immer wieder bliese. Es war mir unbegreiflich, wie es zuging, daß meinem Gespielen mit einem Ding, das ich eben nur machen konnte, so zauberische Künste gelangen.
Dreimal in der Woche kam des Abends ein spitzbärtiger Herr und holte meinen Freund an den Flügel im Salon. Ich durfte auch danebenstehen, um zuzuhören. Was die beiden spielten, gefiel mir übel, das war nur ein endloses Auf und Ab von Tönen, ein Geplätscher und Geriesel, keine Musik. Oft griffen sie beide mit breiten Händen

aus und hatten ihre Freude an dem großartigen Lärm, den sie zustande brachten, und wiederum tändelte nur einer ein wenig mit den Tasten, und der andere lauerte listig und lief dann mit schnellen Fingern hinterher. Es war rätselhaft, wie sie es anstellten, einander nie zu verfehlen, und ich wollte gar nicht glauben, daß sie das alles wirklich aus dem Notenblatt lesen konnten.
Manchmal kam auch die Mutter des Knaben zu uns herein. Der Meister sprang dann auf und verbeugte sich tief, – ja, ausgezeichnet, antwortete er. Es war ein Vergnügen, mit dem jungen Herrn zu üben. Auch mich fragte die Dame, wie es mir gefiele und ob ich denn noch immer nichts lernen könne, ich kleiner Tölpel? – Gottlob, daß sie mich wenigstens nicht auf die Stirn küßte wie ihren Sohn. Ein Weilchen verhielt sie noch zögernd, um irgend etwas zurechtzurücken, die Decke auf dem Flügel oder den Lorbeerzweig an der Wand, unter dem marmornen Gesicht eines düsteren Mannes, und dann raffte sie ihr Kleid und schwebte raschelnd hinaus, nur ein duftender Hauch von Flieder wehte noch zu uns zurück. Es lag etwas ungemein Erhabenes und Weihevolles in ihrer Art, das empfand auch der Meister. Er verbeugte sich immer erst zum letztenmal, wenn sie schon aus der Tür gegangen war.
Zu den Mahlzeiten versammelte sich die ganze Familie im Eßzimmer. Ich hätte mich zwar, wie der Schweinehirt im Märchenschloß, bei den Dienstleuten in der Küche viel wohler gefühlt, aber da halfen keine Schliche, ich wurde jedesmal unerbittlich zur genauen Stunde herbeigeholt. Die Hausfrau setzte mich neben sich, das wünschte der Doktor so, und ihm zuliebe wandte sie

auch wirklich viel Geduld an den wilden Schößling, der ich war.
Es galt, mir eine Unzahl von Regeln und Bräuchen beizubringen, wie sie niemand hätte wunderlicher erfinden können. Daheim am Tisch des Vaters handhabte man Messer und Gabel wie irgendein anderes Werkzeug nach der Gelegenheit und seinem natürlichen Nutzen. So würde jedermann, wenn er zum erstenmal Zuckererbsen vorgesetzt bekäme, selbstverständlich nach dem Löffel greifen. Aber nein, das war nicht erlaubt, ich mußte das grüne Quecksilber mühsam mit der Gabel zusammenfangen, und wenn ich Anstalten machte, einer entsprungenen Erbse unter den Tisch hinein nachzukriechen, dann galt auch das wieder für ungehörig, – laß es jetzt, meinte der Doktor. Vielleicht setzen wir uns nachher alle auf den Teppich!
Von einem Gericht zum anderen wurde einem etwas aus der Hand genommen oder zugereicht, eine zweite Gabel für den Fisch, eine Zange, um den Zucker damit anzufassen. Es war schon viel, daß man überhaupt den bloßen Mund zum Schlucken benützte, und nicht etwa einen silbernen Trichter. Aber ein anderes Mal griff man doch wieder mit bloßen Fingern zu, nach dem schlüpfrigen Zeug, das sie Spargel nannten. In diesem Fall lag die Schwierigkeit wieder darin, daß keinerlei Geräusch laut werden durfte.
So hilflos und verzweifelt fühlte ich mich manchmal in meiner Unbeholfenheit, daß ich noch das letzte Kuchenstück von der Gabel fallen ließ und in Tränen ausbrach. Dann erbarmte sich der Doktor und tröstete mich auf seine Weise. Heule nicht, sagte er wohl, du mußt das lernen, so sicher wie das Einmaleins. Die Leute nehmen

es genau damit, solang du sonst nichts kannst. Später einmal darfst du dir den Hühnerknochen auch hinters Ohr stecken, wenn es dir so bequemer ist.

So weit konnte mein Selbstbewußtsein allerdings nie gedeihen, weil das Herkommen dem Menschen so untilgbar anhaftet wie die Hautfarbe. Was einer auch anwenden mag an Schminke und Verkleidung, in jedem lässigen Augenblick schlägt es doch wieder durch. Aber trotzdem wurde mir die handfeste Lehre im Haus des Doktors später zu einer unschätzbaren Hilfe, und noch heutzutage, wenn ich genötigt bin, mich mit einer Teeschale in der Hand für wohlerzogen auszugeben, fällt mir jedesmal die schreckliche Geschichte von dem Manne ein, der an einem verschluckten Löffel ersticken mußte, weil er ihn nicht rechtzeitig aus der Tasse genommen hatte.

Der Doktor mochte mich gut leiden. Wahrscheinlich hatte er sich wohl selber in Verdacht, er sei für sein vornehmes Haus ein wenig zu laut und zu grob geartet, und deshalb kam es ihm gelegen, daß er nun nicht mehr ganz allein über alle Steine des Anstoßes stolpern mußte.

Die Dienstboten nannten ihn unter sich einfach den Doktor, während sie von der Hausfrau nur scheu zu flüstern wagten, es klang wie ein Stoßgebet, ein Gott-sei-uns-gnädig, wenn von ihr die Rede war. Immer gut gelaunt und selbstvergessen, konnte sich der Doktor nun einmal nicht abgewöhnen, laut auf den Treppen und hinter gewissen Türen zu singen oder plötzlich gleich einem fehlgegangenen Ball in ein Zimmer zu prellen. Wenn er aber sah, daß der Sohn schmerzlich zusammenzuckte und die Hausfrau, um ihre Qualen anzudeuten, die Hände an die Ohren drückte, dann entwich der Übermut plötzlich aus ihm mit einem knurrenden Laut, wie die Luft aus einer angestochenen Blase, er zog den Kopf ein und schlich auf Zehenspitzen wieder hinaus.

Gleichwohl liebte der Doktor seine schöne Frau mit einer unermüdlichen Zärtlichkeit, es mißriet ihm nur leider alles durch sein bärenhaftes Ungeschick. Jedermann im Hause wußte, daß keine Rosen im Garten blühen durften, weil die Gnädige den Duft nicht vertrug. Nur der Doktor wußte das nicht. Er brachte der Hausfrau jeden Morgen Rosen zum Angebinde und hielt es noch für ein Musterstück an Aufmerksamkeit, herausgefunden zu haben, daß es die einzigen Blumen waren, die nicht in ihrem eigenen Garten gediehen. Und wie überhaupt, was der Mensch auf den Altären opfert, den Göttern eher eine Verlegenheit als ein Wohlgefallen bereiten mag, so hatte auch der Doktor nicht viel Erfolg damit, daß er manchmal seiner Dame vor Tisch heimlich etwas unter das Mundtuch schob, ein Armband oder eine Busennadel. Sie dankte ihm wohl dafür durch ein zwiespältiges Lächeln und trug das Ding beim Essen, aber man sah es nachher kein zweitesmal.

An bestimmten Festtagen fuhren wir zweispännig in einem schwarzglänzenden Wagen zur Kirche, und auch ich durfte neben dem Kutscher auf dem Bock sitzen. Die Frau des Doktors war in ihrer Jugend einc weit bekannte Sängerin gewesen, aber jetzt hatte sie nur noch selten die Laune, auf dem Chor zur Messe zu singen. Der Pfarrer empfing die Herrschaften vor dem Tor, um seinen berühmten Gast selber auf die Empore zu geleiten, und auch wir anderen nahmen nicht wie das gemeine Volk in einem der Kirchenstühle Platz, sondern als auserlesene Gäste im Haus des Herrn ganz allein vor dem Speisgitter. Der Doktor fühlte sich dort sehr unbehaglich. Weil er keine Nachbarn hatte, an die er sich halten konnte, wenn es galt, ein Kreuz zu schlagen oder an die Brust zu klopfen, stellte er mich vor sich hin, und indem er mein Beispicl auf das getreuste nachahmte, benahm auch er sich wie ein vorbildlicher Christenmensch.

Dieser sonderbare Mann war es auch, der meinen Vater auf den Gedanken brachte, es könne sich vielleicht lohnen, mich in der Stadt zur Schule zu schicken. Vorher galt es für ausgemacht, daß ich Handwerker werden sollte. Ich war völlig zufrieden, als der Pate entschieden hatte, ich müßte die Uhrmacherei erlernen, eine leichte Arbeit für meine geringen Kräfte und zugleich etwas Dämpfendes für meinen unruhigen Kopf.

Aber der Doktor wollte keine Bedenken gelten lassen. Vielleicht konnte ich später einmal die Heilkunst betreiben, meinte er, und sein eigenes Geschäft übernehmen, nichts leichter als das. Damit ich keine Zeit verlöre, nahm er mich fürs erste gleich selber in die Lehre. Frühmorgens, wenn er seine Kranken empfing und Zähne zog oder schwärende Finger aufschnitt, mußte ich ihm als Gehilfe an die Hand gehen. Der Doktor verstand sich auf sein Handwerk, und, was mehr war, er wußte auch die Leute nach ihrer Art zu nehmen. Wenn also ein harthäutiger Bauer kam, weil er sich bei der Holzarbeit den Daumen zerhackt hatte, so wurde er ohne kostspielige Redensarten auf den nächstbesten Stuhl gesetzt. Ich mußte hinter ihn treten und seinen schweißnassen Kopf an mich pressen, während der Doktor mit schnellen

Griffen die Wunde säuberte und vernähte. Fertig, erklärte er, noch ehe dem schwerfälligen Menschen einfallen konnte, daß er nun doch ein wenig jammern müßte. Mir wurde anfangs oft sterbensübel dabei, ich half mir dann, indem ich die Augen schloß, aber das ließ der Doktor nicht zu. Sieh nur her, sagte er und setzte mir die Sache genau auseinander, es fehlte nicht viel, daß er Messer und Schere gleich mir selber in die Hand drückte.

Einträglicher, aber auch um vieles umständlicher, war die Arbeit bei den verzärtelten Kurgästen. Solche Leute empfing der Doktor nur in einer wunderlichen Verkleidung, er band sich einen runden Spiegel vor den Kopf und stellte eine Unmenge von Geräten zurecht, die gefährlich summen und funkeln konnten, aber die Hauptsache blieb doch, die Leidenden mit einem Schwall von Worten so zu betäuben, daß sie sich die Einbildung, mit der sie gekommen waren, gegen eine andere eintauschen ließen. Hernach gingen sie beglückt und fühlten sich wie neu geboren. Es ist zweierlei, erklärte mir der Doktor, ob du eine Heugabel auszubessern hast oder einen Spitzenfächer.

Allmählich gewöhnten sich auch die Leute an mich und scheuten sich kaum noch, ihre Gebrechen vor mir zu zeigen. Ich durfte tief in entzündete Hälse schauen und dem Schlag des Herzens nachhorchen, den vielerlei Geräuschen im brüchigen Gehäuse einer Menschenseele. Was ist es also? fragte der Doktor, – was würdest du dagegen tun? Und sooft ich falsch geraten hatte, setzte er mir den Menschen für gestorben auf meine Rechnung.

Am wunderlichsten war, daß der Doktor fürchetete, selber von einer unheilbaren Krankheit befallen zu sein, er konnte nur nicht herausfinden, wo sie saß. Oft ließ er beim Essen plötzlich den Löffel fallen und fühlte ängstlich nach seinem Puls, oder er stand irgendwo im Haus vor einem Spiegel und zeigte sich die Zunge. Insgeheim glaubte der Doktor, daß der Tod, weil er ihm so häufig frevelhaft in den Arm fiel, ein besonders schreckliches Ende für ihn vorbereitete, und deshalb haßte er ihn, wie man einen übermächtigen und grausamen Feind haßt. Seine Kranken scharte der Doktor wie eine Leibwache um sich und kämpfte erbittert um jeden Menschen, der ihm wegzusterben drohte, als sei es ausgemacht, daß sein jenseitiger Gegner erst, nachdem er den letzten Schwindsüchtigen ringsum aus dem Bett geholt hatte, den Doktor selber anfassen dürfe.

Aber so umständlich verfuhr der Tod gar nicht. Etliche Jahre später stach er ihn auf der Kegelbahn nur ein wenig mit einem Nagel in die Hand, und daran starb der Doktor, weil er Angst vor dem Schneiden hatte und sich lieber mit Salben heilen wollte.

Mir freilich glückte es nicht, sein Erbe anzutreten. Ich bin kein Arzt geworden, oder doch nur etwas dergleichen, denn die gütige Hand meines Gönners erlahmte zu früh. Aber was er mich lehrte, blieb unvergessen, und ich habe meine geringe Kunst noch oft angewendet, obwohl sie mir nicht eben viel einbrachte, außer, daß ich nach Jahr und Tag einmal wegen Kurpfuscherei vor dem Richter stand.

Immerhin, damals kam wirklich der Tag, an dem ich in die Fremde gehen sollte. Es wurde mir doch recht unbe-

haglich zumut, als ich sah, wie die Mutter anfing, mein Wanderzeug zusammenzusuchen.
Der Vater schenkte mir eine kleine, schwarze Truhe, die er aus seiner Soldatenzeit besaß, sein Name stand noch daraufgemalt, und daß er als Vormeister bei den Kanonieren gedient hatte. Da hinein schlichtete die Mutter alles, was für mein Besitztum gelten konnte, Hemden und Strümpfe und einen neuen Mantel, den sie mir aus meiner Decke genäht hatte, als würde ich ohnehin niemals wieder in meine alte Bettstatt schlüpfen dürfen. Traurig war das. Und bei jedem Stück mußte ich vielerlei Schwüre leisten, was die Knöpfe betraf oder meine Gewohnheit, mit den Ellbogen durch die Ärmel zu bohren. Alles miteinander bedeckte immer noch kaum den Boden, aber ich versprach mir etliches davon, daß ich bei unserer Freundschaft von Haus zu Haus gehen und Abschied nehmen wollte. Zu diesem Zweck, damit ich hinreichend gerüstet wäre, bat ich mir bei der Mutter noch einmal unseren Korbwagen aus, und Elisabeth durfte auch mit mir gehen, um die Beute auf der Straße zu hüten, während ich in den Stuben vorsprach und die Leute mit meinen klug gesetzten Worten zu rühren trachtete.
Ich begann die Wallfahrt bei meinem Paten, in der Meinung, daß mein vornehmster Gönner für die anderen ein Beispiel abgeben werde. Aber da kam ich übel an. Er wolle meiner Vermessenheit nicht auch noch Vorschub leisten, sagte der Pate gewichtig, und ich würde bald genug erfahren, wohin es führe, wenn unseresgleichen nicht Maß zu halten und in seinen Schranken zu bleiben wüßte.
Nun, auch dieses Wort mochte Goldes wert sein. Ich

steckte es also ein und ging und schob meinen Karren vor das Haus des Pfarrers. Auch der alte Herr geriet sogleich außer sich, als er mein Anliegen hörte. Fürs erste und nötigste knüpfte er mir einen silbernen Muttergottespfennig um den Hals, hochgeweiht und kräftig gegen jede Art Unbill. Hernach öffnete er Truhen und Kasten in seiner Stube und zog heraus, was er irgend besaß. Er streifte mir Hemden über den Kopf und ließ mich in seine pfarrherrlichen Hosen schlüpfen, in ein Paar Schaftstiefel sogar, aber das alles fruchtete nichts, wir hatten nur der Breite nach ungefähr die gleichen Maße, nicht in der Länge. Zuletzt, nachdem wir eine gute Weile ratlos vor seinem Zeug gesessen hatten, schließlich hieß er mich warten. Er bohrte ein Schlüsselchen aus seinem Hosensack, und dann lief er damit in die Kirche und stahl für mich eine große Handvoll Kreuzer aus dem Opferstock, es war mehr als ein Gulden.
Einiges fand sich außerdem noch dazu, das Tintenzeug vom Schreibtisch, nur wenig beschädigt, und ein Türkenkopf aus bemaltem Ton. Der Pfarrer verwahrte sonst seinen Tabak unter dem abnehmbaren Turban, aber jetzt mußte ihn die Köchin auf sein inständiges Bitten für mich mit Honig füllen.
Dieses Mohrenhaupt wirkte in der Folge noch Wunder. Ich trug es wie ehemals ein Kreuzfahrer unter dem Arm, und jedermann bestaunte mein Schaustück, aber zugleich wurde die Freigebigkeit der Leute dadurch in falsche Bahnen gelenkt. Sie beschenkten mich nämlich, um es dem Pfarrer gleichzutun, mit allem, was sie an Zierat in ihren Stuben entbehren konnten, mit Wandtellern und Bierkrügen. Am Ende meiner Wanderschaft hatte ich eine Wagenladung solcher Kostbarkeiten zu

Hause abzuliefern und durfte mich doch in dem, was ich eigentlich nötig hatte, nicht um vieles reicher schätzen. Es war noch ein Glück, daß wenigstens die ganz armen Verwandten nichts Besseres zu geben wußten als ein paar Laibe Brot und etliche Stücke Selchfleisch.
Vom Sohn des Doktors hatte ich mich schon früher verabschieden müssen, er war auch in die Stadt gezogen, aber in eine andere, noch fernere, dort wollte er Musiker werden. Ich hielt ihm heftig vor, wie verwerflich dieser Beruf sei, und ließ mir in die Hand versprechen, daß er sich mindestens nicht auf die Kapellmeisterei einlassen wolle. Dieses sein Wort hat er auch treu gehalten und ist dennoch ein berühmter Mann geworden. Heute noch, wenn ich in einer Stadt seinen Namen angeschlagen finde, laufe ich hin, nur um ihn schnell ans Herz zu drücken, nicht etwa, um sein Spiel am Flügel zu hören. Dergleichen ist mir ein Greuel geblieben.
Wir hatten keine Verwandten in der Stadt, und auch die Mutter war noch nie dort gewesen. Aber es galt dennoch für ausgemacht, daß sie mich begleiten würde und nicht der Vater. Denn es war vorauszusehen, wie wenig Nutzen wir diesmal aus seiner Gewohnheit ziehen konnten, sich bei Gefahr taub zu stellen. Die Mutter sah dem Abenteuer überaus beherzt entgegen, sie meinte, wenn wir nur erst die Reise mit der Eisenbahn heil überstünden und wieder mit den gottgewollten Nöten des Lebens zu tun hätten, dann würde sie schon Rat zu schaffen wissen.
Es war ja auch alles gründlich bedacht und der Nutzen jedes Bestandleiles meiner Habe auf Jahre vorausberechnet worden. Aber freilich, wer konnte die Fährnisse des Stadtlebens bis ins einzelne überblicken? Sollte mir

mein Tauftaler als äußerster Notpfennig mitgegeben werden, und wie, daß ihn nicht der nächstbeste Gauner mühelos aus meiner Tasche fingerte? Der Vater entschied zuletzt, es sei vielleicht am sichersten, ihn in meinem Hosenboden einzunähen, auf diese Weise mußte ich doch wenigstens, sooft ich zu sitzen kam, fühlbar daran erinnert werden, daß ich ihn besaß.

Während mir also jedermann mit Rat und Hilfe beistand, sah die Schwester Elisabeth schweigsam und ungerührt zu, wie ich nach und nach für den letzten Abschied gerüstet wurde, sie hoffte wohl im stillen, daß sie noch etliches von mir erben könnte. Erst ganz zuletzt, schon in der Stunde des Aufbruches, als sie ihre eigenen Fäustlinge in meiner Manteltasche verschwinden sah, befiel sie plötzlich wieder ihr altes Übel. Ihretwegen blieb uns kaum noch Zeit für eine Umarmung, ungetröstet mußten wir Sack und Pack zusammenraffen und zur Bahn laufen.

Nachher zog es sich freilich noch eine Weile hin. Ich saß verstört in meiner Ecke eingezwängt, nichts wünschte ich, als daß endlich alles vorüber wäre, so sehr würgten mich Kummer und Rührung im Halse.

Ab und zu erschien das Gesicht des Vaters am Fenster. Seine guten Augen glänzten feucht, aber er gab sich ungemein aufgeräumt und rief immer noch etwas durch die Scheibe herein, ein Scherzwort wahrscheinlich, einen Rat, und wir nickten dazu, obwohl wir keine Silbe verstanden hatten. Und als der Wagen schon zu rollen begann, lief er nebenher und hob Elisabeth herauf, damit auch sie noch einen letzten Blick auf den Bruder werfen könnte.

Ach, und der Vater verschwand, die Schwester, und alles Vertraute wich zurück, mein ganzes Leben blieb gleichsam hinter mir, ich begriff das mit einem Male völlig. Aber die Mutter sah mich an und beugte sich zu mir. In diesem bitteren Augenblick nahm sie meine Hand fest in die ihre und behielt sie so, das tat sie nur ganz selten. Liebte sie mich denn?

»Du wirst mir doch keine Schande machen?« sagte sie. Nein, ich schwor es aus bedrängtem Herzen und zwang mich, ihr ins Gesicht zu sehen.

Das hatte ich später nicht immer tun können, nachdem sich ihre Hand aus meiner lösen mußte. Oft genug im Gedränge des Daseins war es nur noch mein guter Stern, der mich den rechten Weg wieder finden ließ, oder doch auch das Wort der Mutter, das geheimnisvoll nachklingend meinem Gewissen Maß und Ordnung gab. Indessen meine ich etliches hinter mich gebracht zu haben, mindestens eine unabsehbare Zahl von Stunden und Tagen. Allein, die Mutter beschämt mich auch darin, sie flocht sich ja schon Zöpfe ein, als eben die Schlacht bei Königgrätz geschlagen wurde. Mitunter, wenn Fremde zu ihr kommen und etwas Lobendes über den Sohn zu berichten wissen, dann gewinnen sie ihr wohl ein vorsichtiges Lächeln ab. Aber sooft ich sie selber besuche, um wieder eine Weile auf dem Schemel zu sitzen, – jedesmal muß ich es zulassen, daß sie mir einen Geldschein oder ein paar Zuckerstücke heimlich in die Tasche schiebt für den Fall, daß doch nur alles Flunkerei wäre, was die Leute erzählen. Und die Wahrheit zu sagen, es ist mir selber nicht gewiß, ob ich das Versprechen für eingelöst halten darf, das mir ihre gerechte Liebe damals abgefordert hat.

DIE STILLSTE ZEIT IM JAHR

Advent, das ist die stillste Zeit im Jahr, wie es im Liede heißt, die Zeit der frohen Zuversicht und der gläubigen Hoffnung. Es mag ja nur eine Binsenweisheit sein, aber es ist eine von den ganz verläßlichen Binsenweisheiten, daß hinter jeder Wolke der Trübsal doch immer auch ein Stern der Verheißung glänzt. Daran trösten wir uns in diesen Wochen, wenn Nacht und Kälte unaufhaltsam zu wachsen scheinen. Wir wissen ja doch, und wir wissen es ganz sicher, daß die finsteren Mächte unterliegen werden, an dem Tag, mit dem die Sonne sich wendet, und in der Nacht, in der uns das Heil der Welt geboren wurde.

Für die Leute in den Städten hat der Advent kein großes Geheimnis mehr. Ihnen ist es nur unbequem und lästig, wenn die ersten Fröste kommen, wenn der Nebel in die Straßen fällt und das karge Licht des Tages noch mehr verkürzt. Aber der Mensch auf dem Lande, in entlegenen Tälern und einschichtigen Dörfern, der steht den gewaltigen Kräften der Natur noch unmittelbar gegenüber. Stürme toben durch die Wälder herab und ersticken ihm das Feuer auf dem Herd, er sieht die Sonne auf ihrem kurzen Weg von Berg zu Berg krank werden und hinsterben, grausig finster sind die Nächte, und der Schneedonner schreckt das Wild aus seinen Zuflüchten. Noch in meiner Kindheit gab es kein Licht in der Stube außer von einer armseligen Talgkerze. Der Wind rüttelte am Fensterladen und schnaufte durch die Ritzen, das hörte sich an wie der Atem eines Ungeheuers, das draußen herumging mit tappenden Hufen und schnupperte, an der Wand, an den Dachschindeln, überall. Wie gut, wenn ein Licht dabei brannte, gottlob für einen winzigen Funken Licht in der schrecklichen Finsternis!

Immer am zweiten Sonntag im Advent stieg der Vater auf den Dachboden und brachte die große Schachtel mit dem Krippenzeug herunter. Ein paar lange Abende wurde dann fleißig geleimt und gemalt, etliche Schäfchen waren ja lahm geworden, und der Esel mußte einen neuen Schwanz bekommen, weil er ihn in jedem Sommer abwarf wie ein Hirsch sein Geweih. Aber endlich stand der Berg wieder wie neu auf der Fensterbank, mit glänzendem Flitter angeschneit, die mächtige Burg mit der Fahne auf den Zinnen und darunter der Stall. Das war eine recht gemütliche Behausung, eine Stube eigentlich, sogar der Herrgottswinkel fehlte nicht und ein winziges ewiges Licht unter dem Kreuz. Unsere Liebe Frau kniete im seidenen Mantel vor der Krippe, und auf der Strohschütte lag das rosige Himmelskind, leider auch nicht mehr ganz heil, seit ich versucht hatte, ihm mit der Brennschere neue Locken zu drehen. Hinten aber standen Ochs und Esel und bestaunten das Wunder. Der Ochs bekam sogar ein Büschel Heu ins Maul gesteckt. Aber er fraß es ja nie. Und so ist es mit allen Ochsen, sie schauen nur und schauen und begreifen rein gar nichts.
Weil der Vater selber Zimmermann war, hielt er viel darauf, daß auch sein Patron, der heilige Joseph, nicht nur so herumlehnte, er dachte sich in jedem Jahr ein anderes Geschäft für ihn aus. Joseph mußte Holz hakken oder die Suppe kochen oder mit der Laterne die

Hirten hereinweisen, die von überallher gelaufen kamen und Käse mitbrachten oder Brot, und was sonst arme Leute zu schenken haben.

Es hauste freilich ein recht ungleiches Volk in unserer Krippe, ein Jäger, der zwei Wilddiebe am Strick hinter sich herzog, aber auch etliche Zinnsoldaten und der Fürst Bismarck und überhaupt alle Bresthaften aus der Spielzeugkiste.

Ganz zuletzt kam der Augenblick, auf den ich schon tagelang lauerte. Der Vater klemmte plötzlich meine Schwester zwischen die Knie, und ich durfte ihr das längste Haar aus dem Zopf ziehen, ein ganzes Büschel mitunter, damit man genügend Auswahl hatte, wenn dann ein golden gefiederter Engel darangeknüpft und über der Krippe aufgehängt wurde, damit er sich unmerklich drehte und wachsam umherblickte.

Das Gloria sangen wir selber dazu. Es klang vielleicht ein bißchen zu grob in unserer breiten Mundart, aber Gott schaut seinen Kindern ja ins Herz und nicht in den Kopf oder aufs Maul. Und es ist auch gar nicht so, daß er etwa nur Latein verstünde.

Mitunter stimmten wir auch noch das Lieblingslied der Mutter an, das vom Tannenbaum. Sie beklagte es ja oft, daß wir so gar keine musikalische Familie waren. Nur sie selber konnte gut singen, hinreißend schön für meine Begriffe, sie war ja auch in ihrer Jugend Kellnerin gewesen. Wir freilich kamen nie über eine Strophe hinaus. Schon bei den ersten Tönen fing die Schwester aus übergroßer Ergriffenheit zu schluchzen an. Der Vater hielt ein paar Takte länger aus, bis er endlich merkte, daß seine Weise in ein ganz anderes Lied gehörte, in das von dem Kanonier auf der Wacht. Ich selber aber konnte in meinem verbohrten Grübeln, wieso denn ein Tannenbaum zur Winterzeit grüne Blätter hat, die zweite Stimme nicht halten. Daraufhin brachte die Mutter auch mich mit einem Kopfstück zum Schweigen und sang das Lied als Solo zu Ende, wie sie es gleich hätte tun sollen.

Advent, sagt man, sei die stillste Zeit im Jahr. Aber in meinem Bubenalter war es keineswegs die stillste Zeit. In diesen Wochen lief die Mutter mit hochroten Wangen herum, wie mit Sprengpulver geladen, und die Luft in der Küche war sozusagen geschwängert mit Ohrfeigen. Dabei roch die Mutter so unbeschreiblich gut, überhaupt ist ja der Advent die Zeit der köstlichen Gerüche. Es duftet nach Wachslichtern, nach angesengtem Reisig, nach Weihrauch und Bratäpfeln. Ich sage ja nichts gegen Lavendel und Rosenwasser, aber Vanille riecht doch eigentlich viel besser, oder Zimt und Mandeln.

Mich ereilten dann die qualvollen Stunden des Teigrührens. Vier Vaterunser das Fett, drei die Eier, ein ganzer Rosenkranz für Zucker und Mehl. Die Mutter hatte die Gewohnheit, alles Zeitliche in ihrer Kochkunst nach Vaterunsern zu bemessen, aber die mußten laut und sorgfältig gebetet werden, damit ich keine Gelegenheit fände, den Finger in den köstlichen Teig zu tauchen. Wenn ich nur erst den Bubenstrümpfen entwachsen wäre, schwor ich mir damals, dann wollte ich eine ganze Schüssel voll Kuchenteig aufessen, und die Köchin sollte beim geheizten Ofen stehen und mir dabei zuschauen müssen! Aber leider, das ist einer von den Knabenträumen geblieben, die sich nie erfüllt haben.

Am Abend nach dem Essen wurde der Schmuck für den Christbaum erzeugt. Auch das war ein unheilschwangeres Geschäft. Damals konnte man noch ein Buch echten Blattgoldes für ein paar Kreuzer beim Krämer kaufen. Aber nun galt es, Nüsse in Leimwasser zu tauchen und ein hauchdünnes Goldhäutchen herumzublasen. Das Schwierige bei der Sache war, daß man sonst nirgendwo Luft von sich geben durfte. Wir saßen alle in der Runde und liefen blaurot an vor Atemnot, und dann geschah es eben doch, daß plötzlich jemand niesen mußte. Im gleichen Augenblick segelte eine Wolke von glänzenden Schmetterlingen durch die Stube. Einerlei, wer den Zauber verschuldet hatte, das Kopfstück bekam jedenfalls wieder ich, obwohl das nur bewirkte, daß sich der goldene Unsegen von neuem in die Lüfte hob. Ich wurde dann in die Schlafkammer verbannt und mußte Silberpapier um Lebkuchen wickeln, – um gezählte Lebkuchen.

Heutzutage weiß man nicht mehr viel von alten Weihnachtsbräuchen, wie etwa das Anglöckeln einer war. Ich wüßte nicht zu sagen, was für ein tieferer Sinn in dieser Sitte liegen könnte, vielleicht steckt wirklich noch ein Rest von Magie aus der Heidenzeit dahinter, wie manche Gelehrten meinen. Meine Mutter jedenfalls hielt dafür, daß es ein frommer Brauch sei, und deshalb durfte auch ich mit meiner Schwester und dem Nachbarbuben auf die Reise gehen. Was dazu an Verkleidung nötig war, besorgte der Vater mit einer unerschöpflichen Phantasie. Unter seinen Händen verwandelten wir uns in seltsame Zwitterwesen, halb Engel, halb Gespenst. Aber uns machte es weiter kein Kopfzerbrechen, wen wir eigentlich darstellen sollten, die Heiligen Drei Könige oder bloß etliche von den vierzig Räubern. Das wichtigste an der ganzen Ausrüstung war jedenfalls ein geräumiger Sack. Mit dem zogen wir abends von Tür zu Tür und sangen, was uns gerade einfiel, Heiliges und Unheiliges durcheinander. Manchmal kam gleich ein ungehobelter Hund dazwischen, der uns an die Beine fuhr, statt andächtig zuzuhören, aber gewöhnlich konnten wir mit dem Erfolg zufrieden sein, aus Gründen freilich, die ich damals nicht richtig einschätzte. Denn die Leute stürzten sofort an die Türen, wenn wir unseren Gesang anstimmten, und stopften uns eilig Kletzenbrot und Äpfel in den Sack, nur damit wir gleich wieder aufhörten und weiterzögen. Das taten wir auch bereitwillig, sobald unsere Fracht genügend angewachsen war. Ich wollte, es wäre dabei geblieben, und meine Zuhörer belohnten mich auch heute noch dafür, daß ich schweige.

»Und als Maria und Joseph nach Bethlehem kamen«, berichtet die Schrift, »da erfüllte sich ihre Stunde, und sie gebar ihren ersten Sohn und wickelte ihn in Linnen und legte ihn in eine Krippe, denn es war für sie kein Platz in der Herberge.«

Mit diesen wenigen verhaltenen Worten erzählt der Evangelist die rührende Geschichte von der verachteten Armut, mit zwei Worten eigentlich. Denn er meint nicht nur, daß die Gasthäuser des Andrangs wegen überfüllt gewesen seien. Für sie, sagt er, war kein Platz in der Herberge.

Und so hat das Volk diese Begebenheit von jeher gern dargestellt, als ein Gleichnis dafür, daß Gott seine

Werke nicht mit großem Gepränge tut, sondern in der Stille, und als eine Mahnung für uns alle: Der armselige Zimmermann tritt auf, Maria in ihrer Bedrängnis, und der tüchtige Wirt, der dem Ärgernis entrüstet die Türe weist und nicht ahnt, daß er das Heil seiner Seele aus dem Haus gejagt hat.

Früher einmal war es auch überall auf dem Lande Brauch, daß man sich beim Vogelhändler umsah, wenn die Tage kurz wurden. Man handelte sich einen Gast für den langen Winter bei ihm ein, je nach Gemütsart, der Schuster vielleicht einen dicken Gimpel, die Kellnerin den Stieglitz oder ein paar mausgeschwinde Zeisige. Heute hätte ich ja meine Zweifel, ob solch einem Vogel nicht doch die Freiheit in Busch und Baum lieber wäre als das behagliche Dasein in der Steige. Aber in der unbekümmerten Kindheit war ich selber fleißig hinter den Vögeln her. Nur hatte ich zu meinem Kummer gar kein Glück bei diesem Geschäft. Nicht einmal ein Hänfling geriet mir je in die Hände. Nur Spatzen fing ich zu Dutzenden. Sie hockten vor meinem Schlaghäuschen wie die Landstreicher vor der Klostertüre und warteten, bis sie nacheinander an die Reihe kamen. Dem Behäbigsten unter ihnen malte ich mit meinen Wasserfarben einen brandroten Bauch, damit ihn die Mutter als Gimpel gelten ließe. Aber sosehr wir uns beide Mühe gaben, das Singen erlernte er doch nicht. Und schließlich, weil er feine Manieren annahm und morgens zu baden pflegte, färbte er auch noch ab. Es half nichts, ich mußte ihn doch wieder entlassen.
Man sagt ja, ein Spatzenpaar sei einmal bis in den Himmel hinaufgeflogen, um sich beim Schöpfer selber zu

beklagen, weil sie seinerzeit gar nichts an Vorzügen mitbekommen hätten. Nun müßten sie sich bettelarm durchschlagen und kümmerlich von dem ernähren, was andere Tiere fallen ließen, während Fink und Star sich wenigstens im Winter bei den Leuten mästen durften. Und als sie nun gefragt wurden, welche Art Gefieder sie denn wünschten, sagte die Spätzin schnell: »aus Gold«, und was den Gesang betraf, so meinte der Spatz, klüger als sein Weib: »von jedem ein bißchen«. Da lächelte der Herr, er nahm die beiden auf seinen Finger, so daß sie gleich goldgelb anliefen. Und als sie voll Entzücken die Schnäbel aufrissen, gab er ihnen ein wenig vom Gesang aller Vögel in die Kehle. Spatz und Spätzin legten sich augenblicklich einen Künstlernamen zu und nannten sich »Kanari«. Sie hatten viele Kinder und sind eine angesehene Familie bis auf den heutigen Tag. Nur die Gelehrten wissen, daß sie eigentlich doch zur Sippe der Sperlinge gehören.

Für mich begann in der Kindheit der Advent damit, daß mich die Mutter eines Morgens weit früher als sonst aus dem Bett holte. Der Mesner läutete immer schon die Viertelglocke, wenn ich endlich halb im Traum zur Kirche stolperte. Nirgends ein Licht in der bitterkalten Finsternis, und oft mußte ich mich mit Händen und Füßen durch den tiefen Schnee wühlen, es war ja noch kein Mensch vor mir unterwegs gewesen. In der Sakristei kniete der Mesner vor dem Ofen und blies in die Glut, damit wenigstens das Weihwasser im Kessel auftaute. Aber mir blieb ja keine Zeit, die Finger zu wärmen, der Pfarrer wartete schon, daß ich in meine Albe schlöffe und ihm mit der Schelle voranginge. Bitterkalt war es auch in der Kirche. Die Kerzenflammen am Altar standen reglos wie gefroren, und nur wenn sich die Tür öffnete und Wind und Schnee hereinfuhren, zuckten die Lichter erschreckt zusammen. Die Kirchleute drückten das Tor eilig wieder zu, sie rumpelten schwerfällig in die Bänke, und dann klebten sie ihre Adventskerze vor sich auf das Pult und falteten die Hände um das wärmende Licht. Indessen schleppte ich das Meßbuch hin und her und läutete zur passenden Zeit, und wenn ich einmal länger zu knien hatte, schlief ich wohl auch wieder ein. Dann räusperte sich der Pfarrer vernehmlich, um mich aufzuwecken. Ihn allein focht kein Ungemach an. »Rorate coeli«, betete er laut und inbrünstig, »tauet Himmel, den Gerechten.« Und dann war doch alles wieder herzbewegend schön und feierlich, der dämmerige Glanz im Kirchenschiff, der weiße Atemdampf vor den Mündern der Leute, wenn sie dem Pfarrer antworteten, und er selbst, unbeirrbar in der Würde des guten Hirten. Nachher standen wir zu dritt hinterm Ofen in der Sakristei. Der Mesner schüttelte die eiserne Pfanne und hob den Deckel ab und speiste uns alle mit gebratenen Kastanien. Ich hüpfte von einem Fuß auf den andern, und auch der Pfarrer rollte die heißen Kugeln eine Weile im Mund hin und her. Es war vielleicht keine Sünde, wenn ich nebenbei flink vorausrechnete, wie lange es wohl noch dauerte, bis er mir zur Weihnacht meinen Lohn in die Hand drücken würde, einen ganzen Gulden.

Zu Anfang Dezember, in den unheimlichen Tagen, während Sankt Nikolaus mit dem Klaubauf unterwegs war, wurde ich in den Wald geschickt, um den Christbaum zu holen. Mit Axt und Säge zog ich aus, von der Mutter bis zum Hals in Wolle gewickelt und mit einem geweihten Pfennig versehen, damit mich ein heiliger Nothelfer finden konnte, wenn ich mich etwa verirrte. Ein Wunder von einem Baum stand mir vor Augen, mannshoch und sehr dicht beastet, denn er sollte nachher ja auch viel tragen können. Stundenlang kroch ich im Unterholz herum, aber ein Baum im Wald sieht sich ganz anders an als einer in der Stube. Wenn ich meine Beute endlich daheim in die Waschküche schleppte, hatte sich das schlanke, pfeilgerade Stämmchen doch wieder in ein krummes und kümmerliches Gewächs verwandelt, auch der Vater betrachtete es mit Sorge. Er mußte seine ganze Zimmermannskunst aufwenden, um das Ärgste zurechtzubiegen, ehe uns die Mutter dazwischenkam.

Einer unter den Weihnachtsbräuchen, und eigentlich der freundlichste von allen, ist mir selber nach und nach zu einem Alpdruck geworden, nämlich die Sitte des Schenkens. Nicht, daß ich etwa ein Ausbund an Geiz und Habsucht wäre, aber in jedem Jahr stelle ich eine umständliche Rechnung an, weil ich mir nicht erklären kann, wie es zugeht, daß jedermann so viel schenken muß und selber so wenig bekommt. Bei uns daheim war die Sache nicht weiter schwierig. Der Vater fand jedesmal ein Paar gestickte Hausschuhe unter dem Baum, völlig ahnungslos natürlich, er wußte es nur immer so einzurichten, daß die alten Pantoffel erst am Heiligen Abend ihre Sohlen verloren. Der Mutter hingegen wurde ihr blaues Schürzenzeug überreicht, in zahllosen Schachteln verschnürt, und dann hörten wir alle geduldig eine Weile ihr Gejammer an – wie leichtsinnig es sei, so viel Geld für sie auszugeben.

Kurz vor dem Fest, sinnigerweise am Tag des ungläubigen Thomas, mußte der Wunschzettel für das Christkind geschrieben werden, ohne Kleckse und Fehler, versteht sich, und mit Farben sauber ausgemalt. Zuoberst verzeichnete ich anstandshalber, was ja ohnehin von selber eintraf, die Pudelhaube oder jene Art von Wollstrümpfen, die so entsetzlich bissen, als ob sie mit Ameisen gefüllt wären. Darunter aber schrieb ich Jahr für Jahr mit hoffnungsloser Geduld den kühnsten meiner Träume, den Anker-Steinbaukasten, ein Wunderwerk nach allem, was ich davon gehört hatte. Ich glaube ja heute noch, daß sogar die Architekten der Jahrhundertwende ihre Eingebungen von dorther bezogen haben.
Aber ich selber bekam ihn ja nie, wahrscheinlich wegen der ungemein sorgfältigen Buchhaltung im Himmel, die alles genau verzeichnete, gestohlene Zuckerstücke und zerbrochene Fensterscheiben und ähnliche Missetaten, die sich durch ein paar Tage auffälliger Frömmigkeit vor Weihnachten auch nicht mehr abgelten ließen.
Wenn mein Wunschzettel endlich fertig vor dem Fenster lag, mußte ich aus brüderlicher Liebe auch noch den für meine Schwester schreiben. Ungemein zungenfertig plapperte sie von einer Schlafpuppe, einem Kramladen – lauter albernes Zeug. Da und dort schrieb ich wohl ein heimliches »Muß nicht sein« dazu, aber vergeblich. Am Heiligen Abend konnte sie doch eine Menge von Früchten ihrer Unverschämtheit ernten.
Der Vater, als Haupt und Ernährer unserer Familie, brauchte natürlich keinen Wunschzettel zu liefern. Für

ihn dachte sich die Mutter in jedem Jahr etwas Besonderes aus. Ich erinnere mich noch an ein Sitzkissen, das sie ihm einmal bescherte, ein Wunderwerk aus bemaltem Samt, mit einer Goldschnur eingefaßt. Er bestaunte es auch sehr und lobte es überschwenglich, aber eine Weile später schob er es doch heimlich wieder zur Seite. Offenbar wagte es nicht einmal er, auf einem röhrenden Hirschen zu sitzen, mitten im Hochgebirge.

Für uns Kinder war es hergebracht, daß wir nichts schenken durften, was wir nicht selber gemacht hatten. Meine Schwester konnte sich leicht helfen, sie war ja immerhin ein Frauenzimmer und verstand sich auf die Strickerei oder sonst eine von diesen hexenhaften Weiberkünsten, die mir zeitlebens unheimlich gewesen sind. Einmal nun dachte auch ich etwas Besonderes zu tun. Ich wollte den Nähsessel der Mutter mit Kufen versehen und einen Schaukelstuhl daraus machen, damit sie ein wenig Kurzweil hätte, wenn sie am Fenster sitzen und meine Hosen flicken mußte. Heimlich sägte ich also und hobelte in der Holzhütte, und es geriet mir alles vortrefflich. Auch der Vater lobte die Arbeit und meinte, es sei eine großartige Sache, wenn es uns nur auch gelänge, die Mutter in diesen Stuhl hineinzulocken.

Aber aufgeräumt, wie sie am Heiligen Abend war, tat sie mir wirklich den Gefallen. Ich wiegte sie, sanft zuerst und allmählich ein bißchen schneller, und es gefiel ihr ausnehmend wohl. Niemand merkte jedenfalls, daß die Mutter immer stiller und blasser wurde, bis sie plötzlich ihre Schürze an den Mund preßte, es war durchaus kein Gelächter, was sie damit ersticken mußte. Lieber, sagte sie hinterher, weit lieber wollte sie auf einem wilden Kamel durch die Wüste Sahara reiten, als noch einmal in diesem Stuhl zu sitzen kommen! Und tatsächlich, noch auf dem Weg zur Mette hatte sie einen glasigen Blick, etwas seltsam Wiegendes in ihrem Schritt.

Vor dem Heiligen Abend kam noch eine letzte Prüfung, das Bad in der Küche. Das fing ganz harmlos an. Ich saß im Zuber wie ein gebrühtes Schweinchen und plätscherte verschämt mit dem Wasser, in der Hoffnung, daß ich nun doch schon groß genug sei, um der Schande des Gewaschenwerdens zu entgehen. Aber plötzlich fiel die Mutter wieder mit der Reisbürste über mich her. Es half nichts, kein Gezeter und Gespreize. Erst in der äußersten Not erbarmte sich der Vater und nahm ein bis zur Unkenntlichkeit entstelltes, ein durchscheinendes Geschöpf in seine Arrne. Und da war sie nun wirklich, die stillste Zeit im Jahr, wirklich Stille und Friede, und köstliche Geborgenheit an seiner breiten Brust.

Der Weihnachtsabend wäre nicht denkbar gewesen ohne ein feierliches Lied, wenn es auch natürlich nicht immer so gut geraten konnte wie in der ersten Heiligen Nacht, als die Engel vom Himmel herunter das Gloria sangen.

Später, wenn die Kerzen am Baum längst erloschen waren, um Mitternacht, durfte ich die Mutter zur Mette begleiten. Ich weiß noch gut, wie stolz ich war, als sie mich zum ersten Mal nicht mehr an der Hand führte, sondern neben sich hergehen ließ als ihren Sohn und Beschützer. Und sogar in der Kirche kniete ich nun auf der Männerseite.

Um Mitternacht schlugen die Glocken freudevoll zusammen, und die Kirche erstrahlte in hundertfältigem

Glanz. Gloria, sang der Pfarrer mit aller Gewalt. Gloria in excelsis Deo. Die Leute fielen ins Knie, und es waren wieder Hirten und Bauern, wie damals in der gesegneten Stunde. Nachher sangen die Frauen auf dem Chor, und der Pfarrer hielt auch inne, um das Lied anzuhören, diese holde Weise von der stillen, heiligen Nacht.
Der sie erfand, war kein großer Meister, sondern auch nur ein geringer Mensch. Dieses eine Mal löste ihm der Engel die Zunge, nachher schwieg er wieder.
Aber es ist eine tröstliche Botschaft gewesen, über Grenzen und Zeiten hinaus bewegte sie die Herzen der Menschen. Und damit ist viel getan, denn alles Heil kommt aus der Stille.

In meiner sonst recht kargen Jugend war die Weihnacht wirklich der Inbegriff einer freudenreichen Zeit. Aber ist sie das auch heute noch, – freudenreich? Ich jedenfalls laufe tagelang ruhelos durch die Gassen und starre in festliche Schaufenster, um für den und jenen irgend etwas aufzutreiben, was er noch nicht hat, weil er es gar nicht braucht. Dabei wäre das ganze Übel leicht zu beheben, indem man den unnützen Kram, den man selber erhält, wieder weiterschenkt. Aber wer kann sich das Jahr über merken, was er von wem bekommen hat! Leider haben ja die Schenker ein weitaus besseres Gedächtnis als die Beschenkten.
Daheim, in meiner frühesten Zeit, gab es dergleichen Sorgen noch nicht. An einen Christbaum war nie zu denken, schon viel, wenn eine lange Weihnachtskerze die Nacht über brannte. Am Weihnachtsabend mußte bis zur Mettenzeit gefastet werden, aber die Mutter hatte Mühe, ihren Kindern diese frommen Opfer deut-

lich zu machen, Fasttage waren ja nichts Ungewöhnliches bei uns. Rote Glut leuchtete aus dem offenen Feuerloch und warf Schein und Schatten an die Wände, wenn wir vor der Bank knieten und den Rosenkranz nachbeteten. Nur der Vater durfte ab und zu aufstehen, um die Bratäpfel im Ofenrohr zu wenden, eine schwierige Arbeit, die ihn jedesmal so lang beschäftigte, bis die Mutter einen mahnenden Blick hinter sich warf. Köstlich zog der Geruch der Äpfel über uns weg durch die Stube, so daß ich mich manchmal an meinem wäßrigen »Erlöse uns von dem Übel« verschluckte. Ich hatte ja noch einen anderen Duft in der Nase, den von einer Suppenschüssel mit heißen Würsten darin, die auf uns wartete, wenn wir steifgefroren aus der Mette nach Hause kamen. Das hielt ich damals für das eigentliche Weihnachtswunder: Daß es an diesem einzigen Tag im Jahr sogar noch um Mitternacht etwas Köstliches zu essen gab.

Nun, das ist anders geworden, Gier nach Wurstsuppe plagt mich schon lang nicht mehr. Aber dafür meldet sich ein anderer Hunger. Wie ich es sagte, ich laufe wieder von einem Laden zum andern, um etwas zu finden, womit ich dem Freund oder der Freundin das Herz erwärmen könnte. Nicht, daß ich die Kosten scheute, viel mehr fürchte ich mich vor einem flüchtigen Lächeln des Dankes, einem verlegenen Lächeln wahrscheinlich. Warum nur ist es so schwer geworden, Freude zu schenken und dabei selber froh zu sein? Vielleicht müßten wir alle ein wenig ärmer werden, um wieder reicher zu sein.

Einmal geschah das Wunder, daß mich mein Taufpate zur Weihnachtsjause befahl. Dieser Pate war in meinen

Augen mindestens, so reich und mächtig wie der liebe Gott und offenbar auch allwissend, wie sonst hätte er sich nach so langer Zeit noch meiner erinnern können. Die Mutter putzte mich also heraus wie einen Christengel, ein breites Zopfband meiner Schwester wurde mir um den Hals geknüpft und eine Locke mit der Brennschere in meinen Strohkopf gekräuselt. Mir lag ja die Sorge näher, ob ich etwa meinen Schlitten mitnehmen sollte, für den Fall, daß sämtliche Taschen nicht ausreichen würden, die Fülle von Geschenken nach Hause zu bringen. Aber die Mutter hielt dafür, ich müsse anstandshalber meinerseits ein Geschenk mitbringen, ein Glas mit Eingekochtem für die gnädige Frau Patin. Mir war das einerlei, Preiselbeeren mochte ich ohnehin nicht.

Ich stolperte also durch das Marmorportal der Villa und geriet sogleich an ein weißgestärktes und spitzenverziertes Frauenzimmer. Das faßte vorsichtig mit zwei Fingern nach mir und brachte mich ins Bad, obwohl ich ohnehin weit herum nach Schmierseife roch. Nichts, dachte ich bei mir, nichts muß wohl so schmutzig machen wie der Reichtum, weil sich die Reichen in einem fort waschen müssen.

Nachher fand ich die Familie im Salon versammelt. Der Christbaum füllte das halbe Zimmer aus, er funkelte mich vergnügt aus unzähligen Glaskugelaugen an. Ich selber hockte neben der Hausfrau, und mir gegenüber saß ein dürres Mädchen, das unverwandt auf meine Zopfmasche starrte.

Ich klemmte vorläufig das Eingemachte zwischen die Knie und überlegte im stillen, ob ich wohl gelegentlich die Schienbeine von dem Fräulein Tochter unterm Tisch erreichen könnte, aber da wurde mir schon eine braune Brühe in meine Tasse geschenkt. Bei uns daheim galt die Regel, den Löffel in der Schale mit dem Daumen festzuhalten, nur waren unsere Löffel aus Blech, und dieser war aus schwerem Silber. Er kippte unversehens heraus und verschwand mit Geklirr. Natürlich tauchte ich sofort hinterher in die Tiefe, und ich hätte auch alles wieder in Ordnung gebracht, wäre mir nur dabei nicht obendrein das Glas mit dem Eingekochten entwischt. Es rollte über den Boden und setzte da und dort kleine Häufchen von Preiselbeeren auf den Teppich.

»Das kommt davon!« sagte die Gnädige empört zu meinem Paten, und dann verließ sie uns mit rauschender Robe. Mir sagte man gar nicht mehr, was denn davon kam. Die Weißgestärkte nahm mich wieder zwischen die Finger und setzte mich vor der Haustüre ab wie ein ungezogenes Hündchen.

Als ich bestürzt davonschlich, lehnte im Hinterhaus die dicke Köchin am Fenster. »Komm zu mir, wenn es dunkel ist«, sagte sie leise, »aber geh durch den Garten, damit dich niemand sieht!«

Ich schluckte geistesgegenwärtig die Tränen hinunter und fragte, ob ich etwa meinen Schlitten mitbringen sollte. »Deinen Schlitten?« sagte die Köchin, »ja, bring ihn nur, das kann nicht schaden . . .«

Kindheit und Jugend, das alles liegt weit zurück. Aber die Christnacht ist noch immer voll von Geheimnissen, sie blieb die Nacht der Offenbarung. Lang vor der Mettenzeit tritt man gern einmal vor die Tür und steht allein unter dem Himmel, nur um zu spüren, wie still es ist, wie alles gleichsam den Atem anhält und auf das Wun-

der wartet. Auf den Höhen sieht man schwebende Lichter, als hätten sich Sterne vom Firmament gelöst und wanderten nun ins Tal. Das sind die Laternen der Leute, die von den Bergen herab zur Kirche gehen. Einmal fand ich auf dem Weg zur Mette eine erfrorene Kuckucksblume am verschneiten Bach. Unzählige braune Samenkörner rieselten mir in die Hand, und während ich sie wieder verstreute, dachte ich bei mir, wie tröstlich es doch ist, daß sich Gottvater nicht auch von den Errungenschaften der Technik erschrecken läßt, sondern daß er nach wie vor seine altmodischen Kuckucksblumensamen erzeugt.
Denn wie ist es in Wahrheit, liebe Freunde? Leben wir nicht in einer Weltzeit des Advents? Scheint uns nicht alles von der aufkommenden Finsternis bedroht zu werden, das karge Glück unseres Daseins? Wir warten bang auf den Engel mit der Botschaft des Friedens und vergessen so leicht, daß diese Botschaft nur denen gilt, die guten Willens sind. Es ist kein Trost und keine Hilfe bei der Weisheit der Weisen und der Macht der Mächtigen. Denn der Herr kam nicht zur Welt, damit die Menschen klüger, sondern damit sie gütiger würden. Und darum sind es allein die Kräfte des Herzens, die uns vielleicht noch einmal werden retten können.

DAS WEIHNACHTSBROT

In unserer Verwandtschaft war es Brauch, daß man sich zur Weihnacht nicht mit Geschenken hin und her belästigte. Nur einer unserer Vettern galt als Ausnahme, weil er als Junggeselle irgendwo in der Einschicht hauste und dort nach dem Hörensagen unabschätzbare Reichtümer hütete. Er war Wegmacher gewesen und hatte jahrelang in der Stille einen ergiebigen Handel nebenher betrieben, mit Schirmen und Brillen und Handschuhen, oder was sonst sorglose Kurgäste auf den Bänken liegen ließen. Einmal fand er sogar einen seidenen Beutel im Kehricht mit etlichen fremdländischen Goldstücken darin. Als ein rechtschaffener und vorsichtiger Mensch lieferte er diesen Schatz im Fundamt ab, und nach drei bangen Jahren konnte er ihn tatsächlich als sein Eigentum zurückverlangen. Daraus zog ich damals die Lehre, daß mitunter sogar die Ehrlichkeit Früchte tragen kann, zur rechten Zeit natürlich und bei rechter Gelegenheit. Insgeheim zählte sich unsere ganze Sippschaft zu den Erben des Vetters, und als zum Advent wieder einmal das Gerücht umging, er werde bald das Zeitliche hinter sich lassen, da konnte sogar meine Mutter ein verschämtes Gelüst nicht ganz unterdrücken. Sie schickte mich zu ihm in der Hoffnung, daß meine Jammergestalt zusammen mit einem Weihnachtsbrot vielleicht das verhärtete Herz des Vetters rühren würde. So begab ich mich also mit diesem köstlichen Wecken unterm Arm auf einen langen Weg der Versuchung; denn der Teufel der Gefräßigkeit lief mit mir und flüsterte mir Anfechtungen ins Ohr. Konnte der zahnlose Vetter die Mandeln und

Pistazien oder gar die Feigen und Zwetschgen überhaupt bewältigen? Sicher nicht. Ich bohrte also den Wecken vorsichtig an, zuerst am einen und dann am anderen Ende und schlang alles hinunter, was einem Todkranken hätte schaden können. Erst vor der Haustür sah ich mit Schrecken, daß ich eigentlich nur noch einen flachen, kümmerlichen Krapfen in Händen hatte. Zu meinem Glück lag der Vetter in der hinteren Kammer. In der vorderen fand ich nur glosendes Herdfeuer und auf dem Tisch einen Stapel von Weihnachtsbroten, denn die übrige Verwandtschaft war zwar gleich schlau, aber ein wenig flinker gewesen als die Mutter. Heute noch rechne ich es mir als ein Wunder an Geistesgegenwart an, daß ich meinen zerkrümelten Wecken zu den übrigen legte und mit einem noch heilen unterm Arm in die Schlafstube trat. Der Vetter betrachtete mein Christgeschenk und befahl mir, angewidert, es draußen in der Küche irgendwo auf den Haufen zu legen. Daraufhin entspann sich ein Disput zwischen uns. Ich sagte meinem Vetter, der Wecken sei ein köstlicher Wecken und in der Küche fräßen ihn doch nur die Mäuse. Als er zornig behauptete, es gäbe überhaupt keine Mäuse in seinem Hause, da brachte ich ihm kaltblütig meinen ausgeweideten Wecken ans Bett. Der Vetter legte mir gerührt die Hand auf meinen Strohkopf. Ich sei ein braves Kind, sagte er, und dann schenkte er mir noch den guten Wecken samt dem geschändeten, so daß ich auf dem Heimweg auch die letzten Spuren meiner Schandtat vertilgen konnte. Zur Ehre meiner Familie muß ich noch erwähnen, daß wir später nichts von dem Vetter geerbt haben, weil er nämlich gar nichts zu vererben hatte.

UND ES BEGAB SICH...

Worüber das Christkind lächeln mußte

Als Josef mit Maria von Nazareth her unterwegs war, um in Bethlehem anzugeben, daß er von David abstamme, was die Obrigkeit so gut wie unsereins hätte wissen können, weil es ja längst geschrieben stand, – um jene Zeit also kam der Engel Gabriel heimlich noch einmal vom Himmel herab, um im Stalle nach dem Rechten zu sehen. Es war ja sogar für einen Erzengel in seiner Erleuchtung schwer zu begreifen, warum es nun der allererbärmlichste Stall sein mußte, in dem der Herr zur Welt kommen sollte, und seine Wiege nichts weiter als eine Futterkrippe. Aber Gabriel wollte wenigstens noch den Winden gebieten, daß sie nicht gar zu grob durch die Ritzen pfiffen, und die Wolken am Himmel sollten nicht gleich wieder in Rührung zerfließen und das Kind mit ihren Tränen überschütten, und was das Licht in der Laterne betraf, so mußte man ihm noch einmal einschärfen, nur bescheiden zu leuchten und nicht etwa zu blenden und zu glänzen wie der Weihnachtsstern.

Der Erzengel stöberte auch alles kleine Getier aus dem Stall, die Ameisen und Spinnen und die Mäuse, es war nicht auszudenken, was geschehen konnte, wenn sich die Mutter Maria vielleicht vorzeitig über eine Maus entsetzte! Nur Esel und Ochs durften bleiben, der Esel, weil man ihn später ohnehin für die Flucht nach Ägypten zur Hand haben mußte, und der Ochs, weil er so riesengroß und so faul war, daß ihn alle Heerscharen

des Himmels nicht hätten von der Stelle bringen können.
Zuletzt verteilte Gabriel noch eine Schar Engelchen im Stall herum auf den Dachsparren, es waren solche von der kleinen Art, die fast nur aus Kopf und Flügeln bestehen. Sie sollten ja auch bloß still sitzen und achthaben und sogleich Bescheid geben, wenn dem Kinde in seiner nackten Armut etwas Böses drohte. Noch ein Blick in die Runde, dann hob der Mächtige seine Schwingen und rauschte davon.
Gut so. Aber nicht ganz gut, denn es saß noch ein Floh auf dem Boden der Krippe in der Streu und schlief. Dieses winzige Scheusal war dem Engel Gabriel entgangen, versteht sich, wann hatte auch ein Erzengel je mit Flöhen zu tun!
Als nun das Wunder geschehen war, und das Kind lag leibhaftig auf dem Stroh, so voller Liebreiz und so rührend arm, da hielten es die Engel unterm Dach nicht mehr aus vor Entzücken, sie umschwirrten die Krippe wie ein Flug Tauben. Etliche fächelten dem Knaben balsamische Düfte zu, und die anderen zupften und zogen das Stroh zurecht, damit ihn ja kein Hälmchen drücken oder zwicken möchte.
Bei diesem Geraschel erwachte aber der Floh in der Streu. Es wurde ihm gleich himmelangst, weil er dachte, es sei jemand hinter ihm her, wie gewöhnlich. Er fuhr in der Krippe herum und versuchte alle seine Künste, und schließlich, in der äußersten Not, schlüpfte er dem göttlichen Kinde ins Ohr.
»Vergib mir!« flüsterte der atemlose Floh, »aber ich kann nicht anders, sie bringen mich um, wenn sie mich

erwischen. Ich verschwinde gleich wieder, göttliche Gnaden, laß mich nur sehen, wie!«
Er äugte also umher und hatte auch gleich seinen Plan.
»Höre zu«, sagte er, »wenn ich alle Kraft zusammennehme, und wenn du still hältst, dann könnte ich vielleicht die Glatze des Heiligen Josef erreichen, und von dort weg kriege ich das Fensterkreuz und die Tür . . .«
»Spring nur!« sagte das Jesuskind unhörbar, »ich halte stille!«
Und da sprang der Floh. Aber es ließ sich nicht vermeiden, daß er das Kind ein wenig kitzelte, als er sich zurechtrückte und die Beine unter den Bauch zog.
In diesem Augenblick rüttelte die Mutter Gottes ihren Gemahl aus dem Schlaf.
»Ach, sieh doch!« sagte Maria selig, »es lächelt schon!«

Wie ein Hirtenknabe das Christkind tröstete

In jener Nacht, als den Hirten der schöne Stern am Himmel erschienen war und sie machten sich alle auf den Weg, den ihnen der Engel gewiesen hatte, da gab es auch einen Buben darunter, der noch so klein und dabei so arm war, daß ihn die anderen gar nicht mitnehmen wollten, weil er ja ohnehin nichts besaß, was er dem Gotteskind hätte schenken können.
Das wollte nun der Knirps nicht gelten lassen. Er wagte sich heimlich ganz allein auf den weiten Weg und kam auch richtig in Bethlehem an. Aber da waren die anderen schon wieder heimgegangen, und alles schlief im Stall. Der Hl. Josef schlief, die Mutter Maria, und die

Engel unter dem Dach schliefen auch, und der Ochs und der Esel, und nur das Jesuskind schlief nicht. Es lag ganz still auf seiner Strohschütte, ein bißchen traurig vielleicht in seiner Verlassenheit, aber ohne Geschrei und Gezappel, denn es war ja ein besonders braves Kind, wie sich denken läßt.

Und nun schaute das Kind den Buben an, wie er da vor der Krippe stand und nichts in Händen hatte, kein Stückchen Käse und kein Flöckchen Wolle, rein gar nichts. Und der Knirps schaute wiederum das Christkind an, wie es da liegen mußte und nichts gegen die Langeweile hatte, keine Schelle und keinen Garnknäuel, rein gar nichts.

Da tat dem Hirtenbuben das Himmelskind in der Seele leid. Er nahm das winzig kleine Fäustchen in seine Hand und bog ihm den Daumen heraus und steckte ihn dem Christkind in den Mund.

Und von nun an brauchte das Jesuskind nie mehr traurig zu sein, denn der arme, kleine Knirps hatte ihm das Köstlichste geschenkt, was einem Wickelkind beschert werden kann: den eigenen Daumen.

Wie der kranke Vogel geheilt wurde

Anfangs kam nur geringes Volk aus der Stadt heraus zum Stall, sogar etliches Gesindel darunter, wie es sich immer einfindet, wenn viele Menschen zusammenlaufen, aber vor allem auch Arme und Kranke, die Blinden und die Aussätzigen. Sie knieten vor dem Knaben und verneigten sich und baten inbrünstig, daß er sie heilen möchte. Vielen wurde auch wirklich geholfen, nicht

durch Wundermacht, wie sie in ihrer Einfalt meinten, sondern durch die Kraft ihres Glaubens.
Lange Zeit stand auch ein kleines Mädchen unter dem Leute haufen vor der Tür und konnte sich nicht durchzwängen. Die Mutter Maria rief es endlich an. »Komm herein!« sagte sie. »Was hast du da in deiner Schürze?« Das Mädchen nahm die Zipfel auseinander, und da hockte nun ein Vogel in dem Tuch, verschreckt und zerzaust, ein ganz kleiner Vogel.
»Schau ihn an«, sagte das Mädchen zum Christkind, »ich habe ihn den Buben weggenommen, und dann wollte ihn auch noch die Katze fressen. Kannst du ihn nicht wieder gesund machen? Wenn ich dir meine Puppe dafür gebe?«
Ach, die Puppe! Es war ja trotzdem eine arg schwierige Sache. Auch der heilige Josef kratzte sich den kahlen Schädel, sonst ein umsichtiger Mann, und die Bresthaften in ihrem Elend standen rund herum, und alle starrten auf den halbtoten Vogel in der Schürze. Hatte etwa auch er eine gläubige Seele?
Das wohl kaum. Aber seht, das Himmelskind wußte selber noch nicht so genau Bescheid, und deshalb blickte es einmal schnell nach oben, wo die kleinen Engel im Gebälk saßen. Die flogen auch gleich herab, um zu helfen, Vögel waren ja ihre liebsten Gefährten unter dem Himmel. Nun glätteten sie dem Kranken das Gefieder und säuberten ihn, sie renkten den einen Flügel sorgsam ein und stellten ihm auch den Schwanz wieder auf, denn was ist ein Vogel ohne Schwanz, ein jämmerliches Ding!
Von all dem merkten die Leute natürlich nichts, sie sahen nur, wie sich die Federn des Vogels allmählich

legten, wie er den Schnabel aufriß und ein bißchen zu zwitschern versuchte. Und plötzlich hob er auch schon die Flügel, mit einem seligen Schrei schwang er sich über die Köpfe weg ins Blaue.
Da staunte die Menge und lobte Gott um dieses Wunders willen. Nur das kleine Mädchen stand noch immer da und hielt die Zipfel seiner Schürze offen. Es war aber nichts mehr darin außer einem golden glänzenden Federchen. Und das mußte nicht eine Vogelfeder sein, das konnte auch einer von den Engeln im Eifer verloren haben.

Warum der schwarze König Melchior so froh wurde

Allmählich verbreitete sich das Gerücht von dem wunderbaren Kinde mit dem Schein ums Haupt und drang bis in die fernsten Länder. Dort lebten drei Könige als Nachbarn, die seltsamerweise Kaspar, Melchior und Balthasar hießen, wie heutzutage ein Roßknecht oder ein Hausierer. Sie waren aber trotzdem echte Könige, und was noch merkwürdiger ist, auch weise Männer. Nach dem Zeugnis der Schrift verstanden sie den Gang der Gestirne vom Himmel abzulesen, und das ist eine schwierige Kunst, wie jeder weiß, der einmal versucht hat, hinter einem Stern herzulaufen.
Diese drei also taten sich zusammen, sie rüsteten ein prächtiges Gefolge aus, und dann reisten sie eilig mit Kamelen und Elefanten gegen Abend. Tagsüber ruhten Menschen und Tiere unter den Felsen in der steinigen Wüste, und auch der Stern, dem sie folgten, der Komet,

wartete geduldig am Himmel und schwitzte nicht wenig in der Sonnenglut, bis es endlich wieder dunkel wurde. Dann wandelte er von neuem vor dem Zuge her und leuchtete feierlich und zeigte den Weg.
Auf diese Art ging die Reise gut voran, aber als der Stern über Jerusalem hinaus gegen Bethlehem zog, da wollten ihm die Könige nicht mehr folgen. Sie dachten, wenn da ein Fürstenkind zu besuchen sei, dann müsse es doch wohl in einer Burg liegen und nicht in einem armseligen Dorf. Der Stern geriet sozusagen in Weißglut vor Verzweiflung, er sprang hin und her und wedelte und winkte mit dem Schweif, aber das half nichts. Die drei Weisen waren von einer solchen Gelehrtheit, daß sie längst nicht mehr verstehen konnten, was jedem Hausverstand einging.
Indessen kam auch der Morgen herauf, und der Stern verblich. Er setzte sich traurig in die Krone eines Baumes neben dem Stall, und jedermann, der vorüberging, hielt ihn für nichts weiter als eine vergessene Zitrone im Geäst. Erst in der Nacht kletterte er wieder heraus und schwang sich über das Dach.
Die Könige sahen ihn beglückt, Hals über Kopf kamen sie herbeigeritten. Den ganzen Tag hatten sie nach dem verheißenen Kinde gesucht und nichts gefunden, denn in der Burg zu Jerusalem saß nur ein widerwärtig fetter Bursche namens Herodes.
Nun war aber der eine von den dreien, der Melchior hieß, ein Mohr, baumlang und so tintenschwarz, daß selbst im hellen Schein des Sternes nichts von ihm zu sehen war als ein Paar Augäpfel und ein fürchterliches Gebiß. Daheim hatte man ihn zum König erhoben, weil er noch ein wenig schwärzer war als die anderen

Schwarzen, aber nun merkte er zu seinem Kummer, daß man ihn hierzulande ansah, als ob er in der Haut des Teufels steckte. Schon unterwegs waren alle Kinder kreischend in den Schoß der Mütter geflüchtet, sooft er sich von seinem Kamel herabbeugte, um ihnen Zuckerzeug zu schenken, und die Weiber würden sich bekreuzigt haben, wenn sie damals schon hätten wissen können, wie sich ein Christenmensch gegen Anfechtungen schützt. Als letzter in der Reihe trat Melchior zaghaft vor das Kind und warf sich zur Erde. Ach, hätte er jetzt nur ein kleines weißes Fleckchen zu zeigen gehabt oder wenigstens sein Innerstes nach außen kehren können! Er schlug die Hände vors Gesicht, voll Bangen, ob sich auch das Gotteskind vor ihm entsetzen würde.
Weil er aber weiter kein Geschrei vernahm, wagte er ein wenig durch die Finger zu schielen, und wahrhaftig, er sah den holden Knaben lächeln und die Hände nach seinem Kraushaar ausstrecken.
Über die Maßen glücklich war der schwarze König! Nie zuvor hatte er so großartig die Augen gerollt und die Zähne gebleckt von einem Ohr zum andern. Melchior konnte nicht anders, er mußte die Füße des Kindes umfassen und alle seine Zehen küssen, wie es im Mohrenlande Brauch war.
Als er aber die Hände wieder löste, sah er das Wunder: – sie waren innen weiß geworden !
Und seither haben alle Mohren helle Handflächen, geht nur hin und seht es und grüßt sie brüderlich.

Der störrische Esel und die süße Distel

Als der Heilige Josef im Traum erfuhr, daß er mit seiner Familie vor der Bosheit des Herodes fliehen müsse, in dieser bösen Stunde weckte der Engel auch den Esel im Stall.
»Steh auf!« sagte er von oben herab, »du darfst die Jungfrau Maria mit dem Herrn nach Ägypten tragen.«
Dem Esel gefiel das gar nicht. Er war kein sehr frommer Esel, sondern eher ein wenig störrisch im Gemüt. »Kannst du das nicht selber besorgen?« fragte er verdrossen. »Du hast doch Flügel, und ich muß alles auf dem Buckel schleppen ! Und warum denn gleich nach Ägypten, so himmelweit!«
»Sicher ist sicher!« sagte der Engel, und das war einer von den Sprüchen, die selbst einem Esel einleuchten müssen.
Als er nun aus dem Stall trottete und zu sehen bekam, welch eine Fracht der Hl. Josef für ihn zusammengetragen hatte, das Bettzeug für die Wöchnerin und einen Pack Windeln für das Kind, das Kistchen mit dem Gold der Könige und zwei Säcke mit Weihrauch und Myrrhe, einen Laib Käse und eine Stange Rauchfleisch von den Hirten, den Wasserschlauch, und schließlich Maria selbst mit dem Knaben, auch beide wohlgenährt, da fing er gleich wieder an, vor sich hinzumaulen. Es verstand ihn ja niemand außer dem Jesuskind.
»Immer dasselbe«, sagte er, »bei solchen Bettelleuten! Mit nichts sind sie hergekommen, und schon haben sie eine Fuhre für zwei Paar Ochsen beisammen. Ich bin doch kein Heuwagen«. sagte der Esel, und so sah er

auch wirklich aus, als ihn Josef am Halfter nahm, es waren kaum noch die Hufe zu sehen.
Der Esel wölbte den Rücken, um die Last zurechtzuschieben, und dann wagte er einen Schritt, vorsichtig, weil er dachte, daß der Turm über ihm zusammenbrechen müsse, sobald er einen Fuß voransetze. Aber seltsam, plötzlich fühlte er sich wunderbar leicht auf den Beinen, als ob er selber getragen würde, er tänzelte geradezu über Stock und Stein in der Finsternis.
Nicht lange, und es ärgerte ihn auch das wieder. »Will man mir einen Spott antun?« brummte er. »Bin ich etwa nicht der einzige Esel in Bethlehem, der vier Gerstensäcke auf einmal tragen kann?«
In seinem Zorn stemmte er plötzlich die Beine in den Sand und ging keinen Schritt mehr von der Stelle.
»Wenn er mich jetzt auch noch schlägt«, dachte der Esel erbittert, »dann hat er seinen ganzen Kram im Graben liegen!«
Allein, Josef schlug ihn nicht. Er griff unter das Bettzeug und suchte nach den Ohren des Esels, um ihn dazwischen zu krauen. »Lauf noch ein wenig«, sagte der heilige Josef sanft, »wir rasten bald!«
Daraufhin seufzte der Esel und setzte sich wieder in Trab. »So einer ist nun ein großer Heiliger«, dachte er, »und weiß nicht einmal, wie man einen Esel antreibt!«
Mittlerweile war es Tag geworden, und die Sonne brannte heiß. Josef fand ein Gesträuch, das dürr und dornig in der Wüste stand, in seinem dürftigen Schatten wollte er Maria ruhen lassen. Er lud ab und schlug Feuer, um eine Suppe zu kochen, der Esel sah es voll Mißtrauen. Er wartete auf sein eigenes Futter, aber nur,

damit er es verschmähen konnte. »Eher fresse ich meinen Schwanz«, murmelte er, »als euer staubiges Heu!« Es gab jedoch gar kein Heu, nicht eimnal ein Maul voll Stroh, der Heilige Josef in seiner Sorge um Weib und Kind hatte es rein vergessen. Sofort fiel den Esel ein unbändiger Hunger an. Er ließ seine Eingeweide so laut knurren, daß Josef entsetzt um sich blickte, weil er meinte, ein Löwe säße im Busch.
Inzwischen war auch die Suppe gar geworden, und alle aßen davon, Maria aß und Josef löffelte den Rest hinterher, und auch das Kind trank an der Brust seiner Mutter, und nur der Esel stand da und hatte kein einziges Hälmchen zu kauen. Es wuchs da überhaupt nichts, nur etliche Disteln im Geröll.
»Gnädiger Herr!« sagte der Esel erbost und richtete eine lange Rede an das Jesuskind, eine Eselsrede zwar, aber ausgekocht scharfsinnig und ungemein deutlich in allem, worüber die leidende Kreatur vor Gott zu klagen hat. »I-A!« schrie er am Schluß, das heißt: »So wahr ich ein Esel bin!«
Das Kind hörte alles aufmerksam an. Als der Esel fertig war, beugte es sich herab und brach einen Distelstengel, den bot es ihm an.
»Gut!« sagte der Esel, bis ins Innerste beleidigt. »So fresse ich eben eine Distel! Aber in deiner Weisheit wirst du voraussehen, was dann geschieht. Die Stacheln werden mir den Bauch zerstechen, so daß ich sterben muß, und dann seht zu, wie ihr nach Ägypten kommt!
Wütend biß er in das harte Kraut, und sogleich blieb ihm das Maul offen stehen. Denn die Distel schmeckte durchaus nicht, wie er es erwartet hatte, sondern nach süßestem Honigklee, nach würzigstem Gemüse. Nie-

mand kann sich etwas derart Köstliches vorstellen, er wäre denn ein Esel. Für diesmal vergaß der Graue seinen ganzen Groll. Er legte seine langen Ohren andächtig über sich zusammen, was bei einem Esel so viel bedeutet, wie wenn unsereins die Hände faltet.

Der Tanz des Räubers Horrificus

Gegen Abend nach der ersten Rast wollte Josef mit den Seinen wieder weiterziehen. Er nahm aber den Esel und ritt voraus hinter einen Hügel, um den Weg zu erkunden. »Es kann doch nicht mehr weit sein bis Ägypten«, dachte er.

Indessen blieb die Muttergottes mit dem Kinde auf dem Schoß allein unter der Staude sitzen, und da geschah es, daß ein gewisser Horrificus des Weges kam, weithin bekannt als der furchtbarste Räuber in der ganzen Wüste. Das Gras legte sich flach vor ihm auf den Boden, die Palmen zitterten und warfen ihm gleich ihre Datteln in den Hut, und noch der stärkste Löwe zog den Schweif ein, wenn er die roten Hosen des Räubers von weitem sah. Sieben Dolche steckten in seinem Gürtel, jeder so scharf, daß er den Wind damit zerschneiden konnte, an seiner Linken baumelte ein Säbel, genannt der Krumme Tod, und auf der Schulter trug er eine Keule, die war mit Skorpionsschwänzen gespickt.

»Ha!« schrie der Räuber und riß das Schwert aus der Scheide.

»Guten Abend«, sagte die Mutter Maria. »Sei nicht so laut, er schläft!«

Dem Fürchterlichen verschlug es den Atem bei dieser

Anrede, er holte aus und köpfte eine Distel mit dem Krummen Tod.

»Ich bin der Räuber Horrificus«, lispelte er, »ich habe tausend Menschen umgebracht . . .«

»Gott verzeihe dir!« sagte Maria.

»Laß mich ausreden«, flüsterte der Räuber, – »und kleine Kinder wie deines brate ich am Spieß!«

»Schlimm«, sagte Maria. »Aber noch schlimmer, daß du lügst!«

Hiebei kicherte etwas im Gebüsch, und der Räuber sprang in die Luft vor Entsetzen, noch nie hatte jemand in seiner Nähe zu lachen gewagt. Es kicherten aber nur die kleinen Engel, im ersten Schreck waren sie alle davongestoben, und nun saßen sie wieder in den Zweigen.

»Fürchtet ihr mich etwa nicht?« fragte der Räuber.

»Ach, Bruder Horrificus«, sagte Maria, »was bist du für ein lustiger Mann!«

Das drang dem Räuber lind ins Herz, denn, die Wahrheit zu sagen, dieses Herz war weich wie Wachs. Als er noch in den Windeln lag, kamen schon die Leute gelaufen und entsetzten sich, »wehe uns«, sagten sie, »sieht er nicht wie ein Räuber aus?« Später kam niemand mehr, sondern jedermann lief davon und warf alles hinter sich, und Horrificus lebte gar nicht schlecht dabei, obwohl er kein Blut sehen und kaum ein Huhn am Spieß braten konnte.

Darum tat es nun dem Fürchterlichen in der Seele wohl, daß er endlich jemand gefunden hatte, der ihn nicht fürchtete.

»Ich möchte deinem Knaben etwas schenken«, sagte der Räuber, »nur habe ich leider nichts als lauter gestohle-

nes Zeug in der Tasche. Aber wenn es dir gefällt, dann will ich vor ihm tanzen!«
Und es tanzte der Räuber Horrificus vor dem Kinde, und kein lebendes Wesen hatte je dergleichen gesehen. Den Krummen Tod hob er über sich gleich der silbernen Sichel des Mondes, die Beine schwang er unterhalb mit der Anmut einer Antilope und so geschwind, daß man sie nicht mehr zählen konnte. Er schleuderte alle sieben Dolche in die Luft und sprang durch den zerschnittenen Wind, gleich einer Feuerzunge wirbelte er wieder herab. So gewaltig und kunstvoll tanzte der Räuber, so überaus prächtig war er anzusehen mit seinen Ohrringen und dem gestickten Gürtel und den Federn auf dem Hut, daß sogar die Jungfrau Maria ein wenig Glanz in die Augen bekam. Auch die Tiere der Wüste schlichen herbei, die königliche Uräusschlange und die Springmaus und der Schakal, alle stellten sich im Kreise auf und klopften mit ihren Schwänzen den Takt in den Sand.
Schließlich sank der Räuber erschöpft zu Füßen Marias nieder, und da schlief er auch gleich ein. Josef war längst weitergezogen, als Horrificus endlich wieder aufwachte und benommen seines Weges ging. Alsbald merkte er auch, daß ihn niemand mehr fürchtete. »Er hat ja ein weiches Herz!«, erzählte die Springmaus überall. »Vor dem Kinde hat er getanzt«, zischte die Schlange.
Horrificus blieb in der Wüste, er legte seinen fürchterlichen Namen ab und wurde ein Heiliger im Alter, es soll verschwiegen bleiben, wie er im Kalender heißt.
Wenn aber einer von euch etwas zu verbergen hätte und nur sein Herz wäre weich geblieben, so mag er getrost sein. Gott wird ihm dereinst verzeihen um des Kindes willen, wie dem großen Räuber Horrificus.

Zum Nachdenken . . .

Das Genie entdeckt die Frage. Das Talent beantwortet sie.

Freiheit ist ein Zwang, den wir als Zwang nicht erkennen.

Mit dem Wind, den man selber macht, lassen sich die Segel nicht füllen.

Kleine Geister handeln, große wirken.

Am auffälligsten unterscheiden sich die Leute darin, daß die Törichten immer wieder dieselben Dummheiten machen, die Gescheiten immer wieder neue.

Humor ist ein stiller Helfer in allen Nöten, sogar in der Liebe, denn er schlägt die Augen nieder und sieht mit dem Herzen.

Es kann nicht lauter große Lichter geben. Die großen leuchten ja weithin, aber die kleinen wärmen.

Neue Ideen begeistern jene am meisten, die auch mit den alten nichts anzufangen wußten.

Das Echte kann zwar totgeschwiegen, aber nicht umgebracht werden.

Frauen mögen es nicht immer gern, daß man nein versteht, wenn sie nein gesagt haben.

Daß nichts beständig ist – wie traurig, wie tröstlich!

Zuweilen läßt Gott auch einen Sünder Wunder wirken.

Wir meinen die Natur zu beherrschen, aber wahrscheinlich hat sie sich nur an uns gewöhnt.

Die Herrschenden zimmern ihren Thron nicht mehr selber. Darum wissen sie auch nicht, wo er brüchig ist.

Man muß schon sehr viel können, um nur zu merken, wie wenig man kann.

Wenn der Topf leer ist, tönt er.

Man will ja gern seinen Nächsten lieben, aber doch nicht den Nächstbesten!

Eine halbe Wahrheit ist nie die Hälfte einer ganzen.

Einzusehen, daß man etwas nicht begriffen hat, erfordert mitunter mehr Verstand, als nötig wäre, es zu begreifen.

Gewisse Dinge verstehe ich nicht mehr, sobald ich sie begriffen habe.

Wer nichts Böses tut, hat damit noch nichts Gutes getan.

Auch der Weiseste ist nur ein oft gebrannter Narr.

Wie einfach wäre das Leben, wenn sich die unnötigen Sorgen von den echten unterscheiden ließen!

Im Grunde ist nur das Unnütze wirklich von Dauer.

Heutzutage hat keiner genug, weil jeder zuviel hat.

Das Gute wird erst gut durch Güte.

Ein Einfall ist wie der Fisch im Bach, man gewahrt ihn plötzlich, aber dann hat man ihn noch lange nicht.